青春永燃

苏州共青团史事编年

《青春永燃——苏州共青团史事编年》编纂委员会 编

王国平 沈慧瑛 主编

苏州大学出版社
Soochow University Press

图书在版编目（CIP）数据

青春永燃：苏州共青团史事编年 /《青春永燃——苏州共青团史事编年》编纂委员会编；王国平，沈慧瑛主编. -- 苏州：苏州大学出版社，2024.5
　　ISBN 978-7-5672-3904-3

　Ⅰ.①青… Ⅱ.①青…②王…③沈… Ⅲ.①中国共产主义青年团—历史—苏州 Ⅳ.①D293

中国版本图书馆CIP数据核字(2022)第035227号

书名：青春永燃——苏州共青团史事编年
编者：《青春永燃——苏州共青团史事编年》编纂委员会
主编：王国平 沈慧瑛
责任编辑：刘冉
装帧设计：戴戴

出版发行：苏州大学出版社(Soochow University Press)
社址：苏州市十梓街1号　邮编：215006
印装：苏州市深广印刷有限公司
网址：http://www.sudapress.com
邮箱：sdcbs@suda.edu.cn
销售热线：0512-67481020

开本：718毫米×1000毫米 1/16
印张：22.5
字数：368千
版次：2024年5月第1版
印次：2024年5月第1次印刷
书号：ISBN 978-7-5672-3904-3
定价：98.00元

若发现印装错误，请与本社联系调换。
服务热线：0512-67481020

《青春永燃——苏州共青团史事编年》

编纂委员会

名誉顾问：黄爱军　季　晶
顾　　问：徐　本　何永林　谢　飞
主　　任：方　芳
副 主 任：蒋　妍　王　超　翟维佳　刘　飞
委　　员：毛　伟　平雪雅　唐子翔　顾秋枫
　　　　　李　婷　邵　伟　吕纯宁　李俊逸
　　　　　满　昌　顾卓俐　冯毅斌　白天柱

主　　编：王国平　沈慧瑛
编纂人员：王国平　沈慧瑛　王　芹　蔡　斌
　　　　　杜祯彬　沈卫新　王敏红　苏　晔
　　　　　成晓鹏　刘品玉

1919 1920 1921 1922 1923 1924 **1925 1926** 1927 1928 1929 1930 1931 1932 1933 1934 **1935** 1936 1937 1938 1939 1940 1941 1942 1943 1944 **1945 1946** 1947 1948 1949 1950 1951 1952 1953 1954 1955 1956 1957 1958 1959 1960 1961 1962 1963 1964 1965 1966 1967 1968 1969 **1970** 1971 1972 1973 1974 1975 1976 1977 1978 1979 1980 1981 1982 1983 1984 1985 1986 1987 1988 **1989 1990** 1991 1992 **1993** 1994 1995 1996 1997 1998 1999 2000 2001 2002 2003 2004 2005 2006 2007 2008 2009 2010 2011 2012 2013 2014 2015 2016 2017 2018 2019 2020 2021 2022

前言

习近平总书记在庆祝中国共产主义青年团(简称"共青团")成立100周年大会上强调,坚定不移跟党走,为党和人民奋斗,是共青团的初心和使命。

100年来,在中国共产党的坚强领导下,共青团始终与党同心、跟党奋斗,团结带领广大团员、青年把忠诚书写在党和人民的事业中,把青春播撒在民族复兴的征程上,把光荣镌刻在历史行进的史册里。

苏州共青团在中共苏州市委和共青团江苏省委的领导下,始终团结带领一代又一代苏州青年,在新民主主义革命时期、社会主义革命和建设时期、改革开放和社会主义现代化建设新时期、中国特色社会主义新时代等各个历史阶段,创造性地开展了一大批富有时代特点、苏州特色的品牌工作,涌现出了一大批担当奉献、自信自强的青年先锋,谱写了一曲曲壮丽的青春之歌,展现了党领导的先进青年组织应有的奋进姿态。

本书以时间为经、以史事为纬,全面、系统、客观地记录了五四运动以来,苏州地区共青团组织的活动及工作情况,从历史发展的角度进行纵向研究,对更深刻地认识现实,把握未来,总结青少年自身成长和青年工作的规律,不断开创青年工作新局面,具有十分重要的现实意义。

百年征程波澜壮阔,百年初心历久弥坚。进入新时代新征程,在中国共产党的坚强领导下,全国各族人民万众一心、齐心协力,胜利实现了第一个百年奋斗目标,在中华大地上全面建成了小康社会,正在意气风发向着全面建成社会主义现代化强国的第二个百年奋斗目标迈进。

新时代的中国青年,生逢其时、重任在肩,施展才干的舞台无比广阔,实现梦想的前景无比光明。苏州共青团必将按照党的二十大擘画的宏伟蓝图,深入学习贯彻落实习近平总书记关于青年工作的重要思想及其对江苏、苏州工作的重要讲话和指示精神,不断增强引领力、组织力、服务力,团结带领广大团员、青年成长为有理想、敢担当、能吃苦、肯奋斗的新时代好青年,用青春的智慧和汗水践行好"请党放心,强国有我"的铮铮誓言,用青春的能动力和创造力激荡起强国建设、民族复兴的澎湃春潮!

目 录

1919	003		1946	064
1920	015		1947	067
1921	017		1948	071
1922	018		*1949*	077
1923	020		1950	084
1924	023		1951	088
1925	023		1952	093
1926	032		1953	097
1927	034		1954	099
1928	040		1955	100
1929	042		1956	103
1930	043		1957	107
1931	043		1958	111
1932	049		1959	115
1933	052		1960	118
1934	053		1961	121
1935	053		1962	122
1936	055		1963	125
1937	056		1964	130
1938	057		1965	132
1939	058		1966	135
1940	059		1967	135
1941	061		1968	136
1942	061		1969	136
1943	062		1970	137
1944	062		1971	137
1945	062		1972	138

年份	页码	年份	页码
1973	138	2000	203
1974	139	2001	205
1975	139	2002	209
1976	141	2003	213
1977	141	2004	216
1978	142	2005	221
1979	145	2006	226
1980	147	2007	234
1981	149	2008	240
1982	151	2009	245
1983	154	2010	250
1984	156	2011	255
1985	160	2012	259
1986	163	2013	265
1987	166	2014	274
1988	170	2015	282
1989	172	2016	288
1990	175	2017	296
1991	178	2018	302
1992	181	2019	306
1993	184	2020	314
1994	185	2021	323
1995	188	2022	331
1996	191		
1997	194	参考文献	347
1998	196	后记	351
1999	200		

苏州共青团史事编年

一九一九

1919年,"外争国权,内惩国贼"历史背景下北京的游行队伍

  1918年11月11日,第一次世界大战结束。1919年1月18日,27个战胜国在法国巴黎召开战后协约会议,史称"巴黎和会"。这次会议除了讨论对战败国进行制裁等问题外,讨论各国在华利益问题也是议程之一。会议期间,列强蛮横拒绝中国代表团向和会提出的收回战前德国侵占中国胶州湾、胶济铁路和山东的一切权利的正当要求,对山东问题做出无理裁决,并列入《凡尔赛和约》。消息传到国内,舆论大哗,社会各界纷纷表示不满。

  5月4日,北京大学等十几所学校的3 000多名学生高喊"外争国权,内惩国贼"等口号,云集于天安门前,举行示威游行,遭到北洋政府的残酷镇压。这场以青年学生为主,广大群众、市民、工商人士等阶层共同参与的,通过示威游行、请愿、罢工、暴力对抗政府等多种形式进行的爱国运动,史称五四运动。这场彻底的反帝反封建的伟大爱国革命运动,是以一批先进青年知识分子为先锋的,因此,五四运动也是一场伟大的青年运动,为中国共产党和共青团的建立做了思想上和组织上的准备,开辟了中国青年运动的新纪元,标志着中国青年群体首次登上历史舞台。

6日，五四运动爆发的消息传到苏州，群情激愤，青年学生最先响应。三元坊江苏省立第一师范学校附属小学主事吴研因等毅然发表通电，呼吁："章宗祥该死，卖国贼该死，大学生举动，全国赞成。倘卖国群小危害我大学生，全国学校应俱散学，全国学生应与俱死。亡韩之民，犹能为无抵抗之抵抗，吾民反不能有所表示乎？！"

8日，东吴大学学生召开"五九"国耻纪念会，抗议北洋政府4年前接受日本灭亡中国的"二十一条"。晚上又召开全体学生大会，议决翌日举行集会游行，并连夜派代表与各校接洽。

同日，江苏省立第一师范学校致函苏州总商会，要求各商号提倡国货，"以为外交后盾"。

同日，甪直昆（山）境区区立第一国民学校积极响应，会同甪直吴（县）境区各校召开国耻纪念联合会。在国耻纪念日，各校虽未停课，但教师指导学生自制白旗，上书"毋忘国耻"等字样。放学后广大师生整队举旗游行示威，至保圣寺集会，民众闻讯而来，教师演讲国耻纪念日的由来、卖国密约、青岛交涉始末等内容，宣传活动至晚始散。

9日，东吴大学学生代表与江苏省立第二中学、桃坞中学、晏成中学、萃英中学、英华女中的学生代表于遂园集会，决定再次通电北洋政府，提出"宁撤专使不签丧失国权之约""请释学生，惩奸以谢天下"等要求。东吴大学学生赶印"通俗传单数千"，

五四运动警钟（漫画）

赶制"旗帜六百"。当日下午，各校学生在体育场集合，然后依次出发，举行环城游行，手擎小旗，上书"人心未死""国民速起""力争青岛"等字句。这是苏州最早的有组织的群众性反帝反封建活动，是苏州学子"与全国学界一致行动"的庄严宣告，扩大了五四运动在苏州的影响，从此"各校学生之自由加入者始多"。

10日，苏州各校经会商后，酝酿成立苏州学生联合会。14日，在江苏省立

第一师范学校附属小学召开苏州学生联合大会。各校学生对于青岛(山东)问题的讨论异常激烈,号召抵制日货、成立露天讲演团、组织露天新剧团,并致电议和专使提出拒绝签字等4项要求。

15日,在学生运动的推动下,苏州总商会召开特别会议,议决致电北洋政府及参加巴黎和会的中国代表,呼吁拒签"和约";劝导各界不用日货,提倡国货;停用振兴公司的电灯。苏州迅速形成抵制日货、劝用国货的热潮。东吴大学学生带头将自己的日货全部销毁,并抵制日资振兴公司的电灯,宁用蜡烛照明,或设法改用其他公司的电灯,学生的行动得到了学校的同意。学生还组成讲演团,分头在热闹场所讲演,痛斥卖国贼,宣讲日本帝国主义对我国的种种野心及亡国之惨痛。

16日,萃英中学学生在日商所开设的"东洋"茶馆面向公众演讲,陈述"日人对我种种之野心,以及将来亡国之惨痛",希望唤醒民众的爱国热忱。

18日,各校代表在江苏省立第一师范学校开会,正式成立苏州学生联合会。江苏省立第一师范学校、东吴大学、江苏省立第二工业学校等13所大学的26名代表出席,并推举正、副会长,东吴大学尤敦信被推举为苏州学生联合会书记。苏州学生联合会是五四运动在苏州蓬勃兴起的产物,它的成立又推动了五四运动在东吴大学和苏州的发展。苏州学生联合会中学以上各校代表名单如下:

江苏省立第一师范学校代表何焕庭、沈炳魁,江苏省立第二农业学校代表周承树、黄邻臣,江苏省立第二工业学校代表孟祖培、过质彬,江苏省立医学专门学校代表余光中、王复

东吴大学尤敦信

1919年5月25日《申报》载苏州学生联合会中学以上各校代表名单

遽,江苏省立第二中学代表汪叔年、马振海,慧灵女中代表黄轨清、史凤娥,崇道女中代表陈美珈、殷履贞,东吴大学代表尤敦信、伍克家,晏成中学代表陈懋仁、府振野,英华女中代表孙凌汉、张廷赓,思密中学代表周文芝、吴继美,萃英中学代表黄鸿道、许知维,桃坞中学代表吴鸿寿、王炳简,苏州私立中华体育学校代表马坰、戴木,福音医校代表顾雅怀、高邦瑞。

中上旬,吴江爱国知识分子和青年学生群情激愤,学校相继罢课,学生涌向街头及乡村宣传演讲,查抄焚毁日货。

24日,苏州学生联合会在公共体育场开会。各学校代表议决:选举江苏省立第一师范学校代表沈炳魁、何焕庭为正、副会长,江苏省立医学专门学校代表余光中、王复遽为庶务、司库,东吴大学代表尤敦信、江苏省立第二农业学校代表周承树为书启;通电北洋政府限期答复京沪学生联合会的请求,否则苏州学生联合会将与京沪学生联合会采取一致行动;致函江苏省议会要求取消加费案,并致函苏州各团体一致反对加费案;在《平江日报》登载苏州学生联合会纪事;定于28日召开紧急会议,提议停用电灯及留日学生善后各案。

26日,上海学生联合会派代表到苏州商量沪苏"一致罢课之举"。东吴大学学生于当晚开会,共商办法,绝大多数学生主张响应罢课,极少数学生因受校务部"不罢课"的影响,主张"镇静",认为"宜审慎后举行"。为了协调和统一行动,大家深感须成立"有力之团体"——学生会,于是由各级选举的代表组成章程起草委员会,正式通过东吴大学(包括一中)学生会章程,选举王志稼为会长,并选出各部部长,东吴大学学生会正式诞生。

27日,苏州学生联合会在谢衙前晏成中学召开紧急会议。议决于28日起中学以上各校一律罢课,发表关于罢课的公启——"谨启者:外交失败,内政日紊,学生等呼吁无效,杞忧难已,望绝路穷,痛深哀切。谨于五月二十八日起一律罢课。罢课

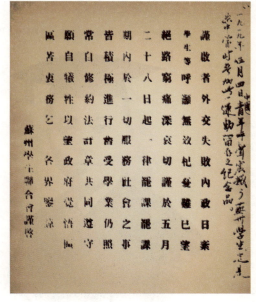

苏州学生联合会启事

期内,于一切服务社会之事,皆积极进行,旧受学业仍照常自修,约法订章,共同遵守,愿自牺牲,以望政府觉悟。区区苦衷,务乞各界鉴谅。苏州学生联合会谨启。"

同日,吴江中学为"国耻纪念"发出通电,举行罢课,与苏州学生联合会一致行动。

同日,常熟县学生联合会成立,举行第二次声援游行。

28日,苏州学生联合会组织学生在体育场集会罢课。参加者还有自发前来的群众。据上海《民国日报》报道,"是日到会者万人"。首先由东吴大学乐队奏乐行敬礼,随后宣读《宣言》,提出惩办卖国贼、挽留蔡元培校长、恢复学生自由权、恢复人民言论自由权,以及请政府与日本严正交涉虐待留日学生事等要求。会后举行大游行,号召民众抵制日货,团结救国。游行队伍经十梓街、西街、濂溪坊、观前街至察院场口分路回校。学生所持旗帜都插于玄妙观,以宣传发动群众。同时,东吴大学学生代表赴上海联络,以通声气。这次集会游行规模大、影响深,是东吴大学和苏州各校在五四运动中一次盛况空前的大会。罢课后,东吴大学学生会在校内根据苏州学生联合会通告,制定《约法》12条,指出如有违反《约法》者,由司法部判决,或由大会表决对其惩罚。学生会著述部与《苏州日报》馆协商,特辟《东吴声》一栏,专载该部稿件。广告部每日发行招贴200张、传单500张。

王志稼

同日,东吴大学学生会会长王志稼致函苏州总商会,指出经过调查发现苏州商家假拍卖日货之名,行暗中销售日货之实,要求商会维持商界道德,禁止销售日货。

30日,江苏省立苏州第二女子师范学校全体女学生罢课,组织中华女学生救国团,进行编辑、劝导、调查等活动,以尽救国责任。

同日,浏河镇学校师生和商界人士千余人在天妃宫前举行集会游行。游行队伍手持五彩小旗,绕街而行。沿途群众闻讯响应,气氛十分热烈。商界人士积极响应,要求各商店"抵制日货、提倡国货",以实际行动声援五四爱国运动。

31日,苏州学生联合会在旧皇宫(万寿宫)吴县教育会召开第四次常会。江苏省立第一师范学校、江苏省立第二工业学校、萃英中学、东吴大学、振华女中、英华女中、江苏省立第二农业学校、晏成中学、英华女中附属小学校等学校代表共20余人与会。会上就国货与日货的处理进行讨论,首先请求苏州商会函告各店,稳定物价,不允许抬高国货价格;其次请求苏州商会稽查日货,一旦发现有日货运来,当即押还;最后将各店所存日货,聚集一处,廉价出售。会议还请派往上海、无锡、吴江三处的代表介绍各界斗争的经过。

中下旬,昆山爱国知识分子和青年学生群情激愤,学校相继罢课。学生涌向街头及乡村宣传演讲,查抄焚毁日货。位于夏驾桥东庄的昆山县第二高等小学师生书写"还我青岛""抵制日货"等标语,声援北京学生,开展反帝宣传。箓葭浜(陆家)乡立第一国民学校教师利用图画手工课,指导学生制作卖国贼曹汝霖、章宗祥、陆宗舆的"丑像"和各种标语小旗。放学后学生手持小旗列队上街游行,高呼"打倒曹、章、陆""取消二十一条""毋忘国耻"等口号。

本月,太仓江苏省立第四中学(现太仓中学)学生成立救国团,举行罢课和集会游行,并组成宣传队,分赴各乡镇演说,声援五四运动。

6月初,北洋政府公然为卖国贼辩护,镇压爱国学生。东吴大学法科学生张亮吉因坚决主张惩治卖国贼等激烈言行,"在京被捕,慷慨入狱",张亮吉入狱激起东吴大学学生的极大愤慨。北京学生联合会发出通电,呼吁全国声援。上海工人开始罢工,紧接着商人罢市。

6日,苏州学生联合会在旧皇宫召开临时会议。19所学校的代表到会,商讨应对东吴大学校长、教务长要求学生周六上课、出校不准逗留等事宜。

7日,苏州各校学生团体在王废基公共体育场,为在北京参加五四运动而牺牲的郭钦光、徐日哲、周瑞琦三志士开追悼会。20队男女学生手执挽联,整队入场,分队行礼、演说。国民救国团及政界、商界各派代表与会,来宾达数千人。会后,学生举行游行。

同日,学生"群赴商会,要求罢市"。东吴大学尤敦信与苏州总商会会谈,

THE MOVEMENT IN SOOCHOW.

From Our Own Correspondent.

Soochow, June 6.

There is a good deal of feeling among the people on the streets, and a spirit of unrest. No one seems to know just what is to happen, nor what to expect. The banks have suspended payment in cash, but are carrying on business on their books. The stores may all close to-morrow. The Chamber of Commerce is meeting now (7 p.m.) concerning this matter.

Soochow University formally closed to-day as the students could not return to classes. During this holiday, the boys who were not engaged in work connected with the Students' Union, have been doing private studying and review work during the classroom hours. The faculty proposed that the students go on class for five hours a day, doing seven hours' work each day during these five hours, and thus giving them their afternoon free; but this proposal could not be accepted by the students. Yesterday afternoon the students held their last meeting, making patriotic speeches, and after adjournment saluting the flag for the last time. Plans are being formed by which the students may be graduated and promoted. It is probable that the other three Missions (for boys) Middle Schools will close to-morrow. All of the students realize the position of the faculties of these schools, and there is the most cordial relation between the students and teachers. The resuming of classroom work in the Government schools is improbable.

Dr. Ethel Polk addressed the Soochow Missionary Association yesterday afternoon, on her experiences in the Red Cross work in Vladivostok. It was most interesting and greatly appreciated by our community.

THE MOVEMENT IN SOOCHOW
1919年6月10日《字林西报》载苏州学生运动的消息

心怀业文明抵制求国货民）等与报道前街教育者等处各商店清晨开市至九钟时除零星杂货吃食各店外均已闭门各店首一律贴白纸油印字条当（一文明抵制幸勿暴动）至下午则零星各店亦相率闭门至五时则全城一律罢市矣朱镇守使王道尹於七日召集政界人员会议议定以和平劝导为旨即於七日晚发布告略云六日接奉督军省长电以接据电告沪上商界罢市等情各处商人以讹传误受人利用仰即邀集商会切实劝导等因特出示布告商民人等各安生业切勿自相惊扰倘有落根附和滋扰定即查取一致行动情事诚恐各处商人以讹传误受人利用宪恩办云云警厅崔厅长已分令各区队於各崇警一律荷枪站巡保安侦探各队则全体出队分路巡防以维治安

希望"苏城各商店依照上海商店办法，一律罢市"。经学生沿街宣传，许多商店提前罢市。次日下午五时，全面罢市。苏州"三罢"（罢工、罢课、罢市）斗争全面展开。

9日，为对抗校方破坏学生的爱国罢课行为，东吴大学学生会发表《散学通启》。学生离校前在操场行离校式，高唱休学歌，音韵凄恻，闻者潸然泪下，学生谢某晕厥。学生会发表《宣言》："生等生逢乱世……莫负兴亡之责，乃者呼号奔走而动致谤疑，哀吁告求而未蒙谅察。今遵校令与生等至亲至爱之学校挥泪道别。瞻望槐市，凄感无已；回首葑溪，悲怆何极。"离

◉蘇州罷市記

蘇州各學校學生各團體於七日假王廢基公共體育場為郭欽光徐日哲周瑞琪三志士開追悼會男女學生計二十隊全體皆到咸手執輓聯整隊游場國民救國團及政界商界亦各派代表與會各界來賓不下數千人由男女學生等分隊行禮演說散會後各學生隊游行街市旋即排隊至西百花巷將近商會即站隊於街市懇出男代表沈變臣等十四人女代表七人進會求見會長適會長不在代表等在會長室守候警廳得悉即派稽查員三人到會又囑時正副會長龐天笙蘇稼秋公斷處長宋友裴到會有營區巡長二分所派營士二排在會門前駐守至五鐘時正副會長龐天笙蘇稼秋公斷處長宋友裴到以昨發北京之電時預備第二步即須罷市後諸君須有維持方法始可會而全體揮汗步行到貴會諒必盡知今日之由追悼表言近日諸生舉動貴會取同一態度而已公斷處長宋友裴聲稱罷市一節事在必行惟須明日發通告後日開大會宣布某代表詢以究係何日寶行寵宋二君互商謂確定後下(九日)各代表則請求明日實行八日上午商界開大會准下午五時一律罷市各代表拍掌歡呼而出各隊男女學生亦拍掌助學生聯合會之進行㈠貴會與上海商會之輔助呼籲方協議八日上午商界開大會准下午五時一律罷市各代表拍掌歡呼而出各隊男女學生亦拍掌歡呼分道出發經過街市高聲喊叫商會明日罷市商界萬歲於是商民咸知明日閉市咸當晚商會即分發通告定於八號上午八時開緊急大會一面即報

北京学生游行示威,高呼"打倒卖国贼""还我青岛"等口号

校后,东吴大学学生仍在各地参加活动,与苏州学生联合会保持一致。"三罢"爱国热浪在全国掀起高潮,北洋政府被迫将卖国贼曹汝霖、章宗祥、陆宗舆免职。

13日,苏州各商店开市营业。师范、医学、工业等各校学生列队分途游行,对商界罢市、协助罢课表示感谢,庆祝斗争胜利。

16日,东吴大学代表赴沪参加全国学生联合会成立大会。不久,全国学生联合会致电北洋政府,誓不承认"巴黎和约"签字。

25日,苏州学生联合会制定抵制日货8项规定,涉及劝导各商号不进日货,已进日货由商会和学生联合会盖印出售,截止日货来路,劝止米、菜籽、棉、丝出口等内容,并提出商会、教育会和学生联合会及时沟通。

7月2日,苏州学生联合会在吴县教育会举行会议。会议召集苏州总商会各团体共商国家社会大计。

10日,江苏省立第一师范学校的肄业学生组织苏州学生联合会第一师范分会,借劝学所为事务所。分会尤其注重演讲,每日两次前往附近乡镇演讲。

同日,昆山学生联合会在昆山通俗教育馆召开成立大会。男女学生赴

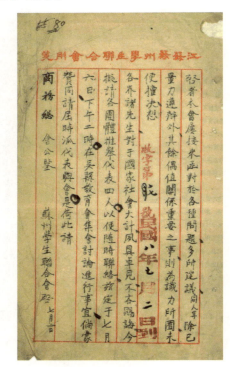

苏州学生联合会致苏州总商会函
(1919年7月2日)(苏州市档案馆藏)

会者四五十人,均肄业中等学校以上者,推举南京高等师范学校学生张儒荣为会长。联合会分编辑、演讲两部,演讲部倡办义务夜馆,编辑部发行三日刊的报纸,各部职员均自荐担任。

13日,苏州学生联合会致函苏州总商会,提议由商会和学生联合会联合成立查验所,提出专查进出口货物、杜绝日货进口、原料及米粮出口日本等5项要求。

20日,苏州学生联合会致函苏州总商会,赞同对方倡导抵制日货、提倡国货的爱国行动,提出搬运公司切勿搬运日货、洋货业每十日报告存货等意见。

26日,桃坞中学学生会演剧筹款,在石塔头创办"五九"义务学校,每日上课时间为下午七时至九时,旨在普及国民教育,唤醒民众。

29日,苏州学生联合会在吴县教育会举行会议,讨论处理"私进日货之事"。

31日,苏州学生联合会在公共体育场,将查获的日本纸张、洋布、漂粉等当众焚毁。

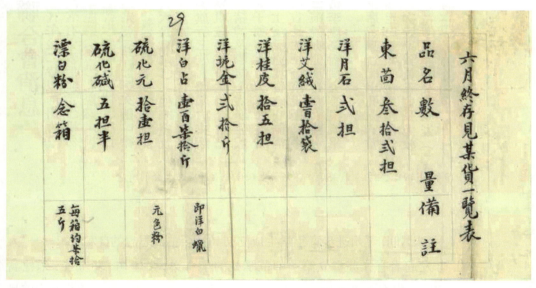

苏州颜料业公所呈报洋货数量(1919年7月25日)(苏州市档案馆藏)

8月15日,江苏省学生联合会在苏州旧皇宫召开成立大会。尤敦信(苏州)、杨勿踰(苏州)、黄曝寰(南京)、李庆麐(南京)、孔庆洙(扬州)、李继侗(兴化)、吴枬(如皋)、刘师昂(如皋)、唐世芫(海属)、向徒南(镇江)、赵宗朝

（镇江）、彭文田（徐州）、潘润夫（南通）、吴可能（无锡）、蔡玉良（松江）、胡君（昆山）、李承霖（泰兴）、葛天民（句容）等各地代表与会，苏州学生到会者200余人，黄曝寰当选为会议主席，孔庆洙为纪事。次日，江苏省学生联合会召开评议部会议，讨论学生联合会章程，选举尤敦信、唐世芫为江苏省学生联合会正、副会长，黄曝寰、杨勿踰为正、副评议长。

1919年8月19日《申报》载关于江苏省学生联合会召开成立大会的消息

七八月间，苏州进步青年学生成立初具社会主义思想的自发组织——"人社"。发起者有江苏省立第一师范学校的华有文、张建初、龚宝善、朱枕薪等。不久，华有文等通过友人介绍结识了邵力子、陈独秀。陈独秀作为中国早期的马克思主义者，满腔热情地向"人社"提供了《新青年》《共产党宣言》《工商之友》《劳动界》《两个工人的谈话》等进步书刊，给"人社"以正确的引导。以"人社"为中心，马克思主义启蒙教育逐步推开，许多进步青年中的优秀分子走上革命道路。

9月1日,吴江中学和江苏省立第一师范学校英语教员金国宝(1894—1963,字侣琴,江苏吴江人)翻译的列宁《鲍尔雪维克之所要求与排斥》("鲍尔雪维克"今译布尔什维克),发表在1919年9月1日出版的《解放与改造》半月刊创刊号上。金国宝在译文前作序:"余以鲍尔雪维克之主张,具见于是,凡研究鲍尔雪维克及俄国国情者,均不可不读也,故将Long氏译本,译为汉文,以饷国人。至鲍尔雪维克一字,或译过激派,或译广义派,均不甚妥善,试从音译。"

12月2日,苏州学生联合会组织万余学生停课游行,声讨日军制造福州惨案的罪行。各校学生统一着制服集中于观前街北局,按次整队游行。

13日,苏州各界联合会于观前街北局召开成立大会。到会者有全国各界联合会代表、福建学生联合会驻沪代表谢翔高,苏州学生联合会尤敦信、沈炳魁,中区第三国民学校陶铸禹,以及吴县教育会、报界公会等14个团体代表共2 000余人,会议公推陶铸禹为临时主席。大会一致决定以"谋求对外之良策,作政府之后援",反对列强侵略,要求收回青岛。

1920

1月10日,下午三时,苏州学生联合会在天赐庄圣约翰堂召开第六次演讲会。由全国青年协会总干事余日章主讲,参加者千余人。余日章围绕外交问题、日本问题、上海租界华董等方面展开演讲,涉及中日外交手段的差异,以及当前抵制日货的成效、振兴实业的重要性、华人权利的维护等内容。

4月11日,苏州学生联合会就4月4日日本人角间孝二在虎丘无端寻衅打死驻苏第二师五团军士胡宗汉之事召集会议,决定罢课,提出"惩办凶手""抚恤死者家属"等5项要求,要求当局与日方交涉。

16日,苏州学生联合会响应全国学生联合会的行动,召集中学以上各校代表在旧皇宫召开紧急会议,决定与上海各校一致行动,于16日起先行罢课两星期,反对北洋政府在山东问题上的卖国政策。江苏省立第四中学响应罢课。次日午后二时,苏州学生联合会组织各校在公共体育场集会,之后学生整队分赴各街市游行。

25日,苏州各界万余人于虎丘举行胡宗汉追悼大会。苏州学生联合会汤廉珩、萃英中学顾忠及江苏省立第二农业学校、江苏省立第二工业学校代表发表演说。

5月4日,苏州学生联合会在公共体育场举行五四爱国运动周年纪念活动。东吴大学、江苏省立第一师范学校、江苏省立第二农业学校、江苏省立第二工业学校、江苏省立医学专门学校、第二中学、萃英中学、英华女中、桃坞中学、晏成中学、江苏省立第二女子师范学校、蚕桑女学、景海女学、慧灵女学、东吴大学附属中学15所学校参加。会后各校

1920年5月7日《新闻报》载苏州学生进行五四纪念活动的消息

学生游行,沿途散发传单并演讲,私立懿德女校排演新剧《五四纪事》。

9日,苏州各界联合会于下午二时在观前街北局召开国耻纪念会。各校男女学生均全体到会,其他各团体亦有代表与会,共计20 000余人。先由苏州学生联合会代表沈炳魁报告开会宗旨,继由各界代表相继演说,会议至五时半结束。

8月间,上海创建社会主义青年团。北京、广州、长沙、武昌等地紧随上海先后成立了相应的团组织。

本年,美国南浸会在其年会刊物上报道了苏州学生运动的情况,特别报道了慧灵女中乃至苏州中学生的情况,称全国和地方的学生运动对南浸会

这一年的工作产生了显著影响,而学生在春季学期的宣传活动变得非常政治化。大多数中学男女学生都走出校门,努力唤起同胞的爱国觉悟。慧灵女中学生挨家挨户走访,向民众宣传爱国运动,并每周在教堂举行一次讲座。她们邀请自己的母亲、姐妹到校观看"双十节"爱国节目。这些被称为"学生运动"的活动使女生自身得到发展。

1921

7月11日,北京国立公立学校学生联席会代表汤茂如、王厚贻、王孝英来到苏州,与青年会姚铁心接洽,计划组织苏州联席会,解决教育基金问题,使下学期学生正常上课。

本月,中国共产党在上海召开第一次全国代表大会。党的"一大"研究了在各地建立和发展社会主义青年团作为党的预备学校问题,决定了吸收优秀团员入党的办法。"一大"后,中央和各地党组织派了大批党员去开展团的工作。

12月8日,张应春(1901—1927,吴江黎里人)与上海中国女子体育学校师生一起到南火车站,参加上海各界人士集会,抗议帝国主义侵略行径。张应春寒暑假返乡时,目睹农民疾苦,深感社会的黑暗,经常对父亲说:"农民一年到头辛勤劳动,反而不得温饱。这种不合理的制度,我们应该把它铲除。"

17日,苏州各团体代表及学校学生3 000人在观前街北局举行国民大会。苏州学生联合会代表胡瑞菱、江苏省立第一师范学校学生齐元勋、通俗教育馆主任朱慰元、青年会干事姚铁心等相继登台演讲,痛斥当局无能,痛心山东外交交涉失败,呼吁社会各界共谋对策。

本年,《东吴学报》刊载张原絜的《布尔萨维克之研究》("布尔萨维克"

张应春

张原絜　　　　　　　《布尔萨维克之研究》

今译布尔什维克)一文,称布尔萨维克主义是"很重要而且富有兴趣的问题""布尔萨维克主义大露头角,是在1917年11月7日革命成功,劳农政府成立之后",认为苏维埃政府是代表千百万劳动群众利益的政府。

1922

5月5日—10日,在中国共产党的直接领导下,中国社会主义青年团在广州召开第一次全国代表大会,成立了全国统一的组织。中国社会主义青年团第一次全国代表大会的召开,是中国青年运动发展史上的一个里程碑。出席的代表共25人,即团临时中央兼上海团代表张椿年(张太雷)、方国昌(施存统)、蔡和森,上海劳动书记总部代表许白昊、梁云鹏、李启汉、彭太汉、吴海棠,北京的邓仲澥(邓中夏)、金家凤,南京的莫耀明,天津的昌一鸣,唐山的李树彝,保定的张仲毅,杭州的俞秀松,武汉的张绍康,湖南的陈子博、易礼容,广东的谭平山、陈公博、谭植棠、梁复然,以及王振翼(王仲一)、张继武和王仲强。

大会邀请中共中央局、少共国际、朝鲜青年团代表参加。大会首先由张椿年致开幕词。党中央书记陈独秀、少共国际代表达林分别做了《马克思主义的两大精神》《国际帝国主义与中国及社会主义青年团》的讲话。与会代表听取了方国昌关于团临时中央和上海团的工作报告，谭平山、邓仲澥、莫耀明、易礼容等介绍了广东、北京、南京、湖南等地方团组织的情况，大会讨论通过了《中国社会主义青年团纲领》《中国社会主义青年团章程》《青年工人农人生活状况改良的议决案》《中国社会主义青年团与中国各团体的关系之议决案》《中国社会主义青年团与国际青年团之关系的议决案》等议案。《中国社会主义青年团纲领》明确了中国社会主义青年团的性质、任务、奋斗目标，为中国青年运动和团的建设指明了方向。大会产生了中国社会主义青年团第一届中央执行委员会，高尚德（高君宇）、方国昌、张椿年、蔡和森、俞秀松为执行委员，方国昌被推选为书记。团中央机关设在上海。

9日，苏州各校在公共体育场集合后出发游行，沿途演讲，宣传国耻观念。

6月7日，苏州总商会、警察厅、各校等22个团体在青年会礼堂开会。会上商量胶济铁路赎回事宜，决定由总商会、青年会、教育会、学生联合会等7个团体组成干事部，成立苏州赎路储金会。

夏，昆山茜墩（千灯）青年团成立，组织编印《新茜墩报》20多期，广泛发动群众，把反帝爱国活动推向深入。

11月10日—18日，由于日本霸占山东的胶济铁路路权，苏州学生联合会几经商议，决定各校学生认股若干，每股五元，并举办赎路运动游艺会。

1922年11月22日《新闻报》载苏州学生会（苏州学生联合会）赎路游艺会的消息

1923

1月11日,东吴大学全体学生罢课,反对校方侮辱、打骂学生的行为。

3月26日,因日本借口"二十一条",拒不交回旅顺、大连,苏州学生联合会在公共体育场召集江苏省立第一师范学校、男子职业中学、苏州私立中华体育学校、江苏省立医学专门学校、博文中学、江苏女子职业中学、乐益女中、江苏省立第二工业学校等19所学校,举行游行大会,敦促政府收回旅顺、大连,否认"二十一条",唤醒民众。东吴大学教员赵紫宸等发表演讲。游行队伍出发至观前街、护龙街、东中市、西中市等。

苏州学生对日游行示威大会

同日,昆山甲种师范学校、昆新县立高等小学堂、乙种商业学校、基督教昆山浸会堂、明道女塾等学校为反对租借旅顺、大连及"二十一条",推举代表在公共体育场商议方法,议决:一、组织学生执旗游行,引起社会关注;二、由昆山甲种师范学校全体学生分队演说,说明旅顺、大连被租借的过程及"二十一条"内容的苛刻,激发民众一致对外的决心;三、分发图文并茂的传单,宣传中国目前的危急情状,唤起民众的觉悟。

29日,江苏省立第四中学与太仓农村小学等校学生游行,要求废止"二十一条"及收回旅顺、大连。

1923年3月30日《申报》载昆山学生界爱国运动的消息

1923年4月4日《新闻报》载常熟学生界抗日游行示威的消息

31日，常熟县教育会为取消"二十一条"及收回旅顺、大连问题，组织各校教职员率领全体学生2000余人，先后至公共体育场开会，结队游行，散发传单。

4月4日，苏州总商会复函苏州学生联合会，表示钦佩学生的爱国热情，认为"收回旅大，争废二十一条，事关吾国主权，凡属国民，同深义愤……"，愿与学界共进退，不达目的誓不罢休。

14日，苏州学生联合会发动各界在北局青年会举行苏城外交后援成立大会。"以收回旅大、废除二十一条、援助对日外交为宗旨"，以北局青年会为会址。会上讨论《苏州对日外交后援会简章》。

本月，苏州省立学校学生会通电北京大总统、国务院和参、众两院，据理力争，要求废除"二十一条"。

5月9日，苏州对日外交后援会组织50余校学生及各界人士约2000人，在公共体育场召开国耻纪念游行大会。与会者宣誓："誓雪国耻，勿懈勿忘。"各校学生沿途分发各种传单，高呼："抵制日货，经济绝交，提倡国货，万众一心。"

同日，吴江同里镇各校停课一日，盛泽镇学生整队集会游行。

同日，东吴大学圣经学校全体学员组织救国宣讲团，分4组，每组10余人，趁学校放假在城内外演讲。

16日，吴江同里镇丽则女学师生召开反对"二十一条"大会，声讨日军侵华罪行，宣誓不买日货。

8月20日—25日，中国社会主义青年团第二次全国代表大会在南京召开。大会选举产生新的团中央执委会，其中执行委员有邓仲澥、施存统、刘仁静、夏曦、卜世畸、林育南、李少白；候补委员有恽代英、梁鹏云、李求实、张秋人。会上推选刘仁静任委员长。

10月14日，少年中国学会集合宁、沪两地会员，在苏州留园召开联席会议。议程主要有会员报告心得、改组学会精神案、改良月刊案和本会对曹锟贿选态度案。会议通过《少年中国学会苏州大会宣言》，进一步明确了学会"求中华民族独立，到青年中间去"的方针，并制定学会9条纲领，其中出现"反对国际帝国主义""打倒军阀""打倒国际势力的压迫"等口号。邓仲澥、杨贤江、涂九衢、恽代英、蒋锡昌、陈启天、李儒勉、恽震、左舜生、曹刍、刘仁静、梁绍文等17人与会。

《少年中国学会苏州大会宣言》

下半年，中共上海地委委员沈雁冰为在苏州建立党组织多次来苏考察。

1924

2月28日，吴县教育局、苏州青年会、苏州教育会等机关团体为提倡平民教育，筹备大游行。

3月1日，苏州青年会组织平民教育会，为改变民众观念，邀请地方各公益团体进行大游行。他们在青年会集合出发，经过阊、胥两门及城外马路，以军乐、西乐及旗伞锣鼓助威，旗上书有"教育救国，人人宜受教育"等口号，沿途高呼"平民万岁，教育万岁"。

5月9日，常熟平民教育会和常熟县立第一高等小学、孝友初级中学、海虞市立女子中学等学校，在石梅体育场举行平民教育大游行。

7月，中共党员叶天底应聘到私立乐益女中担任美术教员，在进步教师与青年学生中从事革命活动。

1924年3月2日《申报》载苏州平民教育大游行的消息

1925

1月26日—30日，中国社会主义青年团第三次全国代表大会在上海召开。大会修改了团章，决定把中国社会主义青年团改名为中国共产主义青年团。大会选举张太雷、任弼时、恽代英、贺昌、刘尔崧、张秋人等9人为团中央执行委员，张伯简等5人为候补委员。会上张太雷当选为书记，任弼时当选为组织部主任，恽代英当选为宣传部主任，贺昌当选为工农部主任。

5月1日，吴江《新震泽》报创刊。共青团员陈味芝在报上发表《劳动者快快团结起来吧》一文。

14日，苏州学生联合会致电全国学生联合会，提出开展"去章（章士钊）"运动，反对教育总长章士钊禁止学生举行国耻纪念游行。

30日，青岛、上海等地日本纱厂先后发生工人罢工事件，遭到日本帝国主义及北洋军阀的血腥镇压。中共党员、上海日商内外棉厂工人顾正红被枪杀，十余名工人受伤。2 000余名上海学生在租界内散发传单，发表演说，抗议日本资本家镇压工人，呼吁收回租界。群众万余人聚集在英租界巡捕房前，高呼反帝口号。英巡捕向集会群众开枪，死伤数十人，史称"五卅惨案"。

31日，中共党员姜长麟受恽代英、侯绍裘派遣，向江苏公立苏州工业专门学校学生秦邦宪、博文中学教员许金元，介绍上海"五卅惨案"情况，传达党的指示。

同日，苏州学生联合会在北局青年会召开紧急会议。东吴大学等13所学校约800人与会，听取上海学生联合会代表报告"五卅惨案"经过。会议由秦邦宪主持。全场不断高呼"打倒帝国主义""废除不平等条约"等口号。会议决定自即日起罢课示威。东吴大学（包括一中）学生邀请上海学生联合会代表到校报告"五卅惨案"情况，同时又在林堂（今钟楼）礼堂召开大中学生各级级长联席会议，议决"举定对外代表4人，取一致行动"。

许金元

本月，吴江青年学生会发表宣言："我们确信社会是龌龊的、阴险的，但是我们又不能因为社会的龌龊与阴险，就不去谋建设和改进。所以我们要组织青年学生会，一方面要砥砺学行，一方面要在我们可能的范围内，做一些社会事业。"同里青年雪耻会号召同学们利用寒暑假向民众宣传，声援"五卅惨案"。

本月，震泽丝业公学教职员和学生游行、演讲、募捐，共募得大洋253元，小洋701角，铜元4 068枚，解送至全国学生联合会。

本月，吴江县中学、江苏省立第一师范学校分校等十余所学校的近千名学生集合游行，劝告同胞热心救国、抵制洋货。松陵镇学生演剧筹款，支援上海工人。同里二铭小学三、四年级的学生印制爱国传单分发至各商店，并张贴于桥头、巷口,劝导各界提倡国货,抵制洋货。

本月,江苏公立苏州工业专门学校宣传团专程到同里,演讲上海"五卅惨案"的经过并游行示威,散发"抵制英日货""经济绝交""宁为主死,不为奴亡"等传单,号召大家一致行动起来,抵制强权。

本月,吴江县横扇第一小学教师傅缉光由萧楚女介绍加入共青团,不久转为中共正式党员。

6月1日,苏州学生联合会在北局青年会召开紧急会议。东吴大学、江苏省立第二农业学校、江苏公立苏州工业专门学校等20余校代表60余人(一说50多人)到会,公推东吴大学代表蓝琢如为主席。会议决定联合各团体,组织各界联合会共谋对策。同时向受伤学生、工人及死伤者家属发表通电,表示抚慰;并致电全国同胞、外交部及全国法团,要求一致对外、一致力争。还决定次日进行游行演讲,先在公共体育场集会,以联络各界共同推进。为更好地开展声援运动,决定组织执行委员会,由委员7人执行一切事务,东吴大学学生赵朴初当选为执行委员。委员会发起募捐活动,救济上海工人。同日,东吴大学美籍教职员致电上海工部局与上海交涉使署,探询沪案的真相,并派专员赴沪实地调查,以便主张公道。东吴大学全体学生致电上海学生联合会及各报社:"上海学生五月卅号之举,本光明正大,乃竟遭工部局开枪惨杀,凡有血性,谁不发指,同仁等闻讯之余,咸怀敌忾,经全体表决,一致力争,望各界同胞群起为上海学生后援,为我国国民雪耻。"东吴大学法科全体学生召开特别会议,决定响应罢课,并由学生会发表宣言称:"五月卅日公共租界之惨案,学生无辜,死亡创伤者截至今日止,已逾百数,……本会认为此次惨案系于国际上受重大耻辱,此而可忍,孰不可忍,因此全体同学开会议决自六月一日起,暂行停课。"

2日,东吴大学等20余校学生二三千人在体育场集合示威游行,高呼"打倒英、日帝国主义""援助上海失业工人"等口号。东吴一中还

苏州对沪案大游行

组织演讲队30队,沿途演讲并散发传单。秦邦宪在《病榻琐记》中回忆:"这天,旭日临空,熏人欲昏……而我们男女同学都能走几十里路不稍懈怠,民气的激昂,青年的热血,中国的复兴,其赖于是!"

同日,昆山县师范学生会、昆山县地方法团临时会、茜墩乡公所等致电北京、南京、上海等执政当局,声援"五卅惨案",强烈要求惩办惨案肇事者,维护国家尊严。他们表示"群情愤激,肝胆欲裂,以保国权,而重民命",并通告报馆转全国同胞:"望我同胞群起力争,坚持到底,一息尚存,不容少懈。"

4日,乐益女中4名女学生由2位教员陪同,从苏州到无锡募捐,散发传单,以"乐益女子中学募捐"为标题,传单印着:"自上海五月三十日之惨剧发生后,死伤者累累,罢工者纷纷。死伤者固急宜抚恤,罢工者亦待救济,特叩请爱国志士慷慨捐助,以救同胞,不胜盼切。"

同日,江苏省立第四中学、毓娄女子师范学校等校联合成立"五卅援助会",下设经济、宣传、交际、调查4个组。"五卅援助会"与全国学生联合会取得联系,相互呼应。江苏省立第四中学还专门派出张昌绍等5名代表去上海全国学生联合会工作。

1925年6月8日《申报》载爱国热心新山歌

5日,苏州学生联合会在北局青年会当众剖竹筒,所得捐款如数送上海;还决定各校学生"茹素"一星期,积得"鱼肉之资"悉数送往上海,抚恤死伤者。东吴大学一中学生决定"茹素"两星期,节省费用,救济上海工人。东吴大学一中学生还先在校内募集特捐,东吴大学一中"计是日所得达千余元",先汇寄300元至上海总商会,这笔捐款是上海总商会"收到全国捐款中之最先者"。

同日,昆山蓬阆第一小学全体师生开始利用每天课前课后,分组演讲募捐,至10日共筹集大洋60元、小洋6角、铜元109枚,救济上海罢工工人。

6日,为苏城学界大募捐之期,苏州学生联合会发动城区各校学生,以三四人为一组,组成千余个募捐小组,相继出发募捐;每组学生持苏州学生联合会所发竹筒,身佩校徽,手执小白旗和募捐传单,在街头巷尾劝捐。城区各界组织"中华爱国募金大会苏州募金后援分会",广泛开展募捐活动。8日,将首批募捐款银元6 000元送往上海。截至20日,共募得款项17 300余元。每聚有成数,请东吴大学蓝琢如负责送沪或汇至上海总商会,并将正式收据"登报披露,以昭征信"。这次募捐活动不但在经济上有力地支援了上海工人,而且在政治上扩大了"五卅惨案"的影响。

6日晚,东吴大学林堂举行演讲会,与会者有四五百人。由学生代表赖彬主持,请中国"孤星社"负责人做《我对沪案之观察并告公正外人》的演讲。

7日,东吴大学、江苏省立第一师范学校、江苏公立苏州工业专门学校、乐益女中、博文中学等23所学校,以及国民党区党部、商团、救火会等20余个团体共4 000余人,举行各界联合大游行,声援上海人民斗争。游行队伍以"军乐前导,步伐整齐",经过干将坊、松鹤板场、临顿路、观前街、护龙街、东西中市,连绵数里,历一小时,高呼"废除不平等条约""国民快醒"等口号。

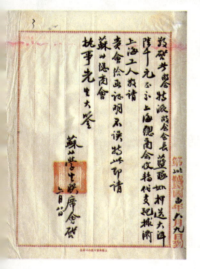

苏州学生联合会派会长蓝琢如将募款送沪证明(苏州市档案馆藏)

1925年6月24日《申报》载上海总商会代谢苏州学生联合会募捐国币一万元的消息

苏州各界声援"五卅惨案"集会

同日,江苏省立第四中学师生在校礼堂义演话剧《生死关头》《山塘血泪》,筹款支援上海罢工工人,得到群众热烈支持。每场观众达500多人,演剧筹款和各校募捐所得共计354块大洋,全部存入银行,集成巨款后转送上海全国学生联合会。

8日,苏州各界联合会致函苏州总商会,要求抵制日货,并议决由学生联合会推举调查员协同商会分赴各商店检查英、日货,予以封存。

8日—11日,昆山县立初级中学30名学生携带竹筒组成5个募捐队,分往各镇募捐。至11日,共募得大洋134元、小洋597角、铜元114 830文,立即汇往上海全国学生联合会。同时,昆山旅外大中学生自"五卅惨案"后纷纷返回昆山,在玉山市立第二小学内设立办事处,进行募捐宣传活动。昆山大学生联合会多数会员返昆,联络县城各中小学校,组织演讲团赴各地宣讲,并组织募捐队四处募捐。至14日,旅外学生共募得大洋472元、小洋522角、铜元71 480文。15日起,又演出《五卅惨案》《生死关头》等剧,继续募捐。

13日，苏州各界联合会召开会议，议决即日起对英、日两国实行经济绝交，停止销售大英牌香烟、仁丹之类，东吴大学学生积极响应号召，开展抵制英、日货的活动。

25日，苏州各界联合会在全国总示威日再次组织大游行，参加者有东吴大学等校学生及各界代表2 000余人。苏州城区各主要街道悬挂横幅，各工厂、学校、团体悬挂半旗，停止宴会，哀悼"五卅惨案"死难者。

同日，江苏省立第四中学学生分赴各地，扩大、团结反帝力量，并在校内发起组织学生军，随时准备投笔从戎，青年学子报国之心激昂澎湃，报名者达千人。

30日，苏州各界联合会根据苏州学生联合会的提议，召开"五卅"死难烈士追悼大会。各机关、团体一律降半旗，各商店门前悬挂白色小旗，上书"永矢不忘""万众一心"等字样。参加大会者臂缠黑纱，手执白旗，以志哀悼。追悼仪式后，整队出发游行，数千名群众涌向街头，高唱《五卅烈士纪念歌》。

苏州各界联合会为纪念"五卅惨案"死难者活动致苏州总商会函（1925年6月26日）（苏州市档案馆藏）

本月，江苏省立第四中学学生会自"五卅惨案"发生后，即发起筹募款项活动，救济罢工工人，通过募捐、演剧、"茹素"等方式募集千元以上，如数交给上海全国学生联合会。

7月8日，苏州学生联合会致函苏州总商会，提出"五卅惨案"后各界以"实行经济绝交为外交后盾"，希望苏州总商会调查各商店的"英日存货"，禁止出售。

11日，苏州各界联合会召开会议，决定于公园旁修建"五卅路"。"五卅路"于1926年1月11日破土动工，5月30日人们将两块"五卅路"纪念界石分别竖

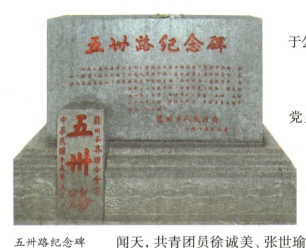

五卅路纪念碑

于公共体育场与言桥堍。

暑假,太仓县学生联合会成立。

8月,时任上海大学中学部主任的中共党员侯绍裘应乐益女中校董张冀牖之聘来苏,担任教务主任。同时应聘到乐益女中任教的还有中共党员张闻天,共青团员徐诚美、张世瑜等,共青团员沈霭春、沈联春姐妹追随侯绍裘,由景贤女中一起转入乐益女中继续就读。

侯绍裘

乐益女子中学校

9月初，中共苏州独立支部在乐益女中成立。叶天底任支部书记兼组织委员，张闻天任宣传委员，属中共上海（江、浙）区委领导。中共苏州独立支部加强对共青团的组织领导，积极发展党团员，共青团员许金元等加入共产党。

7日，乐益女中举行纪念国耻演讲。王芝九、张闻天、徐诚美、叶天底等教员就"九七国耻之经过""帝国主义与辛丑条约""反帝国主义运动""九七与五卅"发表反帝演讲。江苏公立苏州工业专门学校学生在沧浪亭对面可园图书馆举行演讲。苏州学生联合会发动大中学校学生组织募捐队，在全市街巷里弄、车站、码头、繁华市场进行募捐，所得款项送往上海支援工人。

10月9日，全市学生三五成群上街演说，大声疾呼，并宣布不承认现政府等。

10日，乐益女中职员及学生进行游行演讲。

11月5日，苏州学生联合会在乐益女中主办的《苏州学生》出版，为双周刊，四开。第二期为《关税自主特辑》，主要文章有《五卅运动与关税会议》《关税问题内容》《我国协定关税之内容与影响》《关系民族存亡之关税权问题》等。

22日，中共党员萧楚女应苏州学生联合会之邀，在城区做关于关税自主的讲演。

30日，江苏公立苏州工业专门学校掀起拒（校）长风潮，校长致电省厅，一面引咎辞职，一面静等省厅调查解决。学生全体公决宣告停课，要求省厅答复学生要求。

本月，中共党员陈味芝（1902—1938，吴江盛泽人）化名凌云，以震泽丝业公学教员身份为掩护开展工作，并以震泽丝业公学为通讯处，前后4次写信给中共中央，报告吴江地区的政党、民运、学运情况，并请示相关工作。

12月16日，共青团员傅缉光在《新黎里》报上发表文章——《怎样唤起民众》。

23日，东吴大学一中提前为云南起义10周年纪念日放假庆祝。由学生会沙郢丸做主报告，赵朴初演讲，回顾10年前云南起义的历史，分析国内现状，提出将来青年应承担的责任。

24日，乐益女中教员叶天底请朝鲜爱国志士安东晚演讲，被学校会计员制止并训诫，教职员、学生受到侮辱，导致全体罢课。教务主任侯绍裘代表校长表示歉意，平息罢课风波。

25日,震泽丝业公学举行云南起义纪念会。陈味芝在会上发表了《要建设中国,要组织起来》的演说。当日即成立吴江县学生联合会筹委会。

1926

1月1日,吴江县学生联合会在震泽丝业公学礼堂成立。

8日,中共中央特派员萧楚女在吴江检查工作期间,写信给共青团中央组织部部长林育南,赞扬傅绪光、陈味芝,请共青团中央联系指导他们。

25日,苏州学生联合会通电纪念"五卅运动"一周年。

30日,苏州各界联合会、学生联合会于公共体育场召开"五卅运动"周年纪念大会。江苏公立苏州工业专门学校、东吴大学、吴县县立师范学校、桃坞中学、乐益女中等校学生700余人到会。

下旬,共青团苏州特别支部成立,隶属共青团江浙区委,周学熙担任书记,共有团员18人。自此,苏州党、团组织分建两个支部。

2月11日,中共常熟特别支部(党团混合)成立。成员有李强、周文在两名党员和曾雍孙、王耕英两名团员。

3月8日,中共党员、国民党党员张应春在柳亚子、侯绍裘的协助下,在上海创办并主编《吴江妇女》,积极推动妇女解放运动。

25日,苏州学界3 000多人召开追悼北京"三一八惨案"殉难烈士大会。与会者会上愤怒声讨段祺瑞政府屠杀青年学生的罪行;会后冲破警方阻挠,举行示威游行。

5月9日,东吴大学、苏州公学、江苏省立第一师范学校、吴县县立师范学校4所学校的学生在体育场集会,举行国耻纪念活动。

8月,中共党员、国民党党员王芝九受组织派遣从上海景贤女中来到昆山,以昆山县立中学(今昆山市一中)训育主任兼二年级导师为公开职业,开展革命活动。王芝九在昆山县立中学组建中共昆山独立支部,该支部为党团混合支部,王芝九任书记,受中共上海区委领导。王芝九在昆山县立中学组织时事学习小组和宣传队,又秘密建立核心小组。小组成员每月在隐蔽点活动,学习时事,探讨革命理想,讨论北伐战争和上海工人运动形势,汇报工作与个人思想认识,互相换阅《新青年》《觉悟》等。这些活动提高了青年学生的思想觉悟,核心小组的成员也逐渐增加。中共昆山独立支部的革命活动影响很大,一批昆山青年走上革命道路。中共党员、江苏省立第一师范学校学生刘秉彝回到家乡昆山,在花家桥、蓬阆等地进行革命宣传活动。在夏驾桥附近的里泾小学召开东乡青年同志会,提出要学习革命理论,追求革命理想。东南大学学生胡昌治在蓬阆成立了有20多名青年参加的"求是社",社员经常学习革命理论和新文艺,并组织宣传队下乡宣传土改和反对地主剥削农民等活动。

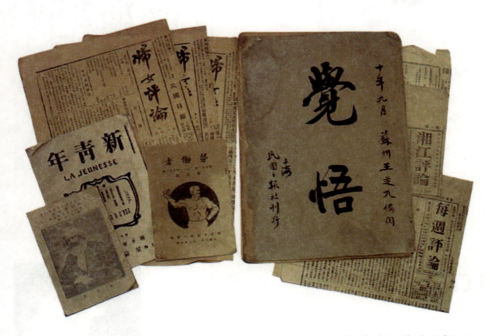

《新青年》《觉悟》等进步报刊

年底,吴江县成立第一个共青团小组,组长为费青,团员为费霍、费孝通。

北伐战争期间,全国革命青年纷纷奔向广东黄埔从军。本年,江苏省立第一师范学校王一沙、江苏公立苏州工业专门学校胡长源等苏州有志青年克服困难南下,弃笔从戎。

本年，苏州学生联合会在中共苏州独立支部的领导下进行改组，增加共青团员的比例，并经常邀请恽代英、萧楚女及其他著名进步人士到苏州进行反帝反封建的演讲，有力推动了苏州青年运动的健康发展。

中共中央特派员萧楚女

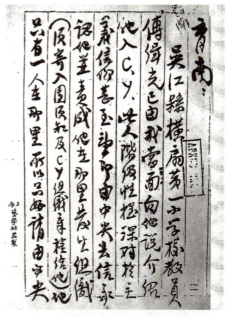

中共中央特派员萧楚女写给共青团中央组织部部长林育南的信

1927

3月21日，北伐军二十一师进城，各界群众几千人于体育场举行"欢迎国民革命军莅苏大会"。顾容川、舒正基、葛秉元等在会上发表演讲。

4月2日，苏州城区4万余人在公共体育场举行反英讨奉大会，控诉英国军舰炮击南京的罪行。中共

顾容川

参加欢迎北伐军大会的学生

苏州独立支部和共青团苏州特别支部发出《反英讨奉告苏州民众书》,声讨英帝国主义支持军阀破坏北伐的炮舰政策,号召全市工人、农民、士兵和广大群众全力进行反英讨奉革命。共青团苏州特别支部发出《告苏州青年工人、农民、学生、妇女及一切被压迫青年书》。

8日,苏州青年工人第一次代表大会于江苏省立第一师范学校附小礼堂举行。参加人数约千人,中共代表张长弓出席做报告。会上分发《中国青年工人运动概况》,会后公开吸收发展一批青年加入共青团。

10日,常熟县中小学生代表大会召开,建立常熟县学生联合会,编辑出版《常熟学生》半月刊。

12日,上海发生"四一二"反革命政变。

13日,中共苏州独立支部与共青团苏州特别支部召开联席会议,决定马上撤离已暴露身份的党内同志。

16日,城区各界代表千余人,在公共体育场召开汪伯乐烈士追悼大会。

汪伯乐

29日,周学熙担任中共苏州独立支部书记,由陈铿接任共青团苏州特别支部书记。

春,东吴大学学生会修改会章,以学生自治、与全国学生界合作参加爱国运动为宗旨。

5月4日,上午九时半,苏州学生界在公共体育场组织五四纪念活动,举行示威大游行。

9日,国耻纪念日,苏州各界在公共体育场开会,公推苏州学生联合会代表顾

苏州五九国耻纪念大会

五四纪念游行,上为景海女学学生,下为英华女中学生

1927年《中国摄影学会画报》登东吴大学学生军乐队参加五九国耻纪念会奏乐时的照片

太仓学生五四纪念游行

常熟学生五四纪念游行

厚熙为总指挥,代表演讲后,列队游行。常熟各校各团体在公共体育场集会,发表演说,并游行。

苏州学生联合会各校代表全体摄影（1927年5月14日）

  10日—16日，中国共产主义青年团第四次全国代表大会在武汉召开。大会选举任弼时、李求实、杨善南等同志组成新的共青团中央委员会，任弼时当选为书记。

  本月，由中共党员顾近仁、共青团员钱宗灏发起成立共青团常熟特别支部，曾雍孙任书记。

  6月6日，苏州学生联合会为抗议日本出兵华北致电南京国民政府，指出日本帝国主义借保护日侨为名，悍然出兵华北，其侵占中国之野心暴露无遗。日本帝国主义公然违背国际公法，全国同胞当奋起反抗，否则"前尤后效，各帝国主义将联合出兵，亡国之祸，当在眉睫，敝会同人愤外侮之频凌，念前途之危险，谨誓死反对，务望全国同胞一致奋起，实行对日经济绝交，并请国民政府严正抗议，愿我武装同志，以万分精神作先驱，敝会誓为后盾"。

  本月，江苏省立第四中学高师科学生高炳泉，经苏州中学共青团员、原太仓县立师范学校学生王思懋的介绍，与共青团江苏省委负责人华少峰（华岗）取得联系，加入共青团，并根据组织指示回太仓发展团员，负责组建共青团太仓特别支部。

  本月，共青团苏州特别支部改建为共青团苏州市（县）委员会，陈铿任书记，其时共有团员123人，团支部12个。

  7月，共青团太仓特别支部在南园成立，隶属共青团江苏省委，下辖江苏省立第四中学和善后工场两个支部，高炳泉为负责人。高炳泉发展卢章炯、周大刚等人入团，并建立共青团江苏省立第四中学支部，高炳泉为支部书记。共青团太仓特别支部建立后，积极组织团员和青年积极分子学习《布尔什维克》《共产主义ABC》等党的刊物、书籍，进行马克思主义理论教育，提高团员的理论水平和思想觉悟，同时在校内陆续发展一些进步学生入团。

本月，昆山的共青团组织不畏强暴，坚持活动，建立了共青团昆山特别支部，隶属共青团江苏省委。截至月底，共青团昆山特别支部已扩建为6个支部，团员发展到24人。

本月，曾雍孙被捕，共青团常熟特别支部遭破坏。

9月26日，共青团江苏省委召开外埠市县代表会议，共青团太仓特别支部、共青团昆山特别支部各派1名代表参加会议。会议期间，共青团江苏省委对共青团太仓特别支部的工作做出具体指示：要求注意在农村小学教师和农民群众中发展团员，建立团支部；成立各种青年团体，团结大批青年群众；开展宣传工作，扩大共青团在群众中的影响。共青团江苏省委对共青团昆山特别支部的工作做出具体指示：要深入农工群众，发展团的组织；组织青年团体，吸收左倾分子使之接受我们的领导教育；利用粮事发动农民群众起来打土豪，在斗争中发展我们的组织；等等。

10月1日，苏州学生联合会在北局青年会召集各校学生会代表举行联席会议，改选本届苏州学生联合会执行委员。晏成中学、景海女学、振华女中、英华女中、慧灵女中、苏州中学高中部、成烈体育专门学校、纯一中学、东吴大学等13所学校当选执行委员，并推选晏成中学为本届苏州学生联合会主席单位。

本月，共青团常熟县委成立，共有6个支部，负责人为邹逸中、钱宗灏。

11月24日，苏州城内发现署名"中国共产主义青年团苏州市委员会"的传单，内容为支持铁机工人的斗争，军警当局派人查办。

12月，共青团常熟县委停止工作。

1928

1月14日，苏州城厢内外出现数十种落款"苏州共产党青年团"的标语，标语均用彩色油光纸印制。

2月3日，共青团苏州市（县）委设在仓米巷的机关被国民党教导团袭击破坏，陈铿、张德杰、胡本立等17名党团员被捕。潘逸耕继任书记（同年8月离任），宗钟等人为委员。

3月26日，苏州学生联合会召集各校代表召开会议。出席者有全国学生联合会特派员刘荔生，吴县党部代表吴善樑及各校代表等10余人。主要商讨平民学校的设立、募集经费的方法、课程设置，以及举行苏州各校球类比赛，出版五四、五九、五卅纪念特刊，调解蚕业学校学生会分裂等事宜。

4月1日，苏州学生联合会为开办平民学校举行募捐。除向街巷行人、各团体机关募捐外，拟和各游艺场、戏园接洽，每券配加五分。

本月，共青团太仓特别支部积极配合党组织开展武装斗争，掩护一批参加武装暴动的党团员，以保存革命的力量。

5月3日，"济南惨案"爆发。东吴大学学生会"游行示威，晓彼群氓，速同兴起，国难当前，毋再沉迷，杯葛劣货，认清仇敌"。苏州学生联合会发出紧急通令，要求全市各校学生一致行动，抗议日寇的暴行。

7日，苏州学生联合会召开紧急会议，决定组织反日宣传委员会，上街宣传、揭露与声讨日本侵略者于5月3日制造的"济南惨案"罪行。

8日，苏州学生联合会为扩大反日宣传，召开反日出兵宣传委员会会议。议决自当日起停课3天，每日半天请名人演讲反日问题，半天自行前往各处演讲。停课期内，臂缠黑纱以志哀。

8日—9日，国民党太仓县党部大肆搜捕中共党员、共青团员，蒋自新、张炳生、周大刚、陆承显等11人先后被捕。共青团太仓特别支部遭到严重破坏，又与上级组织失去联系，活动被迫停止。

19日，苏州各团体接到署名"中国共产主义青年团苏州市执行委员会"关于"济南惨案"之宣言的印刷品。苏州学生对"济南惨案"异常愤慨，发起组织学生军作为武装抗日准备，男学生加入学生军，女学生组织救护队，由中山

吴县周庄小学校反日运动中之学生演讲队

体育专门学校、苏州女子中学、成烈体育专门学校、东吴大学等校组成军事训练委员会。

中旬，苏州城区共有团支部23个，团员188人。共青团苏州市委还出版周刊《市委通讯》、双周刊《支部生活》和对外宣传刊物《红旗》《苏州工人》等。

6月18日—7月11日，中共第六次全国代表大会在莫斯科召开。中共中央临时政治局常委周恩来在大会的组织工作报告中，肯定了共青团太仓特别支部的工作。共青团太仓特别支部存在仅1年时间，传播革命思想，打击国民党反动势力，为革命力量的发展奠定了思想基础和组织基础。

22日，苏州学生联合会奉吴县党部命令，停止活动。

7月12日—16日，中国共产主义青年团第五次全

1928年6月22日《申报》载苏州学生联合会奉吴县党部命令停止活动的消息

国代表大会在莫斯科召开。大会选举关向应、陆定一、李子芬、华少峰、李求实、顾作霖等同志组成新的共青团中央委员会,关向应当选为书记。

本月,常熟一些受党影响的进步青年和失去组织联系的共青团员成立"阳光社",出版《阳光》月刊。

8月,中共淞浦特委党员宋锡安以小学教员身份到昆山茜墩开展革命活动。宋锡安深入浅出地向学生讲解时事,宣传新思想,揭露土豪劣绅的罪行,编写、排练以歌颂进步青年为革命献身的英勇事迹为主要内容的剧本《碧血痕》。该剧上演后,在茜墩产生很大影响,深受群众欢迎。

本月,吴江莘塔陈孟豪在江苏省立吴江乡村师范学校闹学潮,被开除学籍。

1929

3月,费达夫担任共青团苏州市(县)委书记。

7月中旬,按照中共江苏省委总行动委员会"一切工作都归行动委员会指导"的要求,中共苏州县委、共青团苏州市(县)委合并成立苏州行动委员会。苏州行动委员会成立后,决定组织9支粉笔队书写宣传标语,散发传单。

8月3日,中共江苏省委决定撤销苏州行动委员会,恢复中共苏州县委、共青团苏州市(县)委,要求刚恢复的中共苏州县委、共青团苏州市(县)委"须坚决运用公开路线",深入工厂企业发动产业工人开展武装运动。

10月下旬,共青团常熟特别支部重建,花福生任书记。

11月,共青团常熟特别支部改组,恢复共青团常熟县委,赵可材任书记。

12月1日,乐益女中学生发起组织学生自治会,李珉贞当选为自治会主席。

12日,铁机丝织业青年工人宋锦生在学士街来远桥堍散发署名"中国共产主义青年团苏州委员会"的传单,被岗警拘捕。

1930

4月30日，在中共苏州党组织的领导下，城区30个小学的教职员成立"索欠委员会"，发表《教职员总辞职宣言》和《索欠通告》，进行罢教斗争，要求国民政府发还积欠工资。

5月2日，城东、城中7所小学发起建立学生求学运动筹备委员会，并召开全市小学生代表大会，组织学生请愿团。8日，学生求学运动筹备委员会再次召开会议，发出《告家长书》。

22日，求学运动筹备委员会200余名教师及40余名学生一起前往教育局要求发还教师积欠工资。28日，斗争胜利结束。

本月，中共常熟县委书记王达将常熟的党、团组织合并，成立常熟行动委员会。王达任行动委员会主席，决定采取以城市为中心搞大暴动、不搞小暴动的方针。原定5月31日发动印刷工人罢工，但被国民党反动派察觉，并抢在罢工斗争前开除11名领头工人，逮捕罢工联络员，罢工斗争被瓦解。

6月12日，苏州学生联合会被国民党吴县党部取缔，停止活动。

8月，马列著作等进步书刊在江苏省立吴江乡村师范学校青年学生中广为传播。

1931

1月，中共六届四中全会后，江苏省委特派员来常熟传达全会精神，并宣布撤销党、团行动委员会，重组中共常熟县委、共青团常熟县委。周佩莲任中共常熟县委书记，赵可材任共青团常熟县委书记。

年初，进步青年陈世德等人在中国共产党的领导下，组建成立吴县世界语学会。他们经常组织青年学生一起学习《大众哲学》等进步书籍，组织歌咏队、读书班，出版进步刊物，进行抗日救亡宣传，并邀请曾到苏联访问的中共党员胡愈之来苏州做报告,宣传马克思主义和民族独立解放。

春,王潜任共青团苏州市(县)委书记。

5月14日,吴县县立乡村师范学校(黄埭)学生60余人至教育局请愿,要求改善待遇,当局不予理会,下令取缔该校学生自治会。

9月19日,"九一八事变"后,全国抗日救亡运动风起云涌。苏州各校学生成立反日救国会,并成立临时检查日货委员会。各中学学生赴车站、码头、商店逐一检查、封存日货。

23日,为抗议日军攻占沈阳,苏州学生联合会宣布即日起全市罢课3天,上街宣传抗日。东吴大学暨附中千余名学生组成50个宣传队,分赴城内各地宣传抗日救国,"以期唤起民众,共图救国",掀起抗日救亡运动高潮。

25日,苏州学生和各界人士在公共体育场召开反日救国民众大会。大会号召民众奋起抗日,到会者万余人。

29日,苏州中学初中部筹备抗日救国会,制定《苏州中学初中部抗日救国会章程》(9条),明确抵制日货、日本研究、教育设计、反日宣传、武装准备5项重要工作。

30日,苏州中学高中部成立反日救国会,制定《苏州中学高中部反日救国会章程》(10条)、《常务干事会办事细则》等。

本月,共青团苏州市(县)委书记王潜召集10多名青年学生在安徽会馆开会。会议决定成立科学研究会,作为党的外围组织,出版以宣传抗日为主要内容的刊物《社会科学研究》。共青团员包之静、叶籁士等经常开展读书活动和宣传演讲,出版油印刊物《潮流》,揭露日本帝国主义的侵略罪行,号召民众开展救亡斗争。

本月,江苏省立第四中学学生会开展各种抗日救国活动。为统一行动,太仓各校联合成立太仓县学生联合会。

10月13日,吴县学界发起组织学生义勇军,议决成立苏州学生义勇军训练委员会。中等以上学校及县党部、教育局为当然委员,推举苏州中学、东吴大学、中山体育专科学校负责起草组织大纲。

25日,苏州中学反日救国会向全国人民发表反日救国会宣言,号召同胞快快觉醒,"为民族生存计、为国家延续一线命脉计,惟有下一个拼命的决心,

《苏中校刊》1931年第2卷第55—56期载《苏州中学初中部抗日救国会宣言》

与暴日作一个殊死之战"。

本月，苏州中学学生在全市散发《苏州中学反日救国会募款援助马占山将军启事》，发起募捐运动，支持抗日活动，共募集1 132.64元，悉数汇给马占山。

秋，苏州中学项志逊（胡绳原名）与吴大琨、马继宗（唐纳原名）等一批主张"文学救国"的学生创办《文学旬刊》。其他进步学生也经常利用刊物发表抗日诗歌、散文、小说。项志逊又创办《百合》杂志，并在首期《百合》上第一次以"胡绳"的笔名发表爱国力作《从"文学无用论"说到"第三种人"》。

秋，乐益女中教师匡亚明与任禹成等一些党团骨干人员组织"太阳剧社"及其他左翼剧社。这些剧社在"九一八事变"后多次举行公演，进行反日救亡宣传。

11月1日，江苏省立第四中学、江苏省立实验小学、太仓县立中学、太仓县立实验小学等校师生及民教馆成员，在群乐戏园表演抗日救国宣传节目，以图唤醒民众。

23日，江苏省各中学抗日会于下午四时在无锡召开代表大会，苏州、常州、无锡等13县代表到会。会议议决：沿京沪线各校学生于次日全体出发，赴京请愿，提出请国民政府立即出兵、请蒋介石迅速北上、严惩张学良3项要求。参加人数达四万余人，并推定苏州女子中学等5校负责指挥。

24日，吴县抗日救国会组织东吴大学、晏成中学、成烈体育专科学校、中山体育专科学校、苏州美术专科学校、江苏省立第二农业学校、萃英中学、景海女学等12校学生请愿团2 000人分两批前往南京请愿。26日，苏州请愿学生偕同各地学生，结队到国民政府前示威，要求蒋介石签署出兵日期。

12月1日，各中等学校组织5 000余人在观前、阊门两个繁华商业区开设日货陈列馆。展览物品有洋杂货、玩具、化妆品、药品、玻璃等10类，每种日货摆出两个样品，以便民众更好地识别和抵制日货。规定以12月8日为限，之后私存日货者，一律严惩不贷。

7日，苏州学生反日救国会在草桥中学召集16所学校代表，紧急磋商北京大学南下请愿团学生在12月

1931年11月3日《新闻报》载《太仓联合表演抗日救国宣传》

1931年11月27日《申报》载苏州大中学生晋京请愿的消息

5日遭国民党军警殴打逮捕事件的对策，决定全城举行总罢课。次日，因得知被捕的北大学生已释放，取消罢课计划，东吴大学仍未上课。

8日，东吴大学学生召开全体大会，声援被捕的北大学生，准备开赴前线，参加武装抗日。

11日，上海青年援马（在东北率先抗日的马占山部队）团200多人由上海步行路经昆山，受到昆山各界，特别是学界万余人的欢迎，并收到大洋百元及物品等。

13日，苏州学生反日救国会举行会议，传达全国学生联合会为督促政府出兵抗日，号召全国各地学生代表再次集会南京举行总示威的决议。与会代表表示要一致行动加大施压力度，并决定成立由东吴大学、苏州中学、苏州美术专科学校等5校组成的赴京请愿团特别委员会，由东吴大学负责召集开展活动。

14日，苏州学生赴京请愿团特别委员会成立，提出督促蒋介石履行北上诺言、杀尽卖国贼等10项要求。次日，由东吴大学、苏州中学等20余所学校250多名学生组成的苏州赴京请愿团，由东吴大学的朱宗喜、张泽湘二人任总指挥，分两批奔赴南京，请求国民政府出兵抗日。同日，太仓中学17名学生组成的学生请愿团从学校出发赶到苏州，沿途散发《告全国民众书》，呼吁全国军民团结一致，奋起抗日。

17日，苏州赴京请愿团学生代表与京沪沿线各地学生万余人在南京中央大学集合，前往国民政府和国民党中央党部进行总示威。途经珍珠桥时，学生们冲进《中央日报》馆捣毁编辑部和排字房。国民党趁机进行武装镇压，酿成"珍珠桥惨案"。学生当场被打死30余人，多人受伤，其中苏州学生1人受伤、1人被捕、1人失踪。进步教师胡敬修以"中天学社"名义，将长达万言的"宣言书"印发全国各地大中学校及爱国社团，揭露南京"珍珠桥惨案"真相，呼吁各地声援爱国学生的斗争。

同日，苏州学生自罢课后不遗余力宣传反日，导致国民党吴县县党部不满，吴县县党部规定学生必须向其领取许可证，方可外出宣传。吴县县党部召集学生会代表训话时，双方发生冲突，学生将吴县县党部全部捣毁。次日，各校学生千余人到体育场集合，赴县政府请愿，提出当局保障学生的爱国行动等3项要求。

南京"珍珠桥惨案"相关现场

同日,常熟县立中学爱国师生要求校长徐允夫宣布于当日起,一律停课,开展爱国宣传。

19日,苏州赴京请愿团在市图书馆召开新闻发布会,向各报记者介绍在南京请愿的过程及"珍珠桥惨案"真相。

21日,苏州民众在公共体育场举行大会,慰问赴京请愿学生。

24日,经教育局及各校校长向学生劝导,决定全市学生于当日起上午全体上课,下午开展爱国活动。学生抗日救国会改组为学生联合会。

本月,振华女中开展一系列抗日救国活动:成立抗日救国大会、师生组合抵制仇货会,组织宣传队、乡村演讲队、校内抗日演讲队、募捐队、救护队等。

倭禍水災聲中彙記一些工作與意見

本校抗日救國工作紀要

九月十八日遼瀋事件發生了以後，當然的，引起我們全體同學的憤慨。立刻，我們緊急地集了幾次大會，討論應付環境急切的工作，決定了幾個切實而有效的辦法。我們平時所服膺的；是能起而行的實事，不是徒然空說的廢話；所以，我且把重要些的工作，撮要的記錄在下面，想努力於抗日救國工作的同志們，是樂於聞見的呀！——

（一）成立抗日救國大會，推舉代表，組織委員會；執行一切議決案件。——委員會的組織，係全校師生共同推舉代表而組成的。執行一切議決案件，並討論進行方案，負責建議於全體大會，使抗日救國工作，得有統系有秩序的邁進。

（二）師生組合抵制仇貨會，分組互相監督，肅清仇貨，推行國產。——全校師生自願的簽名，分成三十餘組；每組各推代表一人，對全體出席代表大會，對各箇小組負責召集會議，徵集意見，建議於大會。代表大會每星期至少集會一次。各箇小組至少兩星期集會一次，互相監督，不用仇貨。

1931年12月出版的《苏州振华女中校刊》刊登《本校抗日救国工作纪要》

1932

1月9日，鉴于辽宁锦州又告失陷，太仓县学生抗日救国会联合各校学生数百人组织游行，沿途高呼救国口号，并散发宣传品。

12日，因东吴大学校长杨永清限制学生开会，东吴大学及附中学生罢课。

18日，东吴大学及附中学生代表冒景琦、方思柏和苏州学生联合会代表金立章、黄仿欧等人赴南京请愿，先后到行政院、监察院和教育部，报告东吴大学校长杨永清压迫抗日运动的真相，要求董事会撤换校长，学校由政府收回自办，以及特准学生转学。

東吳學生來京請願

▲報告校長壓迫抗日運動

▲南京 蘇東吳大學及附中學生代表冒景琦方思柏及蘇學聯代表金立章黃仿歐等，十八日來京、定期赴行政院教部請願，報告東吳校長壓迫抗日運動真象、並要求政府收回自辦、

1932年1月19日《新闻报》载东吴大学学生赴南京请愿的消息

28日,日寇悍然向上海进攻,国民党第十九路军奋起抗战,史称"一·二八事变"。昆山爱国青年承担运送任务,冒着生命危险把慰劳品及时送往前线,并在昆山街头开展抵制日货运动,铲除墙壁上的日货广告,在车站、码头检查日货。昆山县立中学学生成群结队到街头宣传抗日救国,边游行边呼喊"坚持抗日""抵制日货""不做亡国奴"等口号。

振华女中学生赴前线慰问十九路军

30日,苏州学生界召开会议,决定对上海抗日军队给予物资、精神上的援助;通令各校学生会自由组织慰劳队,慰劳上海抗日军队和义勇军。同时定于2月2日在公共体育场召开市民大会,推举苏州中学、江苏省立第二农业学校、晏成中学担任大会主席。

月底,太仓进步学生参加各界人士组织的抗敌后援会。胡敬修、张垲等11人组成慰问团,赴上海慰问十九路军将士。

年初,由东吴大学、苏州美术专科学校等校学生参加的全市学生抗日救国新剧联合公演在苏州大戏院举行。

3月18日,吴江各界联合召开东北沦亡半周年纪念大会。

20日,盛泽旅外人士举行抗日救国演讲竞赛会。演讲者32人,与会五六百人。

本月,苏州共青团组织遭到破坏,自此共青团苏州市(县)委不复存在。

5月28日,淞沪阵亡将士追悼大会在公共体育场举行。到会军民近10万人。国民党中央党部代表居正,国民政府代表孔祥熙、吴铁城,行政院代表段锡朋,军事委员会代表李济深,十九路军总指挥蒋光鼐、军长蔡廷锴,第五军军长张治中,第一军军长刘峙等相继致祭。全国一律降半旗并停止娱乐活动一天,以示哀悼。

苏州中学生在淞沪阵亡将士追悼大会会场

6月6日,东吴大学及中学部学生减膳捐款300余元,支持东北抗日义勇军。

11月10日,全苏州中等学校代表举行援助东北义勇军竹筒募捐会。推定苏州中学、萃英中学等3校具体负责,会费定大洋1元,限于12日交纳。

冬,中共涟水县工委书记刘淇生以吴江县警察局文书职业为掩护,开展革命活动。刘淇生通过党员薛玉美、徐平羽与党组织接上关系。到1935年秋,刘淇生与吴其超一起,团结进步青年易静初、史复及江苏省立吴江乡村师范学校进步学生赵乃元、徐德润、杨源时等,组织秘密读书会,学习马列主义理论,宣传革命,在校内外开展抗日救亡运动;并开展兵运工作,掩护、照顾和接济被捕的中共党员。

1932年11月20日《苏州新报》载全苏州中等学校援助东北抗日义勇军的消息

1933

1月15日,东吴大学中学部学生于荣康等人发起募捐慰劳东北抗日义勇军。

本月,唯亭中心小学举行募捐救国,节食俭用,援助东北抗日义勇军。

2月22日,苏州中学高中部学生俞珩、宋廷采等发起捐购江苏中学学生号飞机一架。学校自治会通电全省各中学,希望同心协力,募款捐机。苏州实验小学学生戴惠音等号召全市小学生节约用钱,争取早日实现购买吴县儿童号轰炸机的愿望,打击日本侵略者。唯亭中心小学亦发起募购吴县儿童号轰炸机活动,号召各小学学生节俭以捐款。

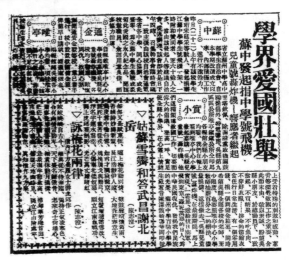

1933年2月23日《苏州新报》载苏州中学发起捐购江苏中学学生号飞机的消息

3月,苏州女子职业中学师生节食捐款,接济前方军用,并热情参与航空救国运动,加入中国航空协会。

本月,苏州中学项志逖、吴大琨等进步学生利用壁报,专门编写一期特刊,纪念马克思逝世50年。

七八月间,苏州进步学生蒋在文、归雪和、顾和声等组织进步学术团体"紫堇社",出版《紫堇》刊物。

1934

年初，郑山尊等进步青年在苏州成立"艺社"，开展文艺研究活动，宣传抗日。

2月，上海"进社"成员李建模介绍常熟浒浦、梅李等地的一些进步青年加入"进社"。"进社"为顾准创办的进步社团。在李建模领导下，常熟"进社"成员和一些进步青年成立"艺丝社"，4月1日出版《艺丝》周刊。同时又成立读书会，广泛团结青年群众，宣传革命思想。

1935

1月，由世界语学会组织的"天明社"编印的《天明》杂志创刊，肖风任主编。《天明》以宣传新文化运动与救亡运动为主要内容，并刊载青年学生的文艺作品。共出版4期，同年6月停刊。

6月，苏州女子师范学校开展反压迫、驱逐校长的学生运动。

六七月间，周文在介绍常熟进步青年朱文康、宗小薇、王志平、朱文贵加入上海"学生论坛社"。

11月，中共中央决定"根本改造青年团及其组织形式，使团变为广大群众的非党的青年组织形式，去吸收广大青年参加到抗日救国的民族统一战线中来"。

12月9日，北平学生数千人在地下党的领导下，冲破国民党的恐怖统治，举行声势浩大的抗日救国示威游行，史称"一二·九运动"。"一二·九运动"得到全国人民的热烈支持和声援，掀起全国抗日救国的新高潮。毕业于苏州振华女中的陆璀是清华大学社会学系四年级的学生，担任学生救国委员会委员，是"一二·九运动"的发起人之一。她站到演讲台上，呼吁学生爱国抗日，不幸被捕，被誉为"中国的贞德"。

22日，在学生救国会的召集下，苏州中学高中部500余名学生分为9队，在玄妙观中山堂集合，然后分赴城内外热闹区域宣传，沿途散发《告民众书》及《告全苏同学书》。

同日，苏州中学全体学生进行游行宣传，抗议侵华日军策动华北各省脱离南京中央政府实行"自治"。

23日，萃英中学在大礼堂召开学生自治会全体成员大会，一致同意成立学生救国会。

24日，苏州各大中学校学生在学生救国会的组织下，奔赴街头散发宣传单，发表演讲，呼吁群众支持北平学生的爱国运动、反对华北自治、打倒日本侵略者。

25日，萃英中学百余名学生冒雨在阊门、观前街等处游行演讲，东吴大学及附中学生组织宣传队开展下乡宣传。同日，东吴大学教职员发表宣言，请政府爱护学生运动，并指导使其步入正轨。6名东吴大学学生冲破警察阻拦，深入木渎、浒关等乡村做宣传。

1935年12月27日《新闻报》载东吴大学暨附中教职员宣言

27日，东吴大学在《苏州明报》发表宣言，表达爱国立场。东吴大学及附中学生300余人组成10个宣传队，分头到吴县各乡及无锡、常熟、昆山、吴江等农村进行抗日宣传。

同日，江苏省立女子蚕业学校在《苏州明报》发表宣言，要求一致抵抗敌人，铲除汉奸，保卫我国主权完整。

28日，乐益女中学生救国会召开全体学生会议。会上有学生为民族危机日益加重、国破家亡而痛哭。次日起接连两天，全校学生走出校门到闹市区、市民集中区进行演讲，沿途散发传单，宣传抗日。

中下旬，东吴大学、苏州中学、萃英中学、乐益女中、苏州女子职业中学等大中学校纷纷成立学生救国会，通电支持"一二·九运动"，慰问受伤学生，并发表宣言，对民族危机深表忧虑，呼吁各界民众奋起，挽救危亡。

本年冬，吴江松陵镇北下塘沈毅（沈炳康）、陆先引、杨若鸿、刘之奇等6人组织读书会，成立"大众社"，出版《大众报》，宣传抗日救国，并进行义卖演出。翌年春，"大众社"遭特务破坏，沈毅、陆先引等离开吴江。

1936

1月27日，复旦大学等上海13校学生组成的救国宣传团由昆山步行至苏州，在城内演讲，散发传单。

初夏，苏州实验剧团青年演员韦布组织一批爱好文艺的同学演出由田汉编剧的《回春之曲》。女主角演唱宣传抗日爱国的歌曲《梅娘曲》。

11月17日，苏州女子师范学校教职员及学生开会，致电慰问抗敌将士，捐款236元，直接汇寄傅作义将军。

19日，苏州国医学校全体师生发起节食救国运动。即日起十日内"一律淡

苏州国医学校章程

食,废除小菜,将积下小菜费悉数汇解前方,慰劳抗敌将士"。

12月22日,吴县各界救国赴难团成立。由东吴大学学生代表尚宝琦、苏州工业专科学校学生代表何修齐、苏州中学学生代表沈仁权、晏成中学学生代表张昌祚、苏州女子师范学校学生代表刘鉴清等9人起草《吴县各界救国赴难团组织简章》。

同日,苏州中学全体学生进行游行宣传,抗议侵华日军策动华北"自治"。

1937

7月7日,卢沟桥事变爆发,全面抗战开始。

27日,昆山青年顾长淦、蒋德生、徐长康等筹组救亡剧团,旨在向民众灌输爱国思想。凡富有爱国思想之男女青年均可加入为团员。他们呈请昆山县党部核准后即开始工作,并拟参加县政府主办的消夏会,表演各种爱国话剧。

1937年7月29日《申报》载昆山筹组爱国剧团的消息

8月13日,日本侵略军大举进攻上海,发动"八一三事变"。昆山各界立即行动起来,支援上海前线军民抗战。运送队、宣传队、救护队、协防队等群众组织纷纷成立,组织者很多是昆山的爱国青年。

9月,共青团江苏省委解散,各地的团员大部分转入党组织。

本月,苏州实验剧团青年演员韦布、曹孟浪等组建战地服务团演剧队,到吴江松陵、同里、八坼、黎里、平望、盛泽、芦墟等地巡回演出《放下你的鞭子》《毒药》《月亮上升》等话剧,进行抗日宣传。

东吴大学青年会（1937年）

1938

7月，苏州中学在上海租界复校（称苏中沪校）。夏文和受党组织委派进入高二读书，以学生党员的身份开展工作，了解学生的思想动向，向进步学生宣传抗日救国，并吸收一批学生加入中国共产党。

9月，中共党员庄绍桢（1913—？，又名庄真，浙江南浔人）受新四军政治部副主任邓子恢派遣，从安徽泾县到太湖周边开展工作。他到达吴江严墓后，以国共合作为契机，进入国民党吴江县政府，担任政工队队长。庄绍桢利用这一机会，邀请进步青年洪海泉筹组政工队，很快就吸收了盛泽、震泽、庙港、南浔、湖州等地20多名志在抗日的青年。庄绍桢在吴江桃源算墟庙开办青年干部训练

庄绍桢

班，公开以新四军的身份向青年介绍八路军、新四军的情况，对其进行人生观教育，教唱革命歌曲，组织演出。他还把从部队带来的毛泽东的《论持久战》及介绍八路军、新四军的报刊和小册子等资料分发给青年阅读，宣传共产党抗战方针，提高青年的抗日积极性。经过半个多月的学习，庄绍桢带领大家到严墓、章奥、南麻、吴家浜等地进行巡回宣传活动。每到一处，住一两天，出墙报，宣传打败敌人的消息，辅以漫画贴在大桥边、广场上，吸引大量群众观看。庄绍桢还自编自导短剧宣传抗日。庄绍桢又发展洪海泉、江月芳等一批进步青年参加党的外围组织——中华民族解放先锋队，并输送严墓等地的张斌、马佐龙、沈世钧、李庆魁、周蔚昌、凌文华、金再祥等一批进步青年参加新四军。

10月15日，吴江东水家港（现属青云）20岁的农村青年、"江南游击区民众抗日救国会"组长沈英杰，秘密加入中国共产党。沈英杰以跑乡剃头匠为职业掩护，进行联络和活动。

1939

3月，中共吴县支部发动青年学生、工人、店员等成立吴县各界抗日救国会，组织读书会，开办工人夜校，出版刊物《倔强》，宣传抗日思想。

7月，常熟董浜小学9至13岁学生参加抗日队伍"民抗"总部少先队，主要做些抗日救国宣传工作。

7月—8月，新四军江抗部队400多人挺进昆山，打击日伪，围剿土匪，纪律严明，爱护群众，深受人民拥护。在新四军江抗部队的帮助下，夏驾桥爱国人士陶一球于8月组建一支10多人的抗日游击队，人称"陶一球部队"，这是党领导下成立的第一支昆山地方抗日武装。随后，在中共江苏省委动员下，黄振中、周涵康等一批爱国青年纷纷加入陶一球部队。受江抗领导的蓬阆青年队共30多名热血青年也加入进来。昆山及周边爱国青年纷纷加入，使得陶一球部队很快就发展到100多人。他们打击日伪、土匪，连战连捷，逐步开辟昆东抗日游击区。

12月27日，在常熟横泾的江抗后方医院突遭昆山县城日寇偷袭。20多名同志被押解回昆山，其中章立（1920—1939，浙江乌镇人）等8名同志在马鞍山北麓英勇就义。章立在上海参加了党领导的抗日青年团体"雪影剧社"，通过演戏宣传革命。受党组织派遣，章立负责江抗刊物的美术编辑，后又成为随军服务团的战士。章立被俘后经受住了敌人的软硬兼施，视死如归，临刑前奋力高呼："共产党万岁！新四军万岁！打倒日本帝国主义！胜利属于中华民族！"为了纪念章立等8名牺牲的江抗战士，1993年，昆山市政府在亭林园马鞍山北麓修建了保国亭。

1940

5月，在太仓县城北部开展抗日游击的中共党组织委派于鹤辂在时思小学学生中秘密创建江南少年抗日先锋队，建立起太仓地区最早的由党领导的少年革命组织。江南少年抗日先锋队的队员积极参加各种抗日活动，多次完成党组织交给的任务。

本月，陶一球部队被改编为江抗三支队一中队。陶一球任支队长，主要开展地方工作，部队实际由温玉成指挥。

6月18日，新组建的江抗三支队与前来偷袭的日寇在石牌大凤湾村展开激战。班长周涵康带领全班战士迅速进入阵地，利用田埂作掩护阻击日寇。战斗长达3个小时，江抗三支队毙伤日伪军30多人，周涵康等7名战士牺牲，参谋长周达明等10多名指挥员负伤。大凤湾战斗是江抗三支队打的第一场硬仗，是一场以弱胜强的战斗，在上海和苏南产生了强烈反响。上海学生联合会等社会团体召开大凤湾烈士追悼会，开展编印纪念特刊、

大凤湾战斗纪念碑

募捐支援部队等活动。1991年6月18日，适逢大凤湾战斗51周年纪念日，昆山市政府在原址兴建了大凤湾战斗纪念碑。

7月，中共昆嘉青中心县委在昆山兵希成立，标志着昆东抗日游击根据地的形成。一批爱国青年农民在党团组织的带领下，纷纷参加常备队、夜防队、游击小组等群众性地方武装，负责当地治安，开展情报工作和锄奸工作。同时，党的民运干部也积极组织农村青年学习文化，激发农村青年抗日热情，带领农村青年参加减租减息运动，与民愤较大的汉奸恶霸展开斗争。

夏，中共地下党组织在严墓建立青年读书会。沈波（1925—1947，又名炜青、步青，吴江铜罗人）等青年参加，演唱抗日歌曲、印发宣传品等，开展抗日救亡运动。

夏，常熟县青年抗日协会、苏州县青年抗日协会成立。唐绍裘任常熟县青年抗日协会主席。

10月，根据江抗东路指挥部的命令，中共昆嘉青中心县委的主要领导带队夜渡吴淞江，在昆山张浦大慈（今大市）成立中共淞沪中心县委，负责指导昆山、吴江及嘉定、浦东等上海近郊几个县的抗日工作，并成立江抗淞沪游击纵队。中共淞沪中心县委十分重视青年工作，把茜墩、歇马桥、大慈的一些知识青年集中起来，举办抗日训练班，吸收优秀分子加入革命队伍，并在根据地内成立青年抗日救国会，放手发动青年以各种形式投入抗日工作中。

11月，姚之英在严墓将自家的药店变成中共地下活动的秘密联络点，利用职业掩护，组织一批要求上进的青年阅读革命书籍，学习革命理论，教唱革命歌曲，以激励革命斗志。

本年，在中共党组织领导下，太仓县城北部的抗日游击地区普遍建立起青年抗日协会。青年抗日协会组织和发动青年开展抗日斗争，介绍中国共产党领导下的抗日根据地的情况，揭露日伪政权残害中国人民的暴行。日伪开展"清乡"后，青年抗日协会被迫停止活动，一批太仓青年奔赴苏北地区参加抗日队伍，走上抗日的战场。

本年，苏中沪校各班级成立读书小组，组织学生阅读艾思奇的《大众哲学》、高尔基的《钢铁是怎样炼成的》、阐述中共党史的《英勇奋斗十七年》等进步书籍，以及马列主义理论书籍和革命著作，还动员学生参加胡绳主讲的"社会科学讲座"，同时宣传毛泽东的《论持久战》等。

1941

1月，震惊中外的皖南事变爆发，国民党顽固派掀起第二次反共高潮。中共淞沪中心县委、江抗淞沪游击纵队带领昆山人民一边打击日伪，一边与国民党顽固派做坚决斗争。皖南事变后，部分中共党员及进步青年撤离吴江。

7月，中共地下党员于鹤辂在战斗中牺牲，太仓江南少年抗日先锋队与党组织失去联系。

本月，日伪对抗日民主根据地"清乡"，常熟青少年抗日团体停止活动。

8月，中共淀山湖工委成立。中共淀山湖工委负责领导昆南的歇马桥、大慈、张浦、茜墩、尚明甸，以及青浦的朱家角，吴江的平望、黎里等乡镇党的秘密工作，逐步恢复武装斗争。

9月，在中共淀山湖工委的领导下，中共新塘区委在张浦施条村建立。区委书记秦慎之以施条村小学教师的职业为掩护，走访学生家长，联系群众，积极开展青年工作，在群众中拥有较高的威信。

1942

4月，中共澄锡虞中心县委任命焦康寿为沙洲县特派员，担负考察党员、发展党组织任务。经过一年半的努力，中共沙洲县地下党组织共建立14个支部，并动员有志于抗日事业的青年参加新四军，为恢复沙洲地区的抗日武装斗争做准备。

冬，爱国热血青年黄家棻、孙君毅、周明将土制炸弹带进设在北局国货公司四楼的日伪"苏州广播无线电台"，置于电台一架钢琴内引发爆炸。事发后日本特务机关曾调动大批军警、特务进行全城搜查。当时伪《江苏日报》上刊登有电台爆炸的短讯。

1943

10月2日,江苏省立教育学院中共地下党支部发动学生包围教育长的住所,反对日伪当局在校进行军训,并举行罢课。斗争取得胜利,并轰动苏城。

1944

11月,中共昆山工作委员会在昆山县立中学成立,隶属于中共上海学委,昆山县立中学教务主任龚兆源任中共昆山工作委员会书记。中共昆山工作委员会积极开展青年学生工作,龚兆源等党员教师利用授课机会向学生宣传爱国思想,反对日本的奴化教育,并通过组织篮球队、举办消夏晚会等形式,组织学生阅读进步书籍,促使他们成为懂得革命道理、关心国家前途命运的爱国青年。

1945

1月,在中共昆山工作委员会的领导下,昆山县立中学学生举行罢课,提出禁止教师殴打学生、改善伙食的要求,斗争取得胜利。通过这次斗争,广大学生团结起来,更多的学生觉醒,陆炳中等学生先后入党。

2月,在浙东抗日根据地的领导下,昆山县办事处(亦称昆山县政府)成立,这标志着昆南淀山湖抗日游击根据地得到恢复。新四军淞沪支队经常在昆南淀山湖一带打击日伪,有效地保障根据地的安全。恢复后的昆南淀山湖抗日游击根据地着手建立杨湘泾区、茜墩区等各级抗日民主政府,放手发动群众,特别是高度重视青年工作,动员一大批爱国青年参军。新四军在昆南的实力明显增强。

8月,太仓县沙溪青年吴之非(1929—2005)等人响应太仓特区工委书记兼主任浦太福的号召,进入苏北解放区参加革命,最初在苏中行署前方从事团工作,10月到新四军军部所在地淮阴,进入华中建设大学学习。

本月,常熟唐市镇成立青年服务社,团结青年投身救国救民运动。

抗日战争胜利前夕,中国共产党在东吴大学的地下组织——中共东吴大学支部委员会建立。

10月6日,在苏常太工委苏昆段特派员徐懋德(后为解放战争时期苏州地下党领导成员之一)的领导下,由吴县县立中学学生、地下党员唐崇侃,进步师生吴石牧、夏锡生、周善德、胡正平等创办的文心图书馆正式对外开放。图书馆设在护龙街禅兴寺桥北塊吴石牧家,吴为第一任馆长。副馆长徐懋德向青年学生和社会青年宣传推介进步书籍。

文心图书馆匾

本月,按照《双十协定》,江南新四军开始北撤。浙东抗日根据地、淞沪地区党政军数千人途经昆山向江北进发。在昆山党组织的动员下,又一批昆山青年踊跃参军,走上革命道路。同时,昆山地下党与国民党反动派积极展开斗争。按照上海学委昆山工委的指示,成立昆山县立中学学生自治会,中共党员陆炳中当选为主席。自治会下设文艺、体育、学习、生活等股,每股由党员和积极分子负责。昆山县立中学党组织通过学生自治会,一方面积极影响爱国青年,引导他们走上革命道路;另一方面坚决与国民党反动派的三青团展开斗争,争取更多青年学生的支持。

11月,经中共淞沪工委淀山湖地区特派员同意,黎里"翳桑文艺研究社"成立,地下党员丁铎任社长兼主编。"翳桑"是"隐蔽居住家乡"的意思,"翳桑文艺研究社"是一个以文会友的知识青年文艺团体。实质上,它是地下党的一个外围组织,通过从事文艺活动,团结、组织一些进步青年,宣传革命,发展党的组织。11月15日,"翳桑文艺研究社"的油印文艺刊物《浅作》出版,为16开20页左右的油印本,一月一期。每期印80册左右,后期多达120册。内容有文艺评

《浅作》

论、散文、诗歌、小说、木刻等作品,大多揭露黑暗,针砭时弊。"翳桑文艺研究社"历时一年半,社员达六七十人,社员中先后有20人加入中共地下党组织。

12月,昆山工委成功接管昆山县民众教育馆,将该馆作为教育昆山青年的主要基地之一。民众教育馆是当时昆山城区青年的主要活动场所,到该馆读书看报、参加文娱活动的青年很多。党组织一方面通过举办文娱活动,引导昆山青年在思想上不断觉悟;另一方面举办夜校,在青年学生、青年店员、青年工人学习文化的过程中,宣传进步思想,引导他们支持革命。

冬,中共地下党员金元孝、进步青年陈冠群开办夜校,吸收职业青年入学,教育团结青年。他们在此基础上于次年4月创办职青图书馆,以此开展活动,壮大力量。

1946

1月,在昆山工委的领导下,太仓师范学校的进步学生为抗议校方提高学杂费标准,发动学生罢考,开展挽救教育危机的斗争。国民党江苏省教育厅被迫同意次年不收5斗米的学杂费，罢课取得胜利。在斗争中，党组织发现、培养了一批积极分子，发展了一批进步学生入党。

本月，昆山工委在城区成立大众书报社，并公开营业，通过出售或出租书籍，同城镇青年加强联系，宣传党的政治主张和革命道理。大众书报社一经营业，就颇受读者欢迎，不少青年读者成为党的积极分子。大众书报社引起了国民党反动派的注意，最后被迫出售给他人经营，地下党员全部撤离。

年初，在东吴大学地下党组织的领导下，学生中建立秘密组织。在上海学生迁回苏州后，以顾孟琴为首的进步学生提出当前最大的危险是国民党破坏和平打内战，在班级、宿舍引起激烈辩论。

3月3日，东吴大学、苏州中学就东北问题联络全苏大中小学20余校，组织爱国护权运动大会。万余人齐集体育场，后各执标语小旗游行。

春，东吴大学顾孟琴与时事学习小组组织进步学生秘密集会，每周碰头，议论时政，关注形势，后此组织定名为"今天社"。

春，昆山县立中学成立党支部，进一步加强县立中学的青年工作，并多次举办与上海学生联欢、春游等活动，以唤起青年学生争民主、争自由的热情。同时，昆山工委在城区建立小学教员支部，统一领导小学师生的斗争。

5月，在小学教员支部的领导下，昆山以近民、培本两所小学为主的100多名教职员和200多名高年级学生开展罢教罢课斗争，举行示威游行。国民党当局被迫同意补发拖欠的教师工资等要求。斗争虽然取得胜利，但一些地下党员因国民党特务追查，被迫撤离昆山。

6月3日，苏州各机关团体及学校师生六七百人集会纪念"六三"禁烟。会后在林则徐纪念碑旁焚毁鸦片烟具1100余件。

23日，上海学生联合会推选东吴大学学生自治会的陈立复与上海学生联合会主席陈震中为学生代表，联同黄延芳、马叙伦、盛丕华、胡厥文、吴耀宗、

1946年3月6日《新闻报》载学生护权运动的消息

包达三、张绚伯、阎宝航、雷洁琼,组成上海人民和平请愿代表团,赴南京进行"反内战"请愿。请愿代表团刚到南京下关车站,就遭到数百名伪装成苏北难民的暴徒特务包围殴打,造成震惊中外的"下关事件"。

上半年,东吴大学一批爱好文学的学生发起组织成立文学研究会,会员有三四十人。会长为季左英,王龙、唐崇侃、施承绪、沈立人、徐忠炳、吴文治等人为研究会骨干成员,他们经范烟桥推荐,在《苏州明报》办的《蓟菲》文学双周刊上发表文章,产生了一定的影响。

1946年6月29日《民主报》发表"下关事件"亲历学生的日记

1946年秋季学期,在上海的东吴大学文理学院学生(三、四年级学生除外)迁回苏州。其中的地下党员也于1947年下半年在苏州建立党支部,仍由上海市委学委联系。

10月,文心图书馆于慧灵女中召开成立周年纪念会。文心图书馆党支部第一任书记唐崇侃主持《苏州日报》的"读书周刊"栏目,指导青年读者阅读及交流读书心得。

12月23日,常熟全体教职员因县政府无法解决教育经费,一律停止上课。各校学生自动结队至县政府为师请命。

27日,针对北平发生美国士兵强奸北大女学生沈崇事件,"民主青年联盟"和"雷"等进步社团在国立社会教育学院召开抗暴大会。会上通过"要求美军撤出中国去"的《代电》,选举产生社教学院抗议美军暴行后援会,一致通过29日至31日罢课的决定,发表《告杜鲁门总统书》等文告。会后他们分赴苏州各大中学校联络,共同抗议美军暴行,并到观前街、阊门、石路等闹市区张贴标语。

31日,国立社会教育学院一部分学生响应北平学生抗议美军暴行后援会的号召,纷纷罢课。东吴大学、苏州女子师范学校等校派学生代表至国立社会教育学院联络,准备联合通电全国。

本月,上海学委为了统一领导苏州、昆山、常熟、太仓、嘉定等地的学生工作,决定成立外县工作委员会。王正任书记,胡史敏、郑慕贤为委员。

本月,昆山地下党成功打入成立仅有半年的江苏省立昆山中学,组建江苏省立昆山中学党支部。学校有400多名学生,既有受共产党影响的进步青年,也有国民党三青团成员、国民党青年军复员军人,情况较为复杂。江苏省立昆山中学党支部从关心学生的生活着手,取得学生的信任,打开党在江苏省立昆山中学开展青年学生工作的局面。

冬,上海复旦大学土木工程系学生、中共党员王新五因病回吴江家中休养。他根据党组织指示,在吴江开展工作,推动在外地上学的吴江中学毕业生马兴、夏枫等组织"吴江旅外同学会"。随后将"吴江旅外同学会"扩大为"吴江青年同学会",吸收吴江中学和江苏省立吴江乡村师范学校的进步学生参加,人数增至100多人。他们开办"江友"图书阅览室,出版《江友》油印小报,团结、教育影响青年学生。

1947

春,东吴大学学生在地下党的领导下,发起要求配给平价米和争取成立学生自治会的斗争。进步学生以文学研究会名义提出学生自治会领导人候选人名单。东吴新闻社全力支持,派记者采访并出号外,发表候选人的施政纲领。受反对势力影响和控制的一方则提出另外的候选人名单。竞争非常激烈,最后由全体学生直接投票选举。结果,路尔铭以249票当选为学生自治会主席,刘庆曾、朱承烈为

路尔铭

副主席。东吴大学战后第一届学生自治会正式成立,青年学子受到一次实际的民主锻炼和教育。

4月25日,苏州学生联合会举行抗暴游行,与阻止他们的军警发生冲突,学生被殴伤数人,引起极大民愤。当日下午,全市学生再次游行,民众自发参加,最后游行成为浩浩荡荡的群众游行。

国立社会教育学院会场标语

5月17日,国立社会教育学院召开全院学生大会并实行罢课,开展"反饥饿"斗争。

19日,国立社会教育学院等校学生代表14人赴南京参加"反饥饿、反内战、挽救教育危机"的联合大游行。次日,国立社会教育学院等校晋京(南京)代表会同京、沪、杭16所大专院校五六千名学生举行联合大游行,遭到国民党政府镇压,酿成"五二〇血案"。消息传到苏州,学生于21日召开抗议大会,并继续罢课。苏州中学派出8名代表赴京参与请愿活动。

本月,东吴大学学生响应全国学生联合会号召,投入"反饥饿、反内战、反迫害"运动。

东吴大学"反饥饿、反内战、反迫害"罢课

6月1日，国立社会教育学院学生响应北平学生"反饥饿、反内战、反迫害"运动号召，召开大会。除决定罢课外，并将全校300人绝食午餐省下的款项捐给"五二〇血案"中受伤学生，以示慰问。同时，大会讨论中国学生运动的发展趋向。

1947年6月2日《大公报》载国立社会教育学院罢课一天的消息

上半年，东吴大学学生董为焜、黄履中、黄厥明、李济同等接办文学研究会顾戢、季左英、王龙等筹备出版的校园报纸《东吴新闻》。为增加发行量，改油印为铅印，采取招股办法募集经费，由苏州模范监狱印刷所印刷。全校有97人认股，董为焜出资最多，为董事长，黄履中为社长，李济同为编辑。《东吴新闻》每期以三分之二篇幅报道全国各地学生运动，在学生运动中起到号角作用。

7月，中国共产党上海学委系统在昆山县立中学、江苏省立昆山中学开展活动。昆山县立中学进步学生成立"育文社"，出版《育文》刊物。至12月底，"育文社"编辑出版油印《育文》半月刊7期、铅印《育文》月刊2期；先后在《民报》和《旦报》上开设《育文旬刊》11期，对国民党的反动、黑暗和腐败进行了不同程度的揭露，团结争取了大批中间学生。

10月，随着刘邓大军千里跃进大别山，解放战争进入战略反攻阶段。中共中央上海局决定成立外县工作委员会统一领导上海、南京以外的浙江和苏南地区的工作。在外县工作委员会的领导下，昆山党团组织得到进一步的发展。

国立社会教育学院出版的《教育与社会》

本月，文心图书馆于国立社会教育学院大礼堂召开成立两周年联欢纪念会，千余人参加。表演的节目有鲁迅作品《傻子奴才和聪明人》朗诵及唐崇侃等编的《抗战联歌》，后者包括《保卫黄河》《垦春泥》《太阳出来了》等10首左右抗战曲目。

本月，东吴大学地下党针对教会学校特点，学习上海圣约翰大学的做法，成立以文娱活动为主的团契S.B.Club，即兄弟姐妹团契，下设歌咏、舞蹈、戏剧、文学、交谊等组。由党员诸葛淳、徐也鲁负责，会员主要以爱好文娱活动的进步和中间学生为主，有基督教徒，也有个别国民党三青团成员。"今天社"因组织扩大，更名为"明社"。地下党组织还在校内组织多个学生社团进行活动。文学研究会的政治色彩日益明朗化，在学生自治会竞选中起了很大作用。

11月，苏州地下党发动劝募助学金运动，成立大学和中学两个助学金联合会，组织劝募队，走向大街小巷，旨在"用大众团结的力量，来拯救失学，挽救教育的危机"。东吴大学、国立社会教育学院、苏州工业专科学校、苏州美术专科学校成立苏州专科以上助学金联合会，发表《助学金联合会宣言》，呼吁社会各界予以同情和支持。苏州中学等中学在中共地下党员宋湛庆的组织下成立苏州中等学校助学金联合会。劝募助学活动历时3个月，向校内外劝募所得折合大米约6万斤，解决了贫寒子弟的困难。其中作为发起单位之一的苏州中学有300多名学生参与劝募活动，130多人得到学费补助。

本月，国立社会教育学院学生顾笃璜参加中共地下党，次年与国立社会教育学院的同学胡尊贤、刘毓桂及苏州有原中学的学生陈乃焯组成四人特别宣传组，胡尊贤任组长。宣传组主要编辑出版刊物《新生》，并印发传单，开展宣传。

1948

1月，昆东地下党员团结青年农民、店员、学徒，开展抗租、抗税、抗丁活动，建立秘密武装小组。

3月，太仓师范学校地下党组织成立进步青年社团——"风沙社"，成员有50余人。"风沙社"编辑出版《风沙小集》，每期都有集名，第一期为《旗》，第二期为《蝙蝠》，第三期《故乡》原定在七八月间出版，但因主办人沈天默被冠以"思想左倾"而被迫退学，没能及时刊印，直至次年1月在崇明刊出。《风沙小集》刊登学生撰写的评论、诗歌、散文等，对在学生中传播革命思想、激励他们的革命热情起到积极作用。

本月，由于学生运动形势发展很快，上级党组织决定将中共苏州市工委领导的东吴大学党支部与上海市委学委领导的东吴大学文理学院党支部统一合并，路尔铭任书记。

春，中共茅山工委党员、东吴大学生物系学生康少杰开始在同学中发展党员，为建立地下党组织做准备。至7月，经他发展和联系的党员有何福源、沈剑涵、章腾文、沈延富、胡乃等。

4月，展望在常熟王庄建立常熟第一个新民主主义青年团支部，并任支部书记。

5月5日，昆山县立中学"育文社"在《旦报》上刊发《育文周刊》创刊号，揭露国民党的反动、黑暗和腐败。

本月，太仓师范学校进步学生在中共太仓特别支部的指导下成立进步学生社团——"朝霞学艺社"，

《育文周刊》创刊号（昆山市档案馆藏）

社长为王申礼,副社长为包祖荣。"朝霞学艺社"出版《朝霞》油印小报约16期,刊载太仓师范学校进步学生追求自由、民主,迎接黎明的诗文。"朝霞学艺社"和《朝霞》小报多次遭到当局的压制和威胁。但"朝霞学艺社"坚持有理有节的抵抗,坚持出版并开展护校斗争,直至1949年5月12日太仓解放。太仓解放后,学校成立了学生会和团支部,"朝霞学艺社"完成历史使命,决定解散。

本月,东吴大学S.B.Club和东吴新闻社、经济科学研究会联合举办五四晚会。这是一次进步力量的大检阅,600多名学生到会,国立社会教育学院进步教授赵越做五四运动意义报告。会上演出《茶馆小调》《王大娘补缸》《八根火柴》《查户口》等揭露国民党反动派迫害人民的节目,晚会气氛热烈,进一步教育了广大学生。

本月,全国运动会在上海举行。苏州地下党组织200多名学生到沪观看。部分学生借住有"民主堡垒"之称的交通大学体育馆,与交通大学学生联欢,借鉴并学习他们组织发动同学参加学生运动的做法与经验。

6月3日,吴县各机关团体、中小学数百人,在开明戏院举行"六三"禁烟纪念大会。会后在林则徐纪念碑前焚毁烟具91件。

6日,在国立社会教育学院党支部的领导下,学院进步社团举办反美扶日资料展览会,抗议美国重新扶持日本,遭到校方蛮横干涉。

7月,S.B.Club会员发展到70人,是进步社团中人数最多、影响最大、最为活跃的团体。其中歌咏组从《康定情歌》唱到《茶馆小调》,舞蹈组从《恳春泥》跳到扭秧歌,戏剧组从曹禺的《正在想》演到揭露反动统治的《查户口》。S.B.Club还组织学生到天平山、灵岩山旅游,利用暑假开办义务教育。

夏,苏州城防指挥部在"戡乱建国"的名义下,开除学运积极分子。其中国立社会教育学院20多人,东吴大学17人,苏州工业专科学校21人,还有一批学生分别受到留校察看和警告等处分。

暑假,中共茅山工委秦和鸣在上海召开会议。参加会议的有康少杰、何福源、沈剑涵、章腾文,以及大夏大学的学生廖素青等人。秦和鸣在会上做了简短却重要的讲话，主要讲了党在白区工作的方针、学生运动的指导思想、斗争的策略及革命气节等问题。会后，廖素青作为秦和鸣与茅山东吴支部联系的桥梁，与何福源单线联系，从中传递指示，了解情况，指导工作。

暑假，国民党太湖卫戍区分区指挥部下达"黑名单"，要求东吴大学处理17名"职业学生"。他们是路尔铭、董为焜、黄履中、王龙、季左英、徐懋义、陈育三、朱承烈、顾孟琴、冯培先、康少杰、祝祖耀、施承绪、张耀瀛、徐也鲁、张横云、沈

何福源

立人，后苏州城防指挥部又补充张振民。中共地下党指示要通过本人、家长、亲友与校方进行合法斗争，要求这些学生复学。徐也鲁、祝祖耀、陈育三经亲友疏通说情，得以复学，但被要求不得进行政治活动。"黑名单"上其余的人都受到开除退学处分。陆荣尧（沈小平）、沈惟友、王瑞莲、周志秀、诸葛淳、许兆祥和管道一受严重警告处分，在被迫做出不参加政治活动的保证后得以重新入学。东吴大学学生运动一时受到压制。

8月，根据外县工委指示，明确日后昆山青年学生工作的重点是从城市转到农村，争取更多的农村青年学生、教员支持革命。中共地下党员吴本应到花家桥小学任教，以教师身份开展革命活动，在当地培养了一批进步学生；中共地下党员姜鼎和、王寿乔也以农村教师的身份，在昆东一带农村活动。

9月，中共茅山工委在东吴大学学生中建立党支部。康少杰被学校开除后，何福源任支书，沈剑涵、章腾文为支委。他们积极参加S.B.Club活动，发展组织，选送积极分子去解放区。自1948年年底至1949年年初，经茅山东吴支部选送去苏北解放区的学生及社会青年有王永琳、沈惟友、顾治德、严惠黎。

秋，新学年一开始，S.B.Club便组织迎新会、新生联欢会，发起秋游，组织

到天平山、灵岩山野餐,去黄天荡游湖划船,吸引不少新老同学参加。校园气氛又重新活跃起来,于是,S.B.Club趁机吸收新会员,并进行改选。沈惟友仍为会长,张崇高、王瑞莲为副会长。

陆亨俊

秋,中共上海市委学委及时调整东吴大学地下党组织,由从上海撤退考入东吴大学中文系的陆亨俊担任支部书记,黄厥明、汪家学任支委(1949年2月又增补王瑞莲为支委),共有党员17人。工作上学习过去"明社"做法,成立党的外围组织"地下学联",发展吸收陶剑琴、胡思达(胡均)、陈育三、朱其明等20余人。

10月,中共苏州学生工作委员会在城区成立,直属上海学委领导,张渝民任书记,陈邦辛、薛杰等为委员。

10月—11月,茅山东吴支部接上级指示,要在学生中发展新民主主义青年团团员,建立团的组织。经支部研究决定秘密成立新民主主义研究社(对外称"新民社"),吸收进步学生参加,为正式成立团的组织做准备。杨绍尧、章腾青、任家德、舒志明、胡德中、张宗元参加"新民社",其中4人先后被吸收为中共党员,但没有正式建立团组织。

11月,中共苏州学生工作委员会建立大学区委,薛杰任区委书记。

秋,苏州中学在中共地下党员陈瑞林的领导下成立田间图书馆,以读书活动团结、教育青年学子,成为苏州中学进步学生的活动基地和地下党支部联系群众的重要阵地。

12月25日,东吴大学举行圣诞晚会。会上揭露抨击国民党迫害学生的罪行。训导长黄式金要求沈惟友停止晚会活动,但沈惟友坚持这是学生的自由。次日沈惟友从黄式金处得知苏州城防指挥部要抓人的消息,鉴于已有同学被抓,他通过中共地下党关系进入解放区。

本月，昆山党组织在农村学校开展"反内战、反欠薪"斗争，团结许多农村师生。在昆山各镇学校，组织开展篮球比赛、唱歌比赛、跳民族舞、阅读进步书刊等活动，吸引很多青年学生参加，通过活动逐步引导青年学生理解革命、支持革命。中共地下党员宋学濂以教导主任的身份做掩护，在正义中心国民小学成立正义党支部，宋学濂任书记。

冬，中共苏州工委积极发动国立社会教育学院、河南大学、东吴大学、苏州女子师范学校等校师生召开辩论会、演讲会，展开反迁校斗争，挫败了反动当局企图迁校逃跑的阴谋。

本年，吴县简易师范学校许佳生等学生以黄埭海燕书店为掩护，建立进步外围组织群力读书会。

1949

一九四九

1月1日，中共中央发出《关于建立中国新民主主义青年团的决议》。苏州地下党陆续开展建团工作。中共苏州工委、中共澄武锡工委在国立社会教育学院、私立光华中学、苏州中学、苏州工业专科学校等校发展团员。至苏州解放前夕，苏州学生、教师中有团员63人。

2月上旬，中共上海学生工委将中共苏州学生工委的组织关系移交给中共苏州工委。中共苏州工委成立青年区委，由马崇儒兼任书记，下辖东吴大学、河南大学、国立社会教育学院、苏州工业专科学校、苏州中学等6个支部。至此，城区中共地下党组织全部统一。至苏州解放，共有12个支部，20多个小组，党员200余人。

本月，中共太湖工委在芦墟发展新民主主义青年团。后建立团区委，至苏州解放前夕，团员达29人。

本月，沈立人、程伯皋到吴县光福面见中共太湖工委特派员、游击队司令薛永辉。薛永辉根据中共中央关于建立新民主主义青年团的决议，布置沈立人回苏州开展组建地下新民主主义青年团的工作。2月底，沈立人回到家乡芦墟，组织进步教师袁荀（1923—？，吴江芦墟人）、陈力和进步青年陈擎天等学习《中国新民主主义青年团章程（草案）》，首先发展他们3人入团，建立团支部，袁荀任支部书记。团支部建立后，进一步在芦墟小学青年教师、汾湖中学学生、商业青工及其他领域社会青年中发展团员。沈立人与芦墟地下新民主主义青年团保持密切联系，及时传达上级指示，并把宣传品发送到家乡，同时他又把从芦墟搜集来的当地国民党军政情报转送到太湖游击队。

本月，辽沈、淮海、平津三大战役取得决定性胜利后，东吴大学两个地下支部印发一大批油印信和传单，宣传中国共产党和谈原则，将八项条件寄给苏州各界知名人士和校内头面人物杨永清、黄式金、徐景韩、潘慎明等。

本月，中国新民主主义青年团菉葭鸿钧中学支部成立，徐震任书记。至昆山解放，支部有团员近10人。

本月，新民主主义青年团在城区成立支部，受太湖县留守处领导，由程伯皋、沈立人负责。至4月，新民主主义青年团先后在城区及黄埭、西山、芦墟等地组建总支2个、支部10个，发展团员140人左右。

3月12日，茅山东吴支部的何福源及章腾文奉命从学校撤离去丹阳农村，向中共茅山工委书记康迪报到,参加地下游击活动。沈剑涵因病住苏州近郊枫桥疗养。沈延富接任茅山东吴支部书记。

本月,昆山县立中学党员陆炳中赴北平出席全国青年代表大会第一次会议。

4月1日,南京学生6000多人进行示威游行,遭到血腥镇压。苏州地下学生联合会号召全市学生开展声援,东吴大学膳委会代表张崇高、钮颉英参加全市会议。会后一夜间,东吴大学校园内贴遍声援传单、标语。

4日,河南大学、国立社会教育学院、东吴大学、苏州工业专科学校等18所大中专学校代表,在怡园召开南京"四一血案"苏州学生后援会成立大会。次日东吴大学学生举行追悼会,并派代表赴宁慰问受伤学生。东吴大学校方对学生运动百般阻挠,宣布提前举行期中考试,提早放假。

6日,东吴大学文、理两院学生开会筹组学生自治会,请求校方延期举行期中考试,未得允许,全体学生向校方总请假。学生围坐草坪,提出不成立学生自治会不回家,校方被迫答应。诸汉文以429票对19票当选为学生自治会主席。民主进步力量得到广大学生的信任支持。

同日,国立社会教育学院学生为响应"四一血案",发起节食运动,筹款捐给殉难学生家人。

东吴大学学生要求成立学生自治会静坐示威

1949年4月10日《新闻报》载东吴学生总请假的消息

月初，地下新民主主义青年团芦墟支部扩建为团区委，芦墟镇九曲弄小学教师袁荀任团区委书记，增加夏怡曾、王仲煊、殷安如为委员。团干部大多是九曲弄小学青年教师。根据上级"宣传群众，揭露敌人，利用各种条件进行公开和隐蔽斗争"的指示，团区委经过反复、周密的商量，决定在王仲煊家编印一份8开的油印小报《民报》；通过秘密散发《民报》，向群众宣传革命道理，传播解放战争胜利的消息，威慑本地反动势力。王仲煊用家里的一台中短波五灯电子管收音机收听解放区广播。苏州解放前夕，芦墟地下新民主主义青年团几位骨干因身份暴露转移到苏州，沈立人妥善安排他们。

苏州临近解放，国民党政府指示机关、工厂、学校组织应变委员会。东吴大学校方杨永清、黄式金拟将学校南迁。学生自治会参加应变委员会的诸汉文、张崇高、何祚永、徐佩芳、黄绪德和教师代表周孝廉、徐荫祺等竭力反对迁校。为了保护学校安全，防止破坏、盗窃，应变委员会决定成立护校纠察队，由学生自治会负责，张崇高为纠察队队长，黄绪德为指导员。东吴大学与晏成中学、慧灵女中、景海女学、振华女中等成立校际联防会以壮大声势。

至苏州解放，中共茅山东吴支部发展党员14人，其中大学部11人，中学部1人，校外枫桥小学2人。由于在大学部、中学部及校内外都有党员，支部可以在多点上开展工作，各点互相配合，且回旋余地也更大。中共茅山东吴支部根据上级指示，组织党员及部分"新民社"成员按照各人的社会活动范围，采用各种办法，运用各种渠道，或通过亲友，或走街串巷，搜集了解枫桥地区及苏州市区国民党党政军警特机关的驻地、人员名单、驻军的番号、兵力、装备、地堡等情报，及时汇总并绘制地形图，转交上级领导，为解放苏州做准备。

11日—18日，中国新民主主义青年团第一次全国代表大会在北平召开。大会选举正式中央委员45人、候补中央委员15人组成第一届中央委员会，会上任弼时当选为名誉主席。中国新民主主义青年团一届一中全会于4月22日—24日在北平召开。出席会议的中央委员27人，候补中央委员10人。会上选举冯文彬等9人为团中央常委，另选举2名候补常委；会上冯文彬当选为书记，廖承志、蒋南翔当选为副书记。

中下旬，在中共苏州工委的统一领导下，国立社会教育学院、东吴大学、河南大学、苏州工业专科学校等大中学校的中共地下党支部，组织广大师生开展护校斗争。各校通过应变委员会,组织护校纠察队,站岗放哨,保护学校的档案、图书、仪器及其他财产不受损失。

27日,苏州解放。东吴大学师生纷纷上街敲锣打鼓,欢迎人民解放军进城;校内大操场上举行军民联欢大会,高唱《我们的队伍来了》《解放区的天是明朗的天》,一派热烈欢腾的气氛。不少学生情绪高涨,纷纷要求参加解放军。有的被编入青年干部队,如管道一、徐忠炳、应启兆、朱其明等学生;有的被编入青年工作队,如徐佩芳、诸葛淳、王瑞莲、徐也鲁、胡思达、张崇高等学生;有的参加西南服务团随大军南下,如陈育三、汪家学、金炎弘、缪鼎、李亦发、徐汉明、丁啸虎等学生。不久,东北招聘团来苏州招聘技术人员,应聘而去的有徐忠炳、管道一、朱其明、应启兆、吴元瑜、陈华德等学生,后来陈华德成为鞍钢的第一位女高炉长。东吴学生运动中的积极分子之后大多入党,成为社会主义建设的有用人才。中共茅山东吴支部与中共上海市委学委领导的东吴地下党支部公开合并。

下旬,为了安全,新民主主义青年团芦墟区委决定将收听解放区广播的地点,转移到南栅河西西裕弄内陈昌时家的一间密室里,仍由王仲煊、殷安如秘密收听广播,编印《民报》。此后,王仲煊、殷安如在陈昌时家密室内编印《民

乐益女中学生欢庆苏州解放(苏州市档案馆藏)

报》第三期、第四期，第四期出版时已是5月初，芦墟即将解放。

5月22日，37所大中专科学校学生代表共132人在国立社会教育学院大礼堂集会，选举成立苏州市学生联合会筹备委员会。中共苏州市委副书记林修德、市军管会文教部部长徐步到会讲话，第三野战军政治部宣传部部长陈其五在会上做关于形势和学生的学习与工作问题的报告。会后，各校先后成立学生会。

月底，沈立人、程伯皋按照中共苏州市委指示，通知芦墟新民主主义青年团的7位骨干到苏州团训班学习。

6月22日，中共苏南区委员会做出建立新民主主义青年团苏南区工作委员会的决定。

8月，中国新民主主义青年团吴江县工作委员会（简称"青年团吴江县工委"）成立，林华任青年团吴江县工委书记。根据上级有关建团的指示精神，结合吴江实际，青年团吴江县工委以农村为重点，兼顾工厂、学校，制订了建团计划。在全县党员干部扩大会上，青年团吴江县工委就如何建团的几个问题做了解释并发动建团工作，建团工作逐步走上正轨。至年底，吴江全县有团员660人、团支部26个、团小组25个。10月，青年团吴江县工委着手筹建县中国少年儿童队组织，选定松陵中心小学进行试点。

9月27日—10月8日，苏州市第一届各界人民代表会议第一次会议在宫巷乐群社召开（中间为欢庆中华人民共和国成立休会3天）。会议主要议题是努力克服困难，维持、恢复或发展工业生产；同时讨论如何引导商业向有利于国计民生方向发展，肃清匪特，整顿税收，发动群众大力支援前线，安定生产和人民生活，进一步巩固革命秩序等问题。青年学生吴学钧、薛杰作为代表出席会议。

9月，中国新民主主义青年团吴县工作委员会成立，顾群任书记。

10月28日，中国新民主主义青年团苏南区苏州地方工作委员会（简称"青年团苏南区苏州地工委"）成立，丁瑜任书记。青年团苏南区苏州地工委贯彻苏南青年工作会议精神，全力推进团组织建设，采取团员训练班、短期轮训班等形式培养团干部和青年积极分子。同日，中国新民主主义青年团苏州市工作委员会成立。

本月,中国新民主主义青年团常熟县工作委员会(简称"青年团常熟县工委")成立,统一领导常熟县、常熟市的团工作和青年工作,金星任书记,瞿至善任副书记。

本月,中国新民主主义青年团太仓县工作委员会成立(简称"青年团太仓县工委")。中共太仓县委宣传部部长李成吾兼任青年团太仓县工委书记,侯凤岗任副书记并主持工作。全县各区团工委相继成立。青年团太仓县工委成立后,确定"由重点建团到普遍建立支部,而后一面发展一面巩固"的建团工作方针,全面开展组织发展工作。至1949年年底,全县共有团支部36个,团员1 000余人。12月,在青年团太仓县工委的指导下,岳王中学成立中国少年儿童队。此后,各中小学相继成立中国少年儿童队。

12月26日—30日,苏州市学生第一届代表大会举行,228名代表参加会议。大会通过《苏州市学生联合会章程》,并给毛泽东、朱德和华东区学生联合会发了通电,大会选举产生执行委员会。1955年9月,苏州学生联合会撤销。

苏州市学生第一届代表大会(苏州市档案馆藏)

苏州市学生第一届代表大会东吴大学小组合影

1950

1月10日—12日，太仓县学生第一届代表大会召开。同时成立太仓县学生联合会，正式代表88人、列席代表11人、县团工委干部10人，会议推选娄东中学学生陈树涵为主席。

15日—22日，根据团中央"关于建队工作的决定"，苏州于1月15日、22日分别在中学、小学建立第一批中国少年儿童队。后改名为中国少年先锋队。

本月，青年团吴江县工委开展冬防运动，并推动很多青年参加防匪自卫队。防匪自卫队夜间巡逻放哨，涌现出不少防匪模范和积极青年，共发展团员212人。

本月，每周一次，青年团苏州市工委宣传部举办青年讲座汇报。主要内容包括物价问题、青年问题、青年应有的人生观、劳动创造世界、社会发展史等。

本月，苏州专区共发展团员7 440人，其中农村团员约占半数。

2月，青年团苏州市工委宣教工作的重点为做好干部培养工作，募捐救济朝鲜难民，以及做好开学工作的宣传教育。宣教工作在工厂主要是配合工会开展生产竞赛。

4月23日，青年团苏州市工委向各级团委发出纪念五一、五四活动的通知，指示各级团委根据各单位具体情况进行筹备与布置。25日，苏州市各界青年纪念五四筹备会正式成立。

26日，青年团苏州地工委召开第一次青工会议。会议总结苏州解放以后青年工作的基本情况，指出工作中还存在的缺点，阐明中华人民共和国建设方针，对不同地区团的工作提出要求，并就团的工作与中心工作相结合、支部建设、健全领导、加强学习提高水平及如何贯彻等问题做出明确要求。

5月4日，青年团太仓县工委在太仓师范学校礼堂举行五四青年节纪念大会。参加大会的有中等以上学校的学生和集训的编外干部及机关团员、青年千余人。

12日，据青年团昆山县工委组织部汇报材料，全县已有农村团员2 759人、支部105个、小组459个、支委394人。

本月，青年团苏南区苏州地工委苏州分区青年团结合中心工作，普遍开始

中国新民主主义青年团晏成支部全体团员留影（苏州市档案馆藏）

建团工作。

7月8日，苏南区党委决定在暑期对学生进行土改教育，并准备动员学生下乡进行土改宣传。苏南区青委根据区党委的指示做出决定，要求各地在有组织、有领导、有准备的条件下与当地党委研究执行。

本月，昆山县周墅区换新乡四百亩村团小组在中心工作中成为周墅区的模范小组。该村建团以来，响应政府号召，在春耕贷粮、生产自救、伴工互助、捉虫修圩、防匪自卫等工作中发挥了团员的模范带头作用，使团的威信不断提高。

9月初，青年团苏州市委教会组召开支委联席会议。由慧灵女中及寰成中学做"解决学费问题"的典型报告。金重固谈解决学费问题应掌握的原则，即"师生团结，克服困难，办好学校，坚持教学"，同时布置开学工作。

本月，青年团苏州学校工委根据党委和青年团苏州市工委的指示，分公立、私立、教会学校3组召开支委联席会议或支书联席会议。

11月，在青年团苏州市工委的部署下，苏州高级工业学校、苏州工业专科

中国新民主主义青年团苏南二届暑期教育研究会第四总支苏市支部人员留影（苏州市档案馆藏）

学校分别举办抗美援朝保家卫国大会。大会与庆祝十月革命节、世界青年日和国际学生周合并举行。12月，青年团苏州市工委开展时事思想教育，号召学生、青工、社会青年参加军事斗争等。

12月9日—13日，苏州市学生第二届代表大会召开。会议通过《致朝鲜同学书》，提出时事教育、冬防活动、国防建设、致函慰问志愿军及发扬抗美援朝爱国精神等行动纲领。会议期间为纪念"一二·九运动"15周年，全市14 000余名师生举行游行，以继承"一二·九运动"光荣传统，显示抗美援朝的强大力量。

15日，全市师生反美爱国运动广泛开展。1 300余名学生参加干校，掀起捐献子弹的热潮。

19日，苏州学生联合会发出通知，号召全市学生积极参加军事干校，加速祖国国防建设。

22日，东吴大学等14个教会学校师生开展爱国运动。苏州市教会学校反美爱国联合会成立。

年底，吴江全县团员发展到2 477人，团支部发展到124个。

苏州市学生第二届代表大会(苏州市档案馆藏)

苏州青年应征入伍参加抗美援朝(苏州市档案馆藏)

1951

1月2日—15日，青年团苏州市委组织部分区召开4次学校总支、支部组织委员座谈会。通过座谈会，各组织委员明确认识到要结合运动开展部门工作和掌握团的发展、干部的培养与选拔及处理一些悬案问题，会议贯彻了青年团苏州市工委组织工作会议精神。

19日，全市青年学生积极投入爱国运动，写慰问信2 000多封，捐献子弹120 000发以上。

27日，青年团苏州市委召开全市团员干部大会，进行镇反学习。

2月1日—3日，青年团苏州市工委召开第二次组织工作会议。克服关门主义倾向，在广泛深入开展青年爱国运动中，健全与巩固团的基层组织，发挥团的组织作用。苏州学生联合会召开执委会议，响应慰劳中朝战士及朝鲜难民的号召。

9日—14日，青年团苏南区工委举办学生工作研究班。参加学习的613名学员听取了抗美援朝运动的总结报告，学员们进一步认识了抗美援朝的伟大历史意义。

19日，青年团苏州市工委通知于2月21日反对殖民制度斗争日当天，开展反对美帝重新武装日本的活动。各校学生纷纷响应，举行活动。

月底，青年团苏南区工委发布《关于在工厂学校支部逐步建立正规团课教育制度的指示》。苏州市向部分干部及全体学习辅导员做了传达，提出逐级动员贯彻的意见。

本月，青年团太仓县委紧密配合中共太仓县委、县政府开展声势浩大的爱国主义和国际主义教育活动，动员青年积极参军，"抗美援朝，保家卫国"。全县有687名团员参加志愿军，占全县入伍总人数的37%。

本月，青年团苏州市工委举办工厂学校学习辅导员第一期短期训练班。学员共47人，主要学习政治和业务。

3月10日，青年团苏州市委召开全市干部会议。会议贯彻党代会精神，布置未来3个月的工作，号召继续开展抗美援朝运动。

25日，青年团苏州市工委召开工厂干部会议。会议贯彻青年团苏南区工

太仓县群众反对美帝武装日本参军运动（太仓市档案馆藏）

委的会议精神，分析当前基本情况，指出团的建设工作落在了运动的后面。同日，青年团苏州市工委隆重举行全市学校团课开学典礼，进一步宣传团课制度及教育计划。

4月4日—6日，青年团苏南区苏州地工委召开苏州专区青年工作干部扩大会议，检查青年团在各项工作中所发挥的作用，研究团的基层组织整理和团的系统领导等问题。

18日—20日，青年团苏州市工委召开各界青年代表会议，成立苏州民主青年联合会筹备会，并积极筹备欢庆六一儿童节的工作。

5月4日，各界青年2 500余人集会，纪念五四运动32周年及建团（新民主主义青年团）2周年。会上号召全市青年加强团结，发扬五四反帝爱国精神，深入开展抗美援朝、镇压反革命运动。

9日上午，苏州学生联合会及教育工会召开镇压反革命的工作会议。全市各校团支部委员、教职工代表等2 500余人到会。大会通过行动决议并发出《告全市师生员工书》，与会者宣誓团结一致，坚决同反革命分子做斗争。

6月9日,青年团苏州市委召开团课教育工作经验交流会。全市学校工厂学习辅导员及部分宣传委员共103人出席。会议的主要内容与要求是:发扬成绩、交流经验,进一步提高对团课教育工作的认识,布置暑假前学生干部教育工作。

18日,青年团苏州地工委召开分区青工工作会议。各县区团干部及各纺织厂团支委共15人参加,历时两天。

中旬,青年团苏州市委开始在群众中宣传讨论中国人民抗美援朝总会发出的《关于推行爱国公约,捐献飞机大炮和优待烈军属的号召》(时称"六一号召"),重点进行修订爱国公约工作。抗美援朝运动成为中心工作,在整个工作过程中,都紧密地结合团的建设。

7月1日,为庆祝中国共产党成立30周年,团的干部与党的宣传员在全市40多所学校中先后做了50余次党史报告,听众超过10 000人;全市机关团体、学校举行七一纪念大会,并举行各种文娱晚会、座谈会,宣讲长征及党员模范事迹。

3日,青年团苏州市工委、市学生联合会为鼓励青年参加军事干校,发布《告全市学校团员和同学书》,号召所有革命知识青年及青年团员,以实际行动响应祖国的号召,踊跃报名参加干校。

10日,青年团苏州市工委召开团的活动分子会议,440余人出席。民主青年联合会筹委扩大会议召开,300余人出席,会议开展爱国主义思想教育。

本月,青年团苏州地工委学生部为吸取苏州市暑假活动的经验和更好地领导专区学生开展暑期活动,经中共苏州市委同意,抽调各县城区各中学两名团支部正(副)书记或积极的团干部,参加学生夏令营活动。

8月6日,青年团苏州市委举办暑期学生工作研究班。4所公立学校、3所私立学校、4所前教会学校共84人参加。

7日,青年团苏州市工委、市文教局联合举办的"夏令少年之家"开幕。

9月8日,苏州市第一届青年工人代表会议召开。到会青工代表272人,内有77名团员、80多名学徒、聘请的老师傅12人、工作人员50多人。会议对青工进行爱国主义思想教育,使其明确技术学习的重要性,并指出青工日后的工作方向,培养青工骨干。

中旬,青年团苏南区工委召开学生少年工作会议,着重研究如何贯彻全国学代会决议、中共华东局关于学生少年工作的指示及之后苏南学生少年工作的意见。

10月13日—16日,苏州市学生第三届代表大会举行。到会的有全市大中专及技术补习学校等52家单位的19 000名学生代表。青年团苏州市工委学生部部长陆亨俊出席并做报告。会议号召全市青年学生加强爱国主义思想教育,掌握科技本领,锻炼身体,更好地服务于祖国;同时要求学生普遍进行一次爱国公约的修订检查,把抗美援朝与日常的工作学习紧密结合起来。大会闭幕后,各校先后进行学生会的改选,并结合重要班级进行爱国公约修订,逐步全面展开爱国公约修订工作。

20日,青年团苏州市第一届团员代表大会筹委会印发《青年团苏州市第一届团员代表大会宣传提纲》。主要内容有:为什么召开团员代表大会?第一届团员代表大会的要求和任务是什么?怎样来迎接团员代表大会?

月底,青年团苏州地工委与青年团苏州市工委举办青年团培训班,学员共45人。主要要求与目的是使青年干部在建团思想上确立正确认识,提高业务能力,克服关门主义倾向,贯彻党中央的建团决议精神。

本月,青年团苏州市委统战部开展调研工作,了解全市大部分教堂及青年

苏州市学生第三届代表大会总结报告(苏州市档案馆藏)

组织的负责人情况，以及学校的团员、教徒的思想与宗教活动情况，开展天主教青年"革新"工作与基督教青年工作。

本月，青年团苏州市委青工部继续深入开展抗美援朝运动，通过国庆纪念等活动，进一步加强爱国主义思想教育，并进一步组织技术学习与反对封建管理制度的学习。

本月，青年团苏州市委配合文教局等有关部门，召开市第二届体育大会，宣传新体育方向。青年团苏州市委召开各界青年座谈会，扩大抗美援朝运动的影响。各行各业青工干部及团的干部结合各业工会的成立，先后举行庆祝十月革命节及世界青年日联欢大会、苏联画片展览、青年联合球赛等活动，并使青年在上夜校时接受时政教育。

11月7日—11日，青年团苏州市第一次代表大会召开。与会代表400人，会议总结建团以来的情况，以抗美援朝为中心安排日后工作，发扬民主，选举青年团苏州市委员会，以达到加强领导、巩固发展组织、进一步开展青年爱国运动的目的。会议选举产生委员17人、候补委员6人，王正当选为书记，薛杰、顾斌当选为副书记。

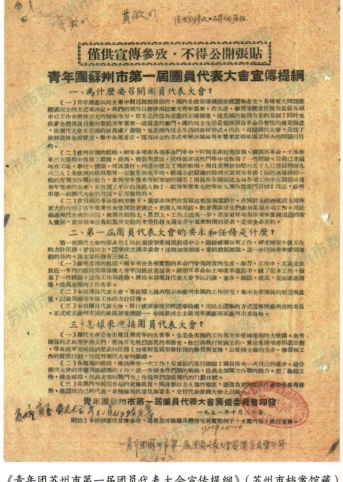

《青年团苏州市第一届团员代表大会宣传提纲》（苏州市档案馆藏）

28日,青年团苏州市委和市学生联合会发出关于纪念"一二·九运动"16周年的通知,号召全市团员、青年及学生,发扬"一二·九运动"的精神,为抗美援朝、增产节约运动而奋斗。

本月,苏州市政府团总支召开100余人的团代表会议,总结工作,交流经验,改选总支委。青年团苏州市委副书记薛杰主持工作。

本月,中国新民主主义青年团苏州市南区工作委员会成立。

12月3日,中共上海局外县工委领导周克来苏指示,要求发动青年特别是青年学生参加军事干校,以"一二·九运动"纪念日为契机,举行全市万余名学生参加的大游行。17日—19日,多所学校动员宣传,17日成立招生委员会,由中共苏州市委相关领导任主任委员,文教局相关领导任副主任委员,由大专学校和规模较大的高中学校负责人及其他有关方面代表任委员。招生委员会下设宣传部、组织部、秘书处。20日以后开始报名,约2 100人参加军事干校。

本年,青年团吴江县工委对基层团组织进行整顿,在支部内开展树正气的教育,纯洁队伍,使团组织进一步健全壮大。全县各级团组织紧紧围绕党的中心工作,带领团员、青年积极参加各项政治运动和经济建设,充分发挥生力军作用。

本年,新民主主义青年团成为培养党员干部的摇篮,有774名团员入党,各级团组织向党政机关输送基层干部1 271人。在城乡物资交流工作中,全市有95%的青年店员踊跃参加宣传工作。广大团员在生产建设中发挥模范带头作用,做出显著贡献。

1952

1月22日—2月24日,青年团苏州市委机关反贪污运动历时1个月,基本肃清了中小贪污分子。

1月23日,苏州市民主青年联合会筹委会组织里弄青年积极分子40余人,

中国新民主主义青年团乐益支部全体团员留影（苏州市档案馆藏）

参加各界干部"三反"（反贪污、反浪费、反官僚主义）动员大会，又组织20余人参加党群机关干部大会。

2月12日，900余名团员代表举行誓师大会，向资产阶级的进攻展开反击，并保证团结全市青年组成一支大军立即投入战斗。

13日，苏州市民主青年联合会召开里弄青年、补校青年和宗教青年"五反"（反行贿、反偷税漏税、反盗骗国家财产、反偷工减料、反盗窃经济情报）动员代表会，进行"五反"学习，参会230人，会期8天。

15日，在"五反"学习的基础上，苏州市民主青年联合会号召4个区的里弄青年组织了26支宣传队，共780人左右，随后扩展至50个宣传队。全市5 000余名青年赴街头宣传。

29日，在党组织的领导下，配合全市"五反"运动的开展，各校召开师生干部会议，提出干部要投入运动，各校要召开控诉会、座谈会等要求。

3月14日，各校学生干部举行动员会，严肃批评自满麻痹思想，要求更好地团结群众，更猛烈地投入"五反"战斗。

18日，青年团苏州市委召开全市店员团员及青工积极分子大会，总结成绩，迎接新的战斗任务。

5月4日，全市青年举行纪念五四活动，继承五四光荣传统，争取"三反""五反"彻底胜利，为祖国的美好将来而奋斗。

25日，青年团苏州市委召开机关优秀团员座谈会，交流"三反"运动中的模范事例。

6月，苏州地区机关紧缩编制，青年团苏州地工委与地委组织部、宣传部合并为党务工作组。

7月27日—8月15日，青年团苏南区苏州市委提出"组织起来，坚持学习"的口号，按学校成立14个班委会和团的组织。这些班委会和团的组织直接受学生联合会和团学校工委的领导，组织开展温课、巩固学习收获等活动，参加人数602人。

8月—9月，暑期，团学校工委与市学生联合会举办学生干部学习班，共有759人参加学习。学习班的任务是：提高政治站位，明确工作目的性，加强对党的性质的认识，从而明确团要当好党的助手这一要求，注意工作方法，熟悉业务，统一认识，进一步明确下学期的学生工作任务。

9月2日，青年团苏州市委召开全市店员团员大会，交流经验，继续推动资方投入物资交流。

11月3日起，青年团苏州市委办公室所属原团金融贸易工作委员会扩大组织，更名为中国新民主主义青年团苏南区苏州市财经企业工作委员会。原青年团苏州市东、西两个郊区工作委员会也合并成立中国新民主主义青年团苏南区苏州市郊区工作委员会。

18日，青年团苏州市委书记王正在中共苏州市委会议上向市委委员、各区委书记、党委书记传达团中央一届三次全体会议的决议精神，以及青年团华东工委扩大会议精神。

12月3日，青年团苏州市委和市学生联合会发出关于纪念"一二·九运动"17周年的通知。指明纪念活动要结合贯彻团中央一届三次全体会议的决议精神，在广大青年和学生中加强爱国主义教育。

9日，团学校工委举行高中以上学校团干部大会，动员青年学生继承与发扬"一二·九运动"的光荣传统，并传达团中央一届三次全体会议的决议精神。

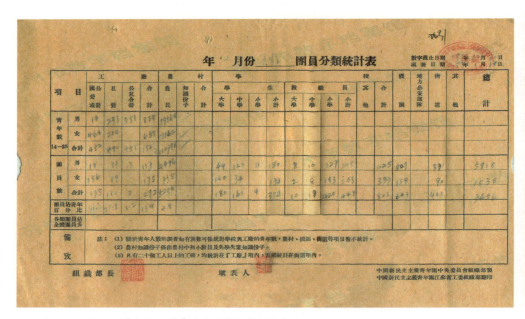

1952年12月份吴县团员分类统计表（苏州市档案馆藏）

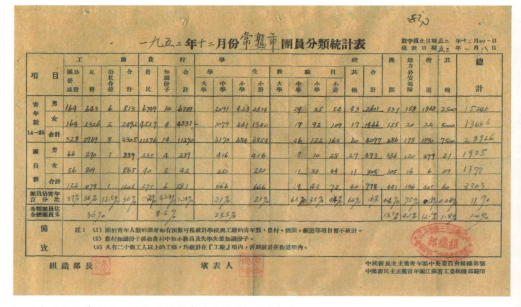

1952年12月份常熟市团员分类统计表（苏州市档案馆藏）

1953

1953年1月,苏州地区恢复团工作机构,并改称中国新民主主义青年团苏州地方工作委员会。

2月21日—24日,苏州市学生第四届代表大会召开,与会代表300多人。大会讨论并通过第三届代表大会工作报告,号召广大青年学生掌握科学知识,为将来服务祖国的各项建设打好基础。

3月31日—4月2日,青年团常熟县第一次代表大会召开,正式代表342人,列席代表39人,选举产生第一届委员会,孙学璞当选为书记。

3月,全市中等学校大团日活动在苏州中学操场举行,300名新团员进行入团宣誓。至年底,苏州市区各学校共有团员4 910人,其中学生团员4 430人,教工团员480人。

江苏师范学院团员学生过团日(1953年)(苏州市档案馆藏)

4月4日—6日,青年团吴江县第一次代表大会召开。大会选举产生第一届委员会,肖永俊任书记。全县有团支部164个、团员5 504人。有10个区、1个镇召开团代会,产生了各自的委员会。

5日—9日，青年团太仓县第一次代表大会召开。大会选举产生第一届委员会。

9日—13日，青年团昆山县第一次代表大会召开，主要议题为传达团中央一届三次全体会议精神。大会选举产生第一届委员会。

11日—15日，青年团苏州市第二次代表大会召开，与会正式代表398人，列席代表28人。大会听取和讨论了中共苏州市委第一副书记蒋宗鲁的政治报告及青年团苏州市委的工作报告。主要议题是贯彻团中央一届三次全体会议精神，研究青年的学习和提高问题。会上选举出席青年团江苏省第一次代表大会代表15人；选举产生青年团第二届苏州市委委员19人，瞿至善当选为书记，陆亨俊、黄厥明当选为副书记。

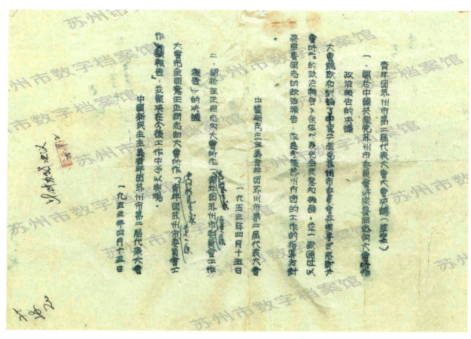

青年团苏州市第二届代表大会决议（草案）（苏州市档案馆藏）

5月17日—19日，苏州市第一届青年代表大会召开，正式成立苏州市民主青年联合会。

8月15日，"少年之家"活动在苏州市第一中学、苏州市第二人民医院和苏州大公园内的市少年儿童文化馆举办，参加者102人，历时5天。目的是增进儿童身心健康、丰富知识，要求大家练好身体，学好功课。

21日，团中央发出《关于"中国少年儿童队"改名为"中国少年先锋队"的说明》。"中国少年儿童队"改名为"中国少年先锋队"，简称"少先队"。

10月3日，苏州市各界青年举行联欢会。市民主青年联合会主席瞿至善呼吁青年响应毛主席"身体好、学习好、工作好"的号召。

25日，青年团苏州市委召开工厂团干部会议。会议响应政府号召，布置团员在增产节约运动中的任务，要求全体团员投入增产节约运动。

下旬，青年团苏州市委召开市工厂团支书会议。会议明确把协助党进行总路线教育作为推动团员和青年积极投入增产节约运动的巨大动力。会后制订团的宣传工作计划，印发给各级团委，以明确具体要求与做法。

年底，昆山县少先队已有8 607名队员、207个队部。

本年，青年团太仓县委在企业青年中开展学习先进生产经验和生产技术活动，要求团员积极动脑筋、找窍门、挖潜力，提合理化建议。同时在农村团员中开展爱国增产竞赛和技术改进比赛等活动，组织团员向劳动模范和生产能手学习基本操作经验，成立技术学习小组560个。

1954

1月31日，青年团苏州市委召开少先队辅导员会议，会上勉励辅导员进一步做好少年儿童工作。

7月12日—13日，苏州市民主青年联合会召开苏州市各界青年代表会议，会议代表共321人。会议传达苏州市第一届人民代表大会第一次会议精神，协助党对各方面青年的代表人物进行宪法草案的宣传教育，着重明确宪法与青年的关系。由中共苏州市委宣传部部长凡一做关于中华人民共和国宪法草案的报告,民主青年联合会秘书长杨泽海传达苏州市第一届人民代表大会第一次会议精神,青年团苏州市委书记、市民主青年联合会主席瞿至善做了总结。会议一致通过拥护中华人民共和国宪法草案、拥护苏州市第一届人民代表大会第一次会议的决议。会议还通过协助政府正确妥善地解决高小、初中毕业生学习和从事劳动生产问题的决议。

16日,青年团苏南区工委召开全区青年积极分子大会。会上宣布区民主青年联合会办事处成立和办事处全体成员的名单。

22日—24日,青年团苏州市委以市民主青年联合会、市学生联合会的名义召开本市初中毕业生代表会议。会议主要对青年学生进行前途和学习目的性的教育,提高他们对劳动和自学的认识与信心,使他们正确认识祖国和青年的光明前途。会后,许多青年学生奔赴祖国需要的岗位,参加农业劳动。

暑期,苏州市和苏州地区各县均举办团干部训练班,842人参加学习。各校也用1天的时间召开团员大会进行落实,提高团员学生的社会主义觉悟,进一步贯彻学校团的任务。

9月2日,青年团苏州市委举行市私营厂团支书会议。会议检查8月工作贯彻情况。

10月19日下午至23日,青年团苏州地工委召开第二次青工会议。与会同志反映"中心突出,解决问题较彻底"。

11月,青年团苏州市委协助工会举行首届工人体育大会。

12月19日,青年团苏州市委召开工业青年生产活动分子大会。大会动员青年职工积极参加劳动。

1955

1月28日—29日,青年团苏州市委部分干部分别到东吴绸厂、第一丝织厂、源康丝厂、苏州染织厂、苏州窑厂、苏州玻璃厂、苏州铁工厂,以及南区部分小厂检查春节后开工情况。

寒假期间,青年团苏州市委协助市教育局和市民主青年联合会招待华侨学生聚餐,组织与朝鲜学生的联欢,举行全市学生文艺会演。

4月23日—27日,青年团苏州市第三次代表大会在民治路第一人民文化馆召开。会议正式代表447人、列席代表28人。大会根据中共苏州地委副书记、苏州市委常委李聚茂的指示,着重讨论关于加强对青年进行共产主义道德教育的问题,更好地发挥党的助手作用。会议听取了中共苏州市委副书记蒋宗鲁对大会所做的指示,最后一致通过"关于加强对青年的共产主义道德教育"和"关于青年团苏州市第二届委员会工作报告"两个决议。会议选举产生委员27人,瞿至善任书记,黄厥明任副书记。其中,52名代表为得到青年团苏州市第二届委员会通报或口头表扬的优秀团员,27名代表在会上发言。

青年团苏州市第二届委员会工作报告
(苏州市档案馆藏)

春,青年团苏州市委召开全市少先队积极分子会议。会议号召少年儿童每人种一株向日葵。秋季为了巩固儿童为祖国种植的思想教育,青年团苏州市委检查种植情况,召开把向日葵献给祖国的大会。

本月,青年团苏州市委副书记黄厥明主持工作。

4月后,苏州市开展了一次规模较大的"培养青年共产主义道德品质,抵制资产阶级思想侵蚀"的集中教育。

5月3日,各界青年1 500多人参加苏州市民主青年联合会在狮子林举行的游园会。

25日—27日,苏州市直属机关举行首届团代大会。

28日—29日,青年团苏州市委召开苏州市纺织工业青年积极分子大会。与会者听取了党政领导的报告,互相交流经验。会议还号召大家以实际行动迎接9月全国社会主义建设积极分子大会的召开。

6月1日—3日,青年团苏州市南区工委组织为期3天的骨干训练班。参加训练班的有店员积极分子、团支委、组长16人(部分在市工人干校学习),手工业团支委、组长、部分团员24人,街道团委、组长20人,民主青年联合会干事等自学组长32人,总计92人。

8日—9日,青年团苏州市南区工委开展加强青年共产主义道德品质教育活动。由工会办事处按基层工会组织统一进行宣传教育,配备团干负责掌握教育进程,组织7场报告会,并进行讨论。全区店员共257人出席,其中团员82人,青年175人。

16日—18日,青年团苏州市委和市民主青年联合会召开全市社会青年积极分子大会。会上表扬了先进自学小组、街道团支部、团员和青年。

7月28日,青年团苏州市委召开支委扩大会议,在总结、检查、加强青年共产主义道德教育的基础上贯彻三季度的工作计划。各支部先后召开支委会议,研究落实三季度的工作。

同日,应届毕业生团员大会召开。与会者表示:假如考上学校,一定要好好学习;假如考不上学校,就参加劳动生产或自学。

8月21日,青年团苏州市委召开全市工厂、矿山、基础建设、交通运输、手工业5个系统青年节约队队员代表会议。会上由青年团苏州市委青工部部长刘元树做前阶段青年节约队活动的总结和日后工作的报告。工业部领导指示,要在节约运动中克服自满麻痹思想,防止反革命分子的破坏。

太仓利泰纱厂青年女工曹凤娣(右二)
(太仓市档案馆藏)

9月12日,苏州市李小度、周祖兴、谭祥宝、陈大媛、王毓敏、邹盘根、卢文保、朱素珍、毛金娣9名同志出席全省青年社会主义建设积极分子大会。太仓利泰纱厂曹凤娣被团中央授予"全国青年社会主义建设积极分子"称号。

下旬,青年团苏州市委发出通知,布置各大队部响应团中央号召,组织少年儿童开展捡稻穗活动。

10月23日,青年团苏州市委举行大会,欢迎出席全省青年社会主义建设积极分子大会的毛金娣、陈大媛归来。会上中共苏州市委书记吴仲邮发表讲话,他要求广大青年虚心学习,依靠群众,戒骄戒躁,朝气蓬勃地投入社会主义建设的新高潮,争取为社会主义建设立功,做一个光荣的社会主义建设积极分子。

12月9日,苏州市大中学生举行纪念"一二·九运动"20周年和"一二·一运动"10周年活动。

17日,青年团苏州市委在北局青年会举办中国学生运动图片展览会。

本年,中国新民主主义青年团苏州市南区工作委员会更名为中国新民主主义青年团苏州市沧浪区委员会。

1956

1月5日,青年团苏州地工委召开团县委书记会议。会议着重研究积肥、扫盲、除四害等相关工作。

16日,拥护社会主义改造行动大会召开。全市700余名工商界青年参加大会。

19日,青年团苏州地工委召开各县青工部部长、各城镇团委书记会议。会议布置资本主义工商业改造中的青年工作。

22日,苏州市工商青年突击队成立。

2月1日,为适应农业进行社会主义改造,中共苏州市委决定将中共郊区工委改为郊区区委。原属郊区工委的城郊、枫桥、木渎3个区委撤销,同时将原有的42个乡调整为18个乡、1个镇,由郊区区委直接领导。各级团组织做相应调整。

2日,苏州市民主青年联合会与市工商业联合会举行全市工商青年向生产业务进军大会。青年团苏州市委统战部副部长徐坤荣以谈心形式做了发言。

6日,青年团苏州市委、市教育局、市工会联合会召开向文化科学进军动员大会。会上宣布苏州市在两三年内扫除文盲和职工业余教育的初步规划,并宣读"在一年半内扫除苏州市职工中文盲"的决定。

3月起,青年团苏州市委在全市各区建立35个初中文化补习班,帮助停学待业的青年进行学习,创造升学就业的条件。

本月，青年团太仓县委召开全县向文化大进军扫盲誓师大会。大会号召各级团组织协助党和政府制订扫盲规划，机关、学校成立扫盲宣传组、辅导组和教研组，全面开展扫盲运动。会后全县建立青年扫盲队286个、青年技术学校24所，全县4.03万名文盲、半文盲青年中入学人数达3.62万人，约占应入学人数的90%。各乡镇团组织利用冬闲时节和平时田间劳动间隙，组织文盲青年学习文化。青年团太仓县委在农村建立图书室50多个，并赠送图书39390册，提高农村青年的科学知识水平。

4月初，青年团鸿生火柴厂总支为更好地组织青年投入先进生产运动，在装匣车间第九、第十二两个青年小组开展劳动竞赛，推动全车间开展组与组之间的友谊竞赛。

24日，苏州市工商界青年举行代表大会。代表们听取全国工商界青年积极分子大会精神的传达，经过讨论后一致表示要认真贯彻国务院的有关决定，积极投入当前的清产核资工作。

下旬，青年团苏州市委举办工商界青年业余政治学习班。会上系统讲解全国工商界青年积极分子大会文件精神并组织有关社会发展规律、时事政治等方面的报告，建立正常的学习制度。

5月4日，青年团江苏省委在五四青年节表扬一批1955年以来在工业和农业生产中取得显著成绩的青年先进集体和先进人物，并颁发奖状。苏州电气公司发电厂汽机分厂青年运行组、苏州采矿公司阳西矿物处选矿工场董阿大青年小组获先进集体称号，毛金娣、狄兰花、张七珍、郭裕娟、夏成凤、王秀英、李小度等获先进个人称号。

5日，苏州市工会联合会和青年团苏州市委联合决定开展青年突击班组竞赛和青年突击手运动。毛金娣等15位青年荣获"青年突击手"称号。

6月1日，苏联青年代表团副团长叶西宾科一行8人来苏访问，游览了灵岩山、天平山、狮子林、拙政园等风景区，参观了刺绣工艺社、星花茶花生产合作社等地。

同日，苏州市少年儿童文化馆更名为"少年之家"。9月，团中央拨款1万元给"少年之家"，作为开展科技、手工制作活动的经费。

7月，青年团苏州市委党组成立，黄厥明任书记。

苏州青年在火车站欢迎苏联青年代表团（苏州市档案馆藏）

8月4日—9日，青年团苏州市第四次代表大会召开。出席会议的代表430人，产生委员46人。会议审查了第三届青年团苏州市委一年多来的工作，发扬民主，开展自下而上的批评，着重讨论在社会主义建设高潮中如何充分发挥青年的积极性和创造性，表扬奖励了10个先进集体和122名优秀团员。经过选举，黄厥明当选为书记，刘元树、顾仲杰、倪靖范当选为副书记。

青年团苏州市第三届委员会工作报告（苏州市档案馆藏）

10日—12日，苏州市民主青年联合会第三届代表大会召开。全体代表听取了中共苏州市委和苏州市人民委员会代表惠廉对全市青年在当前社会主义高潮中任务的指示；审议并通过苏州市民主青年联合会第二届执行委员会的工作报告。会议主题是：在当前社会主义高潮中，青年应该怎样更积极、更活跃地发挥自己的力量，为提前完成"一五"计划而奋斗？

15日—23日，青年团苏州地工委举办学生夏令营。共有292名学生参加，其中团员282人，大多是学校的团干部。

26日—29日，青年团苏州市委举办中等学校团干部学习会，历时3天半。全市29所中等学校（包括专业学校）1 200名团支委以上干部（包括学生会主席）参加学习。

31日，青年团苏州市委召开基层支部书记会议。目的是提高认识，明确要求，交流经验，在各个行业中继续广泛开展学习技术活动。

9月10日，上午11时，日本福冈县茶叶青年代表团一行10人、全国合作总社茶业局代表一行13人抵苏。苏州市民主青年联合会、市供销社、茶厂等单位负责人陪同参观了虎丘第二茶花农业社、碧螺春茶叶产地东山镇后山乡和平茶农花果农业社、苏州茶厂和公私合营久华茶厂等单位，同时游览了拙政园、寒山寺、虎丘等名胜，各方交流了茶叶、花果的栽培和制茶技术等。

11月18日，青年团苏州市委、市文联、市教育工会联合在开明影剧院举办"纪念人民音乐家聂耳、冼星海音乐会"。

19日—22日，青年团苏州市委举办短期学习班。参加成员为手工业合作社团支部主要干部，计371人。

12月8日，青年团苏州市委召开基层干部会议，要求在党委的统一领导下，加强对青年的思想政治教育工作，并运用讲座、故事会、团课等各种形式进行辅助，提高他们的觉悟。

同日，继青年团太仓县委召开扫盲干部大会后，太仓县各乡镇团组织建立青年扫盲队74个。农村知识青年担任民校、识字小组、"包教包学"的教员和辅导员，组织青年参加扫盲班，利用冬闲时节和平时田间劳动间隙学习文化。至年末，全县有3 888人摘掉文盲的帽子，其中青年占76%。

青年学生积极报名参军，投入抗美援朝运（苏州市档案馆藏

本年，吴江县加强基层团组织的核心领导，提高团员质量和发展团的组织。至年底，全县有团支部208个、团员14 121人（约占全县青年总数92 718人的15.2%），青年团已成为全县青年的核心组织。

1957

2月15日，青年团苏州市委和市教育局、市工会联合召开职工业余教育工作会议。会议研究之后扫除文盲和进行职工业余文化教育的工作。17日，苏州市召开扫盲积极分子会师大会。苏州市副市长潘慎明和青年团苏州市委的领导向积极分子们表示祝贺，希望他们继续努力和全市学员一起携手前进。

3月11日，青年团苏州市委召开青年节约队会师大会。会上代表们各自介绍举行增产节约活动的经验。青年团苏州市委副书记刘元树和市工业部部长陈晖要求开展增产节约不要像阵风，要做到经常化，团组织在现有增产节约活动的基础上，要更加深入细致地开展工作。

26日，青年团苏州市委统战部邀请11名在公私合营企业担任领导职务的私方厂长、主任座谈，征求他们对合营企业基层工作的意见。

4月2日—6日，青年团苏州市委召开全市基层干部会议。厂矿、交电、建筑、手工、财贸、文卫、街道和直属团委等系统的专职干部和支部正副书记、分支书记600余人与会。会议期间，中共苏州市委组织部部长郭海就形势问题和团的工作做了指示，市工业部部长陈晖做了"革命先辈如何克服困难取得胜利"的报告，市人委主任王纪、副市长姚崇德分别做了"物价调整"和"工资改革"的报告。青年团苏州市委根据城工会议精神和江苏省第三次团代会精神做了报告，传达邓小平同志在全国团省、市委书记会议上的重要指示精神。与会代表参观革命烈士史料展览会。

10日，青年团苏州市委召开基层干部会议。会议要求团干部认清形势，做好青年工作。

共青团员在横山烈士陵园扫墓

10日—12日,青年团苏州地工委召开团县委书记会议。会议检查了江苏省第三次团代会精神的贯彻情况,着重研究了怎样进一步贯彻江苏省第三次团代会精神、如何加强监督领导等问题。

中旬,青年团苏州市委召开基层支部书记会议。会议着重讨论革命传统教育的目的与要求,并交流基层活动经验。

25日—26日,青年团苏州市委召开全市手工业青年优秀代表会议。出席会议的有全市合作社中各个岗位上的优秀集体代表101个和个人代表330人。会议期间,市手工业部部长孔令宗做了指示,要求手工业青年必须进一步加强思想、劳动方面的锻炼,加强组织性、纪律性,加强团结,以适应形势发展的要求。市联社主任纪缵就当时供销社情况做了报告,青年团苏州市委做了一年来手工业青年工作情况和之后意见的报告。在建设、办社和开展增产节约等各项工作中有显著成绩的5个优秀集体和55名优秀青年分别获得颁发奖状、通报和口头表扬的嘉奖。

5月3日—5日,青年团苏州市委与市工会联合召开全市厂矿、交电、建筑3个系统38家单位的新工人代表会议。参会代表140人,各单位的工会主席、团支部书记列席。会议听取了中共苏州市委第一书记吴仲邨的形势报告和苏州酒厂董明关于25 000里长征情况的报告。

15日—25日，中国新民主主义青年团第三次全国代表大会在北京召开。大会通过决议，将中国新民主主义青年团更名为中国共产主义青年团。选举产生由149名中央委员和63名候补委员组成的共青团第三届中央委员会。共青团三届一中全会5月26日在北京召开。全会选举胡耀邦等19人为团中央常委，胡耀邦为团中央书记处第一书记，刘西元、罗毅、胡克实、王伟、梁步庭、项南等为团中央书记处书记。

23日，苏州市民主青年联合会召开各区补习班教师座谈会。苏州市文教部部长凡一等16人出席会议。

26日，青年团苏州市委召开侨生座谈会。苏州中学、苏州市第三中学等6校10名华侨学生出席座谈会。

27日，青年团苏州市委邀请17名私方从业子弟参加座谈会，与会者主要对生活福利、参加工会、基层团工作等方面提出意见。

28日，青年团苏州市委召开基层团支部书记座谈会，听取意见。

本月，青年团苏州市委举行两次工商青年（青年资本家）座谈会。

本月，中国新民主主义青年团昆山县委员会更名为中国共产主义青年团昆山县委员会。

6月16日，青年团苏州市委、市文教局联合召开应届高中毕业生座谈会。与会者表示坚决回乡参加农业生产，建设社会主义新农村。

17日—18日，苏州市民主青年联合会举行本会三届四次执委扩大会议。苏州市民主青年联合会执委各方面工作委员会委员、区民主青年联合会副主任、部分青年代表150余人出席会议。会议传达了中国新民主主义青年团第三次全国代表大会精神和全国青联第二届委员会第四次扩大会议精神。

19日—21日，青年团苏州地工委召开团县委书记、学校、少年、青工部部长联席会议。会议传达了中国新民主主义青年团第三次全国代表大会的精神，并着重研究了怎样向基层进行传达贯彻，以及如何全面开展"怎样做一个共青团员的教育"等问题。

7月中旬，常熟吴市区召开共青团活动分子大会。会上以克服青年"一步登天"思想作为政治思想教育的中心议题，169人与会。

8月26日—9月3日，青年团苏州市委组织全市中等学校学生干部536人，进行"社会主义教育"运动前的干部训练。

9月2日,青年团苏州市委召开第一批整风厂的团委、总支和支部书记会议。会上农药厂交流了在整风中如何发挥团支部作用和如何抓生产活动等问题。会议根据中共苏州市委整风步骤,布置了团在整风阶段中的工作。各厂汇报了团在整风中的工作和团员、青年的思想情况。

13日,青年团苏州地委召开各县委文教部长、文教局长、卫生科长、团县委学校和少先队工作部部长会议。

同日,青年团苏州市委组织26名初高中毕业生参观吴县胜浦乡农业社,受到当地党政和农业社社员的热烈欢迎。学生们与乡社干部进行座谈,深入劳动现场,访问社员家庭,还参加了锄草、浇水。

12月5日,青年团苏州市委号召青年干部积极下乡,学习前辈为实现共产主义而奋斗的伟大革命精神,打起背包穿上草鞋,向城市告别,到农村中去,到劳动中去,到最艰苦的地方去。

金阊区欢送知识青年上山下乡(苏州市档案馆藏)

8日,青年团苏州铁工厂总支组织430人的青年节约队,利用中午休息的1个小时,开展回收废铁活动。

16日,青年团苏州地工委上报的苏州专区共青团村基层组织情况显示,计苏州专区有团员165 000人、基层组织5 303个,其中农村团员123 191人、农村基层组织3 533个。

本月,刘长会任青年团苏州市委书记。

本年,青年团沧浪区第一届代表大会召开。

1958

1月16日,青年团苏州市委召开医务人员、街道支部书记、青年代表会议。会议号召团员、青年鼓足干劲,组织突击队,站在卫生运动的最前列。

19日,青年团苏州市委、市体委、市总工会、市文教局等9家单位联合发起在全市职工、学生、机关工作人员及社会青年中开展冬季体育锻炼运动的倡议。

同日,青年团苏州市委召开工业、交电、财贸、手工青年投入生产高潮的决心大会。大会号召青年树立共产主义的劳动态度。

2月1日,青年团苏州市委、市工会干部向全市机关倡议,开展跃进竞赛,成为学先进、超先进、发扬朝气、肃清暮气的革命促进派。

3日—4日,青年团苏州市委召开四届五次全体(扩大)会议,决定在全市团干部中开展"七好"社会主义竞赛。"七好"即"工作好、勤劳俭朴好、联系群众好、除七害好、政治技术业务学习好、支援农业四十条好、锻炼身体好"。

24日,青年团苏州市委召开学校团委书记会议。会议讨论贯彻勤工俭学的方针,青年团苏州市委党组书记黄厥明提出要求宣传勤工俭学意义,提高思想认识;抓典型、抓先进;开展比赛,比边劳动边学习好,比勤俭朴素好,比反浪费爱护公物好,比团结好。

2月底—3月初,青年团苏州地委召开团县委书记会议。部分乡团委书记和除四害、绿化、积肥等方面的积极分子也参加会议。

3月16日,青年团苏州市委召开少先队员积极分子会议。会议决定开展植树、除四害、讲普通话3项活动。

29日,青年团苏州市委、市工会联合召开青工代表会议。会上市工业部部长陈晖号召大家鼓足革命干劲,穷思苦索苦战百天,完成六大指标。青工纷纷保证力争先进。

4月6日,苏州地区少年工作干部到吴县黄埭乡参观座谈。次日分赴常熟、昆山、江阴、无锡、吴县等县,组织"红领巾要帮助革命""红领巾支援三麦赶水稻、水稻翻一番"的少年运动。

20日—23日,青年团苏州地委在昆山县葮葭乡召开整团工作现场会议。出席会议的有各团委负责整团工作的委员及每县1个重点乡的团委书记。昆山有3名团县委干部及9名乡团委书记参加,到会共计38人,其中团县委干部17人、乡团委书记21人。

5月4日,苏州市各界青年千余人在工人文化宫集会,纪念五四青年节。青年团苏州市委书记刘长会号召团员和青年树立革命的人生观和集体主义的思想,彻底清除资产阶级的思想,学习马列主义毛泽东思想,会上表彰在政治斗争、生产战线及日常学习工作等方面表现优秀的团员和青年共28人。

17日—18日,苏州市第四届青年代表大会召开。大会通过《关于苏州市青年联合会组织原则》,将苏州市民主青年联合会更名为苏州市青年联合会。

6月6日,苏州市2 500名青年集会誓师,宣传贯彻总路线。青年团苏州市委书记刘长会号召青年发挥才能,做到会写就写、会画就画、会唱就唱,解放思想,破除迷信,为真理冲锋陷阵,做个敢想、敢说、敢做、敢创造的"四敢"青年。

11日—13日,青年团苏州地委召开团县委书记会议。会议总结上年冬当年春团的工作,开展县与县的评比工作。

28日—29日,青年团苏州地委在吴县唯亭、胜浦二乡召开全区乡团委书记会议。会议贯彻共青团江苏省委扩大会议精神,研究布置当前工作。

6月28日—7月2日,青年团苏州市第五次代表大会召开,与会正式代表452人,列席代表30人。会议号召全市广大青年、团员鼓足干劲、力争上游,多快好省地建设社会主义。根据团中央的决定,中国新民主主义青年团苏州市委员会更名为中国共产主义青年团苏州市委员会。会上授予一批青年"青年突击手"称号,选举产生委员31人,刘长会当选为书记,黄厥明当选为副书记。

共青团苏州市第五次代表大会平江区代表团合影（苏州市档案馆藏）

6月30日—7月4日，共青团苏州地委召开团县委扩大会议。会议总结评比上年冬"大跃进"以来团的工作，并学习党的总路线，同时按照总路线的精神，总结检查和研究团的工作。

7月1日，青年献礼馆收到700多名团员代表和青年代表、360多个基层献出的礼物200多件，其中有6件已达国际水平。

27日，市属企业、轻工纺织业、市属财贸的团组织和几个团区委召开打擂台比武大会。有1 000名团干部和团员、青年参加。

本月，共青团太仓县委召开全县青年社会主义建设积极分子大会。

8月5日—9日，共青团苏州地委召开各县青工部部长会议。澄江、华市、虞山3个镇的团委书记列席会议。

10日，新一届共青团苏州地区委员会成立。许坚、苏海明、薛月楠、管显良、任益民、金士英、吴志山、刘长会、王寄南、刘醒民、蒋仁任11人为团地委委员，许坚、苏海明、刘长会3人为常务委员会委员。刘长会当选为书记。

25日—26日，共青团苏州市委召开青年积极分子大会。会上号召青年在工业生产中贡献力量，表扬先进，选举出席江苏省青年社会主义建设积极分子大会的代表。

8月27日—29日、8月31日—9月3日，共青团苏州地委根据共青团江苏省委海安会议的精神和党群领导小组的指示，先后在松江、奉贤、常熟召开试验田、积肥、深翻土地现场会议。与会代表参观常熟青年水稻丰产片、卫星田、水力发电站等。

9月，昆山荣获国家"扫除文盲"先进县称号。各级团组织为扫盲工作发挥了很大作用。中华人民共和国成立之初，昆山农村文盲占比达到95%以上，城镇平民中也有相当多的青年文盲。为响应党中央扫除文盲的号召，在县委、县政府的领导下，共青团昆山县委与县工会、县妇联担任主力军，"党领导，团主办，妇联带好一个班，基层工会挑重担"。2万多名农村青年、近千名城镇青年参加学习，出现"村村有夜校、夜夜有读书声"的景象。

11月4日—10日，共青团苏州市委召开五届二次会议。到会的有全市团的脱产干部和基层团组织书记400余人。共青团苏州市委书记刘长会传达团地、市、县委书记会议精神，特别强调全体团干部必须严格遵守和贯彻执行绝对服从党的领导的四个根本观点。学少部沈明德传达团中央关于改进少先队工作、开展共产主义儿童运动的决议精神；李蕴传达江苏省青年社会主义建设积极分子大会的主要精神。中共苏州市委书记处书记李聚茂到会做了指示。

12月3日—4日，共青团苏州地委根据地委机械工业会议及共青团江苏省委关于开展"三五"满堂红的指示精神，召开各团县、市委青工部及机械制造单位团委书记会议。会议着重研究青年的共产主义教育问题，交流组织青年学习技术的经验，特别是培训徒工的经验，对进一步发动青年投入技术革命，以及团的组织建设和开展文体练武活动等进行研讨。

本年，苏州市图书馆与共青团苏州市委联合举办"方志敏奖章读书活动"，与"少年之家"合办"红领巾读书活动"。参加活动人数达万余人。

1959

1月5日，共青团苏州市委召开全市市属基层团委（总支、支部）和中层团委书记会议。会议进一步明确开展"双五"活动的要求和步骤，要求基层团委在总结上一年"五好"（学习好、思想好、工作好、纪律好、作风好）工作的基础上，总结评比，表扬先进，发动团员、青年、团支部制订评选"五好红旗团支部"的规划，开展竞赛。

9日，共青团苏州地委召开学校团队工作会议。会议根据中共八届六中全会指示及党对学习、劳动新的安排精神，分析学生在思想工作、学习、干部作风、组织建设等方面的问题，统一了认识，部署寒假前后的工作。会后，与会者参观苏州、吴县、昆山的4所学校，听取苏州通用机器厂办学校的经验介绍，观看苏州市学生文娱会演。

28日—31日，共青团苏州市委召开全市基层团组织书记会议，把"双五好"活动推向全市322个基层单位。

4月19日，中国少年先锋队苏州市第一次代表大会召开。878名代表参加，代表全市60 000名少年儿童。革命前辈和劳动模范、先进生产者、战斗英雄也参加了大会。与会代表听取中共苏州市委领导李斌、教育局局长瞿苞丰和共青团苏州市委书记苏海明的讲话与报告。大会表扬了13个优秀少先队集体和34名优秀少先队员，选举成立了少先队苏州总部。

中国少年先锋队苏州市第一次代表大会（苏州市档案馆藏）

本月，苏海明任共青团苏州市委书记。

5月18日，共青团苏州市沧浪区委在沧浪车辆厂召开现场会议。沧浪车辆厂、苏州面粉厂、益新日用五金厂等团支部介绍了增产节约运动中的工作经验。

6月25日—28日,共青团苏州地委召开团县委书记会议。会议通过传达、学习毛主席关于工作方法(上海会议的16条及针对小队长以上干部的6条)的指示,以及团中央、团省委关于改进工作作风和工作方法的意见,联系实际,检查和总结前一时期团的工作,并根据地委在当前中心工作中的部署和团的工作情况,研究七八月份团的工作。会议期间,正在苏州检查工作的团中央学校工作部部长曾德林到会做了指示。会后,各县先后召开公社团委书记会议,贯彻会议精神。

10月1日前后,共青团昆山县委在党委的统一领导下,在搞好秋收秋种的同时,组织大搞种植"十边"的群众运动。全县规划种植"十边"面积107 418亩,据9月23日到10月2日的统计,已种植2 394亩。

关于召开共青团苏州市第六次代表大会的通知
(苏州市档案馆藏)

《共青团活动快报》(创刊号)
(常熟市档案馆藏)

11月5日—8日,共青团苏州市第六次代表大会召开,与会正式代表498人,列席代表51人。会议内容为审议上届委员会的工作报告,讨论并确定之后团的工作任务。会议选举产生委员34人、常委6人，苏海明当选为书记，倪靖范当选为副书记。

12月25日，共青团苏州市委在全市工业、交电、基建、财贸战线上的青年中开展"双红两周献礼"活动。提出"今年红到底、明年开门红，迎接省团代、献计又革新，向党献大礼、十万件厚礼献给1960年，誓当双红突击手"的口号。

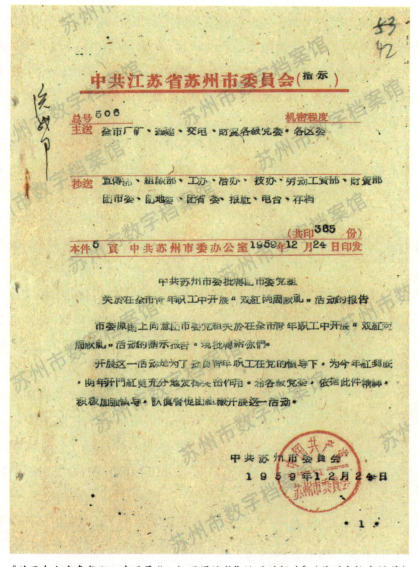

《关于在全市青年职工中开展"双红两周献礼"活动的报告》（苏州市档案馆藏）

1960

1月1日—4日,共青团苏州市委提出关于协助党在厂矿企业中对青年进行社会主义教育的意见。并于4日召开团区委、中层团委和重点厂矿的团委书记会议,进一步布置社会主义教育和整团工作。

24日—25日,共青团苏州市委召开市少先队辅导员代表会议。出席会议的有全市中小学辅导员代表500人、校外辅导员代表50人,其中党团员占55%。与会者听取了形势报告,教育局领导到会讲话,共青团苏州市委做了大跃进以来少先队工作报告。最后,共青团苏州市委做会议总结,提出1960年在全市少先队和儿童中要进一步加强共产主义教育,帮助少年儿童树立共产主义信念,做共产主义接班人。

2月,苏州市青年大搞技术革新、技术革命誓师大会召开。1 700余名团干部、技术革新积极分子和青年技术人员与会,全体代表发出《坚决当技术革命的促进派——全市青年技术革命誓师大会向党的保证书》。

1960年2月21日《新苏州报》载全市共青团员和青年集会誓师开展技术革命突击月的消息

3月,共青团苏州市委开始在全市初三以上的学生中广泛开展"做共产主义好学生"的教育活动。组织广大学生学习全国学代会的有关文件和著作,开展辩论,排除障碍,使广大学生树立为共产主义而奋斗的志向,坚定走又红又专的道路。

3月下旬—5月底,共青团苏州市委在全市中小学少先队组织中开展"做毛主席的好孩子"的教育活动(部分初中学校是"做毛主席的好学生"),掀起了两个活动高潮。第一个高潮是发动少年儿童向市文教群英大会献礼,第二个高潮是发动少年儿童以实际行动迎接六一国际儿童节。在整个教育活动中,还开展支农、科技、除四害讲卫生、绿化种植4项活动。

4月12日—14日,共青团苏州市委召开六届二次委员(扩大)会议。出席会议的有团市委委员、候补委员和各级团组织的书记共400余人。会议传达了共青团三届六中全会精神,总结了第一季度以来团的工作,讨论了第二季度的工作安排。

5月25日—6月7日,共青团苏州市委召开全市学校、文卫系统的团委(总支、支部)书记会议。会上宣读了《中共中央与国务院关于保证教师、学生身体健康和劳逸结合问题的指示》,帮助他们统一认识,要求各级团组织在党委统一领导下,贯彻边整边改的精神,做到"思想跟上、作风跟上",协助党全面安排思想、教学、劳动、生活各方面工作。从26日至月底,各基层均召开团员会议,进行动员。随后,共青团苏州市委学少部成员参加了市内检查团的工作,分别召开大专、完中(包括高中)、初中的团委书记座谈会,了解情况,共同研究团的工作方案。

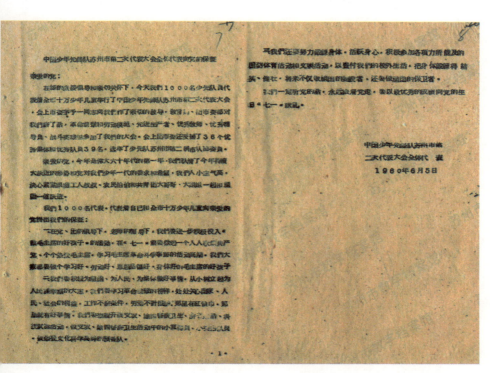

中国少年先锋队苏州市第二次代表大会全体代表向党的保证(苏州市档案馆藏)

6月5日,中国少年先锋队苏州市第二次代表大会召开。中共苏州市委常委、副市长茅於一,教育局、共青团苏州市委领导均到会讲话。全体代表发出向党保证书。共青团苏州市委表扬了36个优秀集体和39名优秀队员,选举产生了少先队苏州市第二届队部委员。

17日,共青团苏州地委发出《关于表扬优秀少先队员张阿和、在全区少年儿童中开展"向张阿和学习,做毛主席的好孩子"的教育活动的决定》。常熟县辛庄公社张港泾小学五年级学生、少先队员张阿和,为了维护公社集体利益,站稳立场,不惧恫吓,不怕牺牲,勇敢地与盗窃公社财产的反革命分子展开坚决斗争。共青团常熟县委决定授予张阿和"优秀少先队员"的光荣称号。

7月1日,共青团太仓县委结合改造落后队,对长期不活动的团组织进行整顿。各乡镇团委通过调查摸底、集中学习、团干部集训、健全组织、建立团员卡等形式,对团支部进行整顿,将个别混入团内的坏分子和蜕变分子清洗出团。基层团组织在发展新团员时,全面考察发展对象,同时注意接收20岁以下的女青年入团。

8月中旬,常熟虞山镇团委开始在全镇范围内开展优质高产增产节约运动和"巧姑娘""红旗突击手"活动。

9月10日—11日,共青团苏州地委在虞山镇召开开展"巧姑娘""红旗突击手"活动的现场会议。全区工业系统19名团干部参加会议。与会人员参观了元丰纱厂、新虞布厂和花边工场等单位。

22日—26日,共青团苏州地委召开农业中学工作现场促进会议。出席会议的有各团县(市)委学校工作干部7人、公社团委书记3人、农中团支书9人,会期两天半,采取边学习边促进、边看边议的方式。会议认为:必须进一步加强农中团的工作,紧紧依靠党的领导,以党的八届八中全会精神为纲,大抓政治思想教育,建立与健全团的组织,围绕教学、生产开展各种活动,关心青少年生活,积极因地制宜开展文体活动,丰富课余文化生活。

11月9日—15日,共青团苏州地委召开县委书记扩大会议。除各团县委书记出席之外,地、县整社试点公社团委书记及团地委经常联系的重点公社团委书记也参加会议。

1961

3月21日，中共苏州市委第一书记王人三在全市基层团干部会议上做了"继续跃进，大鼓干劲"的报告，并对团的工作做了指示。

下旬开始，共青团苏州市委在全市青年中广泛开展"认清形势、大鼓干劲、争五好"的教育活动。一个多月里，全市厂矿、农村和文教卫生各条战线上团的组织，在各级党委的领导下积极开展各种教育活动。全市有70%以上的团的基层组织参加了活动，有40 000名左右的青年受到了深刻的形势教育，"听党话，鼓干劲，争五好"成为广大青年的行动口号。

6月2日，共青团苏州市委召开第一、第二批开展整风运动的79个厂矿的团委书记会议，检查了团在整风运动中的情况。来自79个厂矿的9151名团员参加全市第一、第二批整风运动。

8月30日—31日，共青团苏州市委召开应届初、高中毕业班团干部、积极分子会议，300人出席。7位往届初、高中毕业生在会上发言，介绍参加生产劳动的情况。中共苏州市委宣传部部长李浩澧到会做了指示，市委教育卫生部副部长于湘琴根据讨论中暴露出来的问题做了报告，共青团苏州市委做了会议总结。

10月9日，苏州市青年联合会第五届委员会第一次全体会议在北局苏州市青年俱乐部召开。会议主要进行改组选举，适当增加委员名额，吸收一些代

苏州市青年联合会第五届委员会全体委员合影（苏州市档案馆藏）

表性较强的青年人,进一步扩大团结面,充分调动一切积极因素,巩固和发展青年统一战线。

20日—22日,共青团苏州地委召开团地委扩大会议。参加这次会议的有团地委委员,团县(市)委书记和经常负责部门工作的团县委部长或秘书,县属镇团委书记,以及每县一两个重点公社团委书记,共35人。

共青团苏州市委员会农村干部训练班第一期全体学员合影(苏州市档案馆藏)

1962

1月13日—17日,共青团苏州市第七次代表大会召开。495名代表参会,42名团干部和优秀团员列席会议。共青团苏州市委书记苏海明代表共青团苏州市第六届委员会做了《动员全市团员、青年继续高举三面红旗,鼓足干劲,为夺取1962年各项工作的更大胜利而奋斗》的工作报告。会上34名代表做了发言,表扬了198名先进青年和25个先进集体。共青团苏州市第七届委员会选举产生委员36人、候补委员8人。苏海明当选为书记,倪靖范、李蕴当选为副书记。

4月26日,共青团苏州市委举行全市团干部的五四报告会。会上做关于五四运动历史意义和发扬五四革命传统的报告。

26日—29日,共青团苏州市委召开团的七届二次委员(扩大)会议。出席会议的有团市委委员、候补委员,各区、公社团委书记,以及部分厂矿团委(总支)书记,共122人。这次会议着重讨论了团在精兵简政中的工作,主要要

共青团苏州市第七届委员会全体委员合影　　共青团苏州市第七次代表大会证件
（苏州市档案馆藏）　　　　　　　　　（苏州市档案馆藏）

求是统一到会干部的认识,明确团的工作要求和做法。会议期间,中共苏州市委常委郭海到会对团的工作做了重要指示。共青团苏州市委在新苏丝织厂进行试点,摸索和总结经验,并深入问题较多的基层帮助开展工作。

5月1日起,共青团苏州市委在青年俱乐部举办五四运动以来中国青年运动图片展览。

6月5日,根据中共江苏省委和江苏省人委〔苏发113号〕通知,苏州专区所辖苏州市改为省辖市,由省委、省人委直接领导。根据团中央关于转移团员组织关系的补充规定,苏州市所属的团区委可与全国县以上各级团委互转团员组织关系。

中旬,共青团苏州市委召开了调整学校团的干部会议,布置了团的工作。

会后，共青团苏州市委确定专人对调整学校进行巡回检查，检查结果显示，大部分团的组织都开展了活动。

23日—24日，全市团员、青年普遍听取基层党委关于战备动员的宣传报告，并进行讨论座谈。基层团组织还为团员、青年上团课，邀请老工人、老干部、政治教师进行回忆，揭露国民党政府的腐败，并开展"红岩"故事会等进行辅助教育。

7月28日，共青团苏州市委召开全市应届初、高中毕业生团员大会。出席会议的有600多名应届毕业生团员和200多名非团员青年积极分子，以及往届的中学毕业生。共青团苏州市委书记苏海明做了报告，指出团员肩负的责任是继承和发扬优良的革命传统，做好劳动、升学和自学等多种准备。

8月21日，共青团苏州市委召开各城区、财贸、交通团委书记座谈会，就"党对团的领导，团的系统领导，以及团干部的思想情况"等问题进行座谈。

25日，共青团苏州市委举行第四次全体委员会议。会议主要议程是：总结1962年以来团的工作，讨论确定之后团的任务；表扬和奖励一批1962年以来各条战线上的优秀团员、青年和团支部、团小组（包括青年先进集体）。会议要求全市团员团结广大青年立即行动起来，在各自的工作岗位上用出色的成绩迎接市团代会和共青团江苏省第五次代表大会的召开。

9月18日—26日，根据共青团江苏省委四届三次委员（扩大）会议的精神，共青团苏州市委召开七届四次（扩大）会议。参加会议的有团市委委员，候补委员，各中层团委、基层团委（总支）的干部，共200多人。会上传达和学习了党中央、团省委和中共苏州市委对共青团工作的指示，贯彻团中央三届七中全会和团省委四届三次委员（扩大）会议的精神，听取和学习中共苏州市委副书记李执中所做的报告，并着重讨论团的组织建设和思想建设问题。

10月13日，中国少年先锋队苏州市第三次代表大会召开。1 200名少先队员参加会议。会上苏州市副市长施建农、共青团苏州市委副书记倪靖范分别发表讲话，6个队部的代表发言。会议选举产生少先队苏州市第三届队部委员。

中旬，根据共青团江苏省委和中共苏州市委的指示，共青团苏州市委在第一丝厂对加强青年阶级教育进行了试点工作。通过教育，不少团员、青年认清了当前大好形势，提高了阶级觉悟，提高了对什么是阶级与阶级斗争的基本认识。

11月初，共青团苏州地委扩大会议研究办好支部的4项标准。常熟县白茆公社团委结合本社团支部的具体情况贯彻落实标准，制订办好支部的计划并组织行动。

19日—20日，共青团苏州市委在工人文化宫召开全市团员代表会议。参加这次会议的代表有499人，159名团干部列席会议。会议听取和讨论了共青团苏州市委书记苏海明做的工作报告，讨论和决定了当年冬第二年春全市共青团的工作任务，表扬了凌丽娟等38名青年先进人物和共青团苏州望亭发电厂电气分厂支部等12个先进集体，选举了出席共青团江苏省第五次代表大会的代表14人和候补代表3人。

12月5日，昆山县召开第五届团代会。主要议题为讨论当前农村中存在的问题，坚定走农业集体化道路。

1963

1月2日—11日，共青团苏州地委组织部组织吴县、吴江、太仓、昆山4个县的组织部部长到吴县的洞庭、渡村公社，吴江县的震泽、梅堰公社检查前几个月的支部工作情况。

12日，苏州市教育局和共青团苏州市委就加强少先队工作有关问题联合发出通知。提出学校和少先队应该互相配合、密切合作，建设一支优秀少先队辅导员队伍，学习和试行《中国少年先锋队工作条例（试行草案）》等，加强各学校的少先队工作。

2月2日—8日，共青团苏州地委召开学校共青团、少先队工作会议。会议内容是贯彻共青团江苏省委学校少先队工作会议精神，重点研究学校青少年的阶级教育问题、团队组织建设问题；协助党全面贯彻教育方针，促进学生德、智、体全面发展。包括团县委负责人和学校少先队辅导员在内的94人出席会议。

中旬，共青团苏州市委召开全市少先队大队辅导员会议。会议旨在提高少先队大队辅导员对学习雷锋、开展教育活动的思想认识，并研究如何按照儿童特点和从儿童的理解水平出发开展宣传教育的问题。

22日，苏州市工矿企业青年生产活动分子大会召开。与会青年表示立即行动起来，鼓足干劲、增加生产、厉行节约，努力完成和超额完成国家计划。大会发出《给全市工业、交通、基本建设、财贸战线上全体青年职工的一封信》。

2月28日—3月5日，共青团苏州市委与教育局联合召开社会青年活动分子会议。与会社会青年432人。会议期间，苏州市副市长施建农做了关于"形势、前途"问题的报告，副市长陈晖做了关于"总方针"问题的报告，共青团苏州市委副书记李蕴做了工作报告，并提出在全市社会青年中进一步开展"五好"青年活动的意见。

下旬，常熟县董浜公社共青团组织在全社青少年中开展了"向雷锋同志学习"的教育活动，有效提高了青少年的无产阶级思想觉悟，推动了生产、工作和学习。

3月1日—2日，共青团吴江县委召开公社（镇）团委书记会议，共22人出席。会议从检查各地团委在社会主义教育运动期间团的活动安排和团县委对湖滨公社的情况介绍入手，经讨论，提高与会同志对青年阶级教育重要性、迫切性的认识，主要研究团的组织如何协助党在全民中开展社会主义教育运动，如何集中、系统地对青年进行一次阶级教育等问题。

15日，苏州地区积极响应毛主席"向雷锋同志学习"的号召，在全区开展"向雷锋同志学习"和争当"五好"青年的活动。共青团苏州地委学校和少先队工作部组织部分学校团、队干部赴无锡参加雷锋生前战友关于雷锋生平事迹的报告会，交流开展学习雷锋活动的经验。共青团苏州地委学校和少先队工作部先后到太仓、常熟、沙洲、吴江等县和基层做具体检查，总结推广开展活动的经验。

3月21日—4月5日，共青团苏州市委召开中小学学生思想政治工作会议。中学各校分管学生思想教育的校长、教导主任、团委书记、班主任、政治教师、少先队大队辅导员及小学各校校长、教导主任、少先队大队辅导员、班主任、幼儿园主任共1 200余人出席会议。中共苏州市委宣传部副部长李浩澧做了报告,共青团苏州市委和教育局对学生思想政治工作做了布置。会上交流了学校、班级和团、队思想政治工作的经验。

24日,苏州市少先队积极分子大会召开。800名少先队员参加会议。会上,共青团苏州市委书记苏海明做了讲话。共青团苏州市委表扬了54个少先队先进集体。8个队部的代表发言。

3月26日—5月25日,共青团苏州市委、市总工会、市人民武装部、市文化局联合举办雷锋烈士事迹展览会,739家单位118 663人次参观展览。

本月,共青团太仓县委响应毛泽东"向雷锋同志学习"的号召,在全县开展"向雷锋同志学习"和争当"五好"青年的活动。通过说(评弹)、讲(报告、故事、团课)、看(电影、图片)、写(专栏、心得)、演(沪剧)等形式的广泛宣传,雷锋事迹家喻户晓,雷锋精神深入人心。

5月4日上午,苏州市各界青年近千人在新艺剧院集会,隆重纪念五四青年节14周年。共青团苏州市委副书记陈瑞林在会上做了报告。工人代表李绍章、下乡知青代表包仁祖、学生代表谢励中及市青年联合会副主席张荣骏分别讲话。会后,青年们观看了文娱节目。

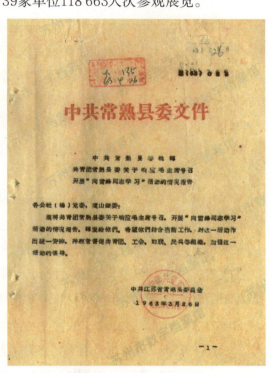

共青团常熟县委关于响应毛主席号召开展"向雷锋同志学习"活动的情况报告(苏州市档案馆藏)

6月1日,全市4 000名少先队员和1 300余名小学生运动员在人民体育场举行庆祝六一儿童节少先队组织检阅和小学生运动大会等活动。中共苏州市委书记王人三,市委常委、副市长茅於一,市政协、教育局、共青团苏州市委等单位的负责人,以及各界人士和战斗英雄、先进生产者、优秀辅导员出席大会。茅於一做了报告,教育局副局长于湘琴、共青团苏州市委副书记陈瑞林讲话。20多所中学近1 600名少先队员在大公园举行大队日活动,并进行文娱会演。

7月16日—23日,共青团苏州地委举办全区完中、初中、民办中学团委(总支、支部)书记和各团县委学少部部长训练班,共195人参加。训练班分两个阶段进行:第一阶段集中进行阶级教育,先由地委书记王敬先做形势、阶级和阶级斗争的报告,接着从领导到学员自觉"人人洗温水澡",解决自我改造、自我革命的问题;第二阶段共青团苏州地委做下学期学校团工作报告,交流各地的经验。

24日—27日,中学毕业生代表会议召开。参加会议的代表有570人,其中团员有262人,13位家长列席会议。副市长茅於一向全体代表做有关形势和任务的报告,中共苏州市委宣传部副部长李浩澧到会做总结。会议期间,老红军、老工人和农业劳动模范对全体代表进行革命传统教育、阶级教育。来自农村的知识青年介绍他们战斗在农业第一线的情况。会议最后通过了《给全市中学毕业生和下乡知识青年的两封信》。

8月7日—9日,苏州市青年联合会常委(扩大)会议召开。会议传达了全国、省青年联合会常委(扩大)会议精神。这次会议着重动员各界青年积极投入增产节约运动和接受社会主义教育;使他们认清阶级斗争的形势,加强自我改造;强调科技工作的重要性,调动科技青年积极地为实现四个现代化而贡献力量。中共苏州市委统战部副部长马崇儒到会做指示,会议最后由苏海明做小结。

8日—15日,苏州市教育局、共青团苏州市委举办1963年度少先队辅导员夏令营。参加对象为全市中小学的少先队大队辅导员和部分中队辅导员,共172人。

10日,在雷锋同志牺牲周年前夕,苏州市少年儿童举行"向'雷锋班'叔叔汇报"的活动。他们把一本记载着苏州市少年儿童学习雷锋同志的情况、收获、决心的大册子,送给"雷锋班"的战士们,向他们汇报一年来的成绩。

9月5日—6日,共青团苏州市委召开各区、中层团委和工交、财贸、郊区人民公社、大专学校基层团委(总支)书记及专职干部会议,参会人员92人。会议结合苏州市当时的组织状况,全面传达团中央书记路金栋在全国农村、厂矿团的基层工作会议上的报告精神。

10月7日—11日，共青团苏州地委召开团地委扩大会议。出席会议的有团地委委员、团县委书记、各县社会主义教育运动试点公社团委书记、县属镇团委书记，共22人。会议的重点是检查、总结试点公社团的工作。

10日—17日，共青团苏州市第八次代表大会召开。与会代表450人，另有71名团的干部和优秀团员列席会议，276名基层团支部书记旁听。大会选举产生共青团苏州市第八届委员会委员36人。苏海明当选为书记，李蕴、陈瑞林当选为副书记。中共苏州市委副书记刘裕嘉出席开幕式，并代表市委向大会做重要指示。会议听取并通过了苏海明代表共青团苏州市第七届委员会所做的《高举毛泽东思想红旗，为培养青年一代成为共产主义事业接班人而斗争》的工作报告。28名代表做了大会发言，交流了工作经验。大会表扬了11名优秀团干部，104名优秀团员、先进青年和39个先进集体。

28日，共青团苏州市委邀请本市部分工厂、公社、医院、机关、剧团的部分青年座谈，主要宣传适当推迟结婚年龄的意义。

11月11日—15日，团中央在苏州召开四省六市团委动员知识青年上山下乡座谈会。会上介绍各地上山下乡情况并交流经验。团中央书记路金栋做总结发言，动员知识青年上山下乡。

欢送苏州市平江区知识青年上山下乡参加农业生产（苏州市档案馆藏）

15日，共青团苏州市委召开团委（总支、支部）书记会议。会上布置团在三级干部中的工作，试点单位东吴丝织厂团委介绍做法。

20日，共青团苏州地委和共青团苏州市委向团中央书记路金栋汇报在社会主义教育和"五反"运动中团的工作情况，路金栋就上述工作做了指示。

28日—30日，共青团苏州市委分片召开会议。会上对团的工作做检查，并交流在"学、揭、诉"中团的工作情况，同时强调团要协助党，在三级干部会议中，认真组织团员、青年开展访老问苦活动。

12月8日，共青团苏州市委在"一二·九运动"28周年前夕举行报告会。青年工人、学生和社会青年的代表近300人参加。与会青年、团员聆听共青团苏州市委副书记李蕴做的关于"一二·九运动"革命历史的报告、革命前辈李斌讲述的革命故事，观赏青年俱乐部青年业余话剧队演出的《年青的一代》等文娱节目。

9日—11日，共青团江苏省委在南京召开南京、无锡、苏州三市团委统战工作座谈会。团中央办公厅副主任刘鉴农参加会议，听取工作汇报，就科技青年工作等团内统战工作的重点问题做指示。

1964

2月24日，共青团苏州市委全体干部听取中共苏州市委副书记李执中的报告，初步树立"面向生产，面向基层，面向群众"的观点，促进机关革命化。

5月4日，苏州市各界青年近千人在新艺剧院集会，隆重纪念五四运动45周年。中共苏州市委常委、副市长茅於一到会并做讲话。市先进生产者、苏州造船厂青年工人李绍章，市下乡知识青年、市林业试验站饲养员张泉根，苏州中学三好学生沈伯伟先后在会上发言。会后，与会人员观赏文娱节目。

14日—17日,共青团苏州市委召开共青团苏州市八届三次委员(扩大)会议。参加会议的有共青团苏州市委委员、候补委员、城区(中层)团委专职干部和部分基层团委(总支、支部)书记,共63人。

本月,共青团苏州市委发出《关于开展学习毛主席著作活动的意见》(简称《意见》)。《意见》中提出学习毛泽东著作的内容、要求及方法。共青团苏州市委还组织培训500名学习毛泽东著作的骨干,这些骨干到基层循环交流学习心得;基层团组织因势利导把青年组织起来,建立学习毛泽东著作小组,开展学习活动,全市掀起一个学习毛泽东著作的高潮。

6月,共青团苏州市委举办"在革命化道路上奋勇前进"展览会,重点介绍李绍章等雷锋式苏州青年的先进事迹,通过对身边榜样的宣传,促进全市学习雷锋活动的深入开展。

7月20日—28日,共青团苏州地委召开学校、城镇团干部会议。团县委干部、完全中学和县属镇团委书记、县"少年之家"和部分小学团干部共126人出席会议。会议听取关于中国共产主义青年团第九次全国代表大会精神的传达报告。

22日—26日,苏州市中学生代表会议召开。出席会议的学生代表有660人,家长代表有13人,会议历时5天。中共苏州市委副书记焦康寿做重要指示,副市长茅於一做有关形势和任务的报告。最后,中共苏州市委宣传部部长李浩澧做会议总结。

11月11日—26日、12月6日—19日,共青团苏州市委对城市工业、交通运输、财贸、农村基层团的干部分两期进行为期16天、14天的培训。209人参加学习,其中,来自城市的有142人,来自农村的有67人。这两期的培训本着提高团干部的思想觉悟和业务水平的目的而举办。通过培训,团干部认清了国内外阶级斗争的形势,提高了阶级觉悟,增强了对共青团工作战略意义的认识,提高了做好共青团工作的积极性和主动性。

1965

3月29日—4月19日，共青团苏州市委举行会议，认真学习党中央和毛泽东关于进一步把全国青少年组织起来、把基层群众工作活跃起来的指示，并做出两个决议，即关于少年儿童工作的决议和关于生产高潮中团的工作的决议。

4月中旬，为做好支农、支边工作，共青团苏州市委举办街道青年骨干训练班。480人参加训练班学习。

6月21日—23日，共青团苏州市委召开八届五次委员（扩大）会议。各城（郊）区、局团委全体专职干部参加。会议传达团中央九届二中全会和共青团江苏省委五届三次委员（扩大）会议精神，讨论共青团苏州市委上半年的工作情况和下半年的工作打算。

本月，王德麟任共青团苏州市委书记。

7月18日，共青团苏州市委召开学习毛主席著作积极分子、优秀团员、"五好"工人、"五好"社员座谈会。

8月11日—17日，共青团苏州市委召开全市基层团干部会议。出席会议的有共青团苏州市委委员、候补委员，工交、财贸、文化卫生等系统及各机关团委干部近700人。会议认真学习党中央、毛泽东对青年工作的指示，听取中共苏州市委书记柳林关于形势与任务的报告，传达团中央九届二中全会、共青团江苏省委五届三次委员（扩大）会议精神。会上，苏州仪器厂团委、苏州益民化工厂团支部介绍他们高举毛泽东思想伟大旗帜、发扬革命精神、做好青年工作的经验。

18日—27日，共青团苏州地委在东山举办学校共青团和少先队工作讲习会。会议学习党中央、江苏省委关于青年工作的指示，传达和学习共青团江苏省委五届三次委员（扩大）会议、江苏省学代会和地委的指示精神，总结检查以往工作，交流经验，落实日后任务。

20日—21日，共青团苏州市委召开各城区、郊区（中层）团委书记会议。会议传达并贯彻党中央近期对团工作的指示和团中央社教工作会议的精神，以及团省委和地、市委书记会议精神，结合本市情况研究年内团的工作。

25日—27日,苏州市学生联合会第五次代表大会召开。与会代表包括300多名学生代表和500多名学生团干部。会议听取中共苏州市委宣传部副部长张泽明的《当前形势与任务》的报告,选举产生市学生联合会领导机构,共青团苏州市委书记王德麟做了总结。大会组织苏州中学、江苏师范学院附中、苏州市第二中学、苏州市第三中学、苏州市第八中学团分支进行工作经验介绍,明确下学期学校共青团工作的方向。大会推选江苏师范学院、苏州医学院、苏州纺织工业学院、苏州桑蚕专科学校、苏州建筑工程学校、苏州农业学校、苏州市技工学校、苏州市工艺美术学校、苏州市长青农中、江苏省苏州高级中学、苏州市第一中学等17所学校为苏州市学生联合会第五届委员单位,张清为苏州市学生联合会主席。

江苏师范学院附中高三学生在校园(苏州市档案馆藏)

10月4日—9日,共青团苏州市委和团郊区工委召开农村基层团干部会议。出席本次会议的农村公社、大队、企事业和直属单位的团委、总支、支部正副书记有128人。会议听取共青团苏州市委书记王德麟关于党中央、省委、市委近期对青年工作的指示和团中央九届二中全会精神的报告。

21日—24日，苏州市青年联合会第六届委员会第一次全体会议召开。会议听取中共苏州市委副书记吴迪人做的《当前形势和任务》的报告，传达并学习全国青年联合会四届二次会议与省青年联合会四届委员会相关会议的精神等，并邀请市科委负责人做了《我国科技形势和任务》的报告。会上7位委员交流心得，5位委员做书面发言。会议选举产生6名正、副主席和37名常务委员，共青团苏州市委书记王德麟做总结发言。

苏州市团干部训练班1965年第一期全体学员合影
（苏州市档案馆藏）

苏州市青年联合会第六届委员会第一次全体会议合
（苏州市档案馆藏）

12月4日，共青团江苏省委邀请王杰生前所在部队的战友来苏做报告，当月共举行9场报告会。苏州地委，太仓、昆山社教工作团党委等有关部门组织32 800人听报告，地、县、公社专职团干部全部参加，还组织8场录音，印发报告记录稿20 000份。

本年，苏州知识青年千余人远赴新疆和田，开创了苏州成批知识青年支边的先例。

1966

2月,共青团苏州市委在文艺、科技、医务、小学教育、街道知识青年中组织12场专场报告会。共有5 200人参加。

3月10日—16日,共青团苏州市第九次代表大会在工人文化宫召开。正式代表500人、列席代表150人、各基层团干部400人与会。中共苏州市委书记柳林、副书记丁平做指示。共青团苏州市委副书记王士诚做《更高地举起毛泽东思想伟大红旗,突出政治,为促进全市青年革命化而奋斗》的工作报告。大会总结两年多来全市团的工作,确定今后任务;表彰"四好"团支部16个、先进集体60个、优秀团员和先进青年232人,树立李绍章、侯志高、杨金荣等先进典型。会议选举产生共青团苏州市第九届委员会委员46人、候补委员16人。王德麟当选为书记,王士诚当选为副书记。

《光荣谱》(1966年3月16日)
(苏州市档案馆藏)

3月13日—16日,共青团苏州市委邀请无锡市某工厂团支部书记强珊度来苏做先进事迹的介绍。

6月1日,苏州市举行六一国际儿童节庆祝大会。千余名少先队员和辅导员参加。共青团苏州市委和教育局表彰一批少先队辅导员、优秀少先队员和先进队集体。

1967

3月30日,共青团苏州市委机关进行民主选举,产生"三结合"的临时领导机构。

4月1日,共青团苏州市委临时领导机构召开第一次会议,组成常委会。经研究,机构名称拟定为共青团苏州市革命委员会(简称"革委会")。随后不久,全市各级团组织停止活动。

1968

10月16日—18日,苏州市大中院校"红卫兵"代表大会召开。会上组建市"红卫兵"代表大会常设委员会。

1969

8月5日,苏州市革委会政工组响应中央两报一刊七一社论关于"整团的工作,要着手进行"的指示,开始启动整团工作。苏州市轻工局、市供销社、人纺中学等单位开始整团工作,恢复组织生活,建立新的共青团支部。

12月9日,苏州专区机关第二批整党领导小组经研究,同意专区机关恢复共青团组织。11日,专区机关成立共青团支部,由言文华等5人为支部委员,言文华为书记,黄俊度为副书记。

1970

7月,中共中央发出整团建团的指示,太仓各级团组织逐步恢复,吴江团组织着手整团建团。

21日—24日,苏州市革委会党的核心小组召开整党建党工作会。会上总结交流整党建党工作经验,并研究部署整团建团工作。

10月中旬,苏州专区革委会召开全区整团建团工作会议,要求各地认真总结经验,把团组织整顿好、组建好。整顿工作已经结束的地方,恢复团的组织生活,建立一个好的领导班子,搞好"吐故纳新",带领全体团员实现思想革命化和科学化。

1971

11月11日,鉴于经过整团建团大部分基层团委已经建立,江苏省革委会政工组要求由批准建团单位负责按省颁发式样,刻印基层团委(总支)印章。

本年,据苏州市革委会上报《整团建团情况统计表》,截至当年12月31日,苏州市团支部整顿情况,应建团1 175个,实际建团1 118个,正在整顿57个;基层团委应建39个,已建32个;全市有15至25周岁青年83 534人,其中团员12 680人。

1972

11月4日,苏州专区革委会政工组召开地区共青团工作会议。会上总结交流团的工作经验,部署日后团的工作,要求进一步做好"吐故纳新"工作,狠抓团的组织建设,积极开展符合青年特点的独立活动,要求每个县至少配备3名专职团干部。

12月,共青团吴江县第七次代表大会召开。会上恢复建立共青团吴江县委。

1973

2月,共青团太仓县第八次代表大会召开。会上选举产生新一届共青团太仓县委。

3月11日,共青团昆山县第七次代表大会召开。会上选举产生新一届共青团昆山县委。

20日—23日,共青团苏州市第十次代表大会召开,正式代表600人、列席代表100人。全体到会代表认真学习毛泽东关于青年工作的一系列指示,讨论通过《为培养和造就无产阶级革命事业接班人而斗争》的工作报告,一致通过《向雷锋同志学习,做无产阶级革命事业接班人》的决定。会议选举产生共青团苏州市第十届委员会委员57人、常委8人。会议还选举产生出席共青团江苏省第六次代表大会的25名代表。共青团苏州市委下设办公室、组织部、宣传部、青年工作部、学校少年工作部。

4月—6月,苏州蚕桑专科学校、江苏师范学院、苏州医学院先后建立团组织。

7月16日—25日、8月2日—11日,共青团苏州市委举办两期团干部训练班。训练班上,学员们以党的基本路线为纲,认真学习马列著作和毛泽东著作,学习《红旗》杂志上的文章等,开展革命大批判,进一步提高搞好团工作的认识,交流团工作经验,提升自身的政治水平和业务能力。

12月8日—17日,苏州地区共青团筹备小组召开全区共青团工作经验交流会议。会议总结1973年的工作,部署当年冬来年春的工作任务。

1974

5月下旬,共青团苏州市委召开苏州市"红小兵"工作积极分子、先进集体代表大会。

6月1日,苏州广大"红小兵"和少年儿童在各级团组织的关怀下欢庆六一节。各区评选和表扬一批优秀的"红小兵"和"红小兵"辅导员。

8月6日—10日,共青团苏州市委召开十届六次全委(扩大)会议,着重对加强团干部革命化建设问题进行讨论。

12月4日—7日,共青团苏州市委召开十届七次全委(扩大)会议。会议主要学习中央有关文件,传达中共苏州市委召开的区局干部会议精神,认清形势,统一认识,并部署当年冬来年春团的工作。

1975

3月4日,苏州地区贫协筹备小组、妇女工作小组、共青团工作小组联合发出《关于召开县、社、贫协、妇联、共青团干部学习交流会的通知》。会议主要学习马克思主义关于无产阶级专政的理论、毛泽东关于理论问题的重要指示,以及《人民日报》和《红旗》杂志上的相关文章。

6月23日起,为了帮助广大团员、青年更好地学习毛泽东关于理论问题的指示,进一步培养青年理论骨干队伍,共青团苏州市委宣传部在市青年宫小剧场举办政治经济学讲座。

6月28日—7月16日，苏州地区共青团工作小组和地区教育局委托地区师范学校联合举办一期全区完全中学共青团干部理论学习班。参加学习的有124所完全中学的团总支（团支部）主要负责人、各团县委学少工作负责人，共131人。

7月1日晚上，庆祝七一党生日的专题音乐会举办。苏州市青年宫革命歌曲学习班学员向苏州市团员、青年做汇报演出。

9日，共青团苏州市委、市总工会、市妇联在苏州仪表元件厂联合召开各条战线关心青少年暑期活动的现场交流会。300余名"红小兵"辅导员、工农兵校外辅导员出席会议。

12日，共青团苏州市委于东风区干将学区召开"学理论、学冬子、争做党的好孩子"专题交流会。200余名"红小兵"辅导员和"红小兵"代表参加会议，观摩干将小学"红小兵"的宣讲会、社会调查汇报、文娱宣传、小小班学习等现场活动。各区、农业局还交流典型经验。

本月，苏州地委召开青少年教育工作经验交流会议。各级团组织积极配合党组织进行的反腐蚀斗争、收缴黄色书、打击教唆犯、教育青少年的活动从城镇到农村广泛开展。

10月11日—15日，共青团苏州地区工作处在无锡召开全区加强基层团组织建设经验交流会议。各团县委书记，部分基层团委、团支部书记和地区直属单位团委的负责人共54人出席会议。

11月20日—22日，共青团苏州市委团干部训练班全体成员学习中央领导同志，以及《红旗》杂志、《人民日报》等关于"农业学大寨"的重要讲话和文章。

12月19日，共青团苏州市委在市农林局种子场举办共青团苏州市委第九期团干部训练班。参加这次训练班的有部分区、局、直属单位的专职团干部和基层支部的正、副书记共114

团员参加"农业学大寨"活动（苏州市档案馆藏）

人，大多数是参加团工作不久的新手，其中女同志60人，占一半以上，平均年龄22岁。

本月，共青团苏州市委分3次召开苏州市青年工人技术革新现场交流会。参加交流会的有基层团干部、团员、青年和技术革新能手共700多人。共青团苏州市委负责人做发言，先进组织和青年在会上介绍经验，与会人员还分别参观苏州电机厂团总支等9家单位的革新项目。会议要求各级团组织端正思想政治路线，把组织团员、青年大搞技术革新放到团工作的议事日程上，切实抓紧抓好。

1976

1月7日，共青团苏州市委举办第一期团干部训练班。各区局、机关、厂矿、学校的团干部和"红小兵"辅导员分8期参加培训。

5月4日，共青团苏州市委在东方红剧院召开苏州市纪念五四运动57周年大会。市工、农、妇等群众组织的负责人出席大会。会后，与会人员观看电影《年青的一代》。全市电影院为团员和青年免费开放一天。

8日—13日，苏州地区共青团工作小组召开苏州地区第一次青年理论讨论会。参加这次讨论会的有各县（地）直属公司、两所大学、机关团委的团干部，以及部分工厂、农村、学校的团干部和理论骨干共62人。

1977

1月28日，共青团苏州市委发出《关于一九七七年红小兵寒假工作意见》。意见要求全市"红小兵"组织坚持党的基本路线，投入揭批"四人帮"

的斗争中，引导广大"红小兵"学习马列、毛泽东著作。

3月5日，共青团苏州市委召开由全体基层团干部出席的纪念毛泽东题词"向雷锋同志学习"发表14周年大会。会上号召全市团员、青年投入学雷锋运动。

19日，苏州市召开中小学"向雷锋同志学习"誓师大会。会上号召广大青少年积极开展"向雷锋同志学习"的活动。全市各级团组织在团员、青年中深入开展"向雷锋同志学习"的活动，运用各种宣传工具大讲学雷锋的重大意义，大批"四人帮"破坏学雷锋的罪行，掀起"向雷锋同志学习"的新高潮。

6月29日，共青团苏州市委十届十次全委（扩大）会议在市青年宫召开。出席会议的有团市委委员，各区、局直属单位团委和团工作小组负责人131人。会议主题是联系青年工作实践，揭批"四人帮"在苏州的罪行。

7月9日，共青团苏州市委在东方红剧院召开全市基层团干部大会。会议由共青团苏州市委常委朱玲玲主持，中共苏州市委组织部副部长、会议领导小组组长叶颂民做重要报告。

9月23日，共青团苏州市委临时小组成立，由叶颂民、张怀民、汪梅英、李宝洋、卞剑萍5人组成。叶颂民、张怀民任临时小组正、副组长。

10月7日—12日，苏州地区共青团工作小组召开全区青少年教育工作会议。各团县委负责人、各地直属单位团委负责人、各县属镇团委书记及先进单位代表参会。与会人员学习贯彻党的十一大精神，揭批"四人帮"破坏青少年教育工作的罪行。

1978

1月5日—8日，苏州地区共青团工作小组在常熟召开全区青少年教育工作会议。出席会议的有各团县委书记、地直单位团委书记、各县属镇团委书记和公社团委的代表共47人。会议的主要任务是进一步贯彻落实党的十一大路线，深入批判"四人帮"破坏青少年教育工作的罪行，提高思想认识，明确之后的任务。

春节前后，共青团苏州市委对全市共青团组织现状进行一次全面的调查，历时10天，重点调查纺工、燃化两个局和9个基层单位。在此期间召开3个座谈会，34个区、局直属单位专职团干部分别参加座谈会。

3月下旬，共青团苏州市委内设机构进行调整，恢复"四部一室"的正常工作。

4月21日，学习中华人民共和国第五届全国人大文件团干部训练班在民治路招待所举办。各区、局直属单位100余名专职团干部和部分基层单位团干部参加。中共苏州市委组织部副部长叶颂民主持团干部训练班动员大会。

5月4日，共青团苏州市委在全市"发扬五四传统，学习雷锋精神，为实现新时期总任务而奋斗"的大会上，要求全市团员、青年认真学习、深刻领会上级文件精神实质，要求各级团组织结合纪念五四运动59周年，利用各种形式宣传中共中央文件。

26日，为了推动全市共青团工作，进一步把团整顿好、建设好，中共苏州市委组织部在林业机械厂召开整团现场会。各区直属单位党组织分管青年工作的负责人、专职团干部，以及9个整团单位的党、团干部参加会议。

8月5日，全市各基层单位以上团组织负责人等1 600余人参加共青团苏州市委召开的大会，听取共青团江苏省第七次代表大会传达的精神，中共苏州市委副书记费铭钊、市委常委周治华到会并做重要讲话。5日—7日，共青团苏州市委全委（扩大）会议召开。会议着重学习中共江苏省委书记和共青团江苏省委书记的讲话与工作报告。

9月26日—29日，苏州地区共青团工作小组在沙洲召开全区共青团工作现场会议。参加会议的有各团县委、团工作先进单位及地直属各单位团委负责人共27人。

10月15日，共青团苏州市委召开全市少先队辅导员和少先队干部大会。

16日—26日，中国共产主义青年团第十次全国代表大会在北京召开。选举中央委员201人、候补中央委员99人，组成共青团第十届中央委员会。27日，举行共青团十届一中全会，韩英当选为书记处第一书记，胡启立、王敏生、胡德华、刘维明、周鹏程、高占祥、李海峰当选为书记，常务委员25人。朱佩霞、仲永钦等出席会议。

本月，苏州各级团组织组织学习共青团十届一中全会修改通过的新的《中国少年先锋队队章》，并根据大会决议，撤销"红小兵"组织，恢复中国少年先锋队组织，少先队活动开始正常开展。各级团组织加强整顿，严格团的组织纪律，建立和健全各项规章制度，积极慎重地做好新团员的发展工作，注意培养先进典型，把优秀团员推荐、提拔到团的各级领导岗位上来，充实壮大团的队伍，增强团的战斗力。

11月11日，共青团苏州市委召开全市基层团干部大会。1600多名基层团干部参加会议。共青团苏州市委书记朱佩霞传达中国共产主义青年团第十次全国代表大会精神，苏州刺绣厂团总支书记仲永钦汇报体会。

本月，朱佩霞任共青团苏州市委书记。

本年，各级团组织健全"三会一课"的学习制度，注意把经常性的教育和突出重点专题的教育密切结合起来，深入进行革命传统教育、革命理想教育、艰苦奋斗教育，提高团员、青年共产主义道德品质和自身修养。各团县委制定共产主义道德品质行动规范，举办市镇团干部训练班，开展"学雷锋、树新风"活动，结合颁发团徽，进行重温入团宣誓活动；根据党的中心，围绕三大教育，组织编写四讲团课教材，组织宣讲队到公社、大队巡回宣讲。

本年，各级团组织号召广大团员、青年攻关争先，充分发挥青年突击队的作用；开展争当新长征突击手（队）的活动，在"四化"建设中努力发挥青年的生力军作用；组织团员、青年学习大庆人"三老四严"的作风，引导团员、青年热爱本职工作，钻研生产业务，改善服务态度，提高"基本功"。各地团委还组织开展争创红旗青年突击队、争当红旗青年突击手、争红旗、摆擂台等多种形式的活动，开展"比学赶帮超"的社会主义劳动竞赛。各地有109887名青年参加青年突击队，组成青年突击队1142个。

1979

1月17日，共青团苏州市委举行苏州市青年新长征突击手（队）命名大会。第四地质队四〇三钻机组团支部、绣品厂团支部、油毡厂业余青年技术革新小组被命名为新长征突击队，仲永钦、丁子林、皇甫玲玲、袁翠英、杨振国、丁文军、周剑青被命名为新长征突击手。

2月1日—7日，共青团苏州市委在苏州市第一中学举办两期新改选的基层团支部书记培训班。200多名基层团支部书记参加培训。

3月8日，共青团太仓县委、县文教局的《关于当前扫盲、业余教育的情况报告》显示，全县复课的大队96个，其中恢复扫盲班32个，有学员989人；开办的业余学校共有112个班，有学员3 999人。归庄公社16个大队在1978年基本扫除青少年、基层干部中文盲的基础上，开办业余学校21个班，有学员1 293人；璜泾公社有14个大队开办扫盲班6个，有学员96人，开办业余学校15个班，有学员452人。至国庆节前，全县基本扫除青少年、基层干部中的新文盲，使之达到"四会"（会读、会写、会用、会讲）。

本月，共青团吴江县委组织全县各级团组织普遍开展"团干部与后进青年交朋友""一帮一"等活动。

5月2日，吴县长青公社团委召开纪念五四运动60周年大会。500多名团员、青年参加大会。会上表彰新渔大队、砖瓦厂两个先进团支部和朱永男等4名优秀团员。

4日—5日，共青团苏州市第十一次代表大会召开，会议代表共计703人。大会选举产生委员53人、常委13人，组成共青团苏州市第十一届委员会。王士诚当选为书记，朱佩霞、严道明、汪梅英当选为副书记。大会号召全市团员、青年发扬五四革命精神，争做新长征突击手。

上旬，苏州市燃化局团工委在局党组的直接领导下，在全系统团员、青年中开展"节百元，迎国庆"的增产节约活动。

19日，在共青团江苏省委召开的青年新长征突击手（队）代表大会上，第四地质队四〇三钻机组团支部被评为省新长征突击队十面红旗之一，刺绣厂团支部、油毡厂业余青年技术革新小组被命名为省新长征突击队，刺绣厂的仲永钦被命名为省新长征突击手标兵，17人受到表彰。

27日，根据中共江苏省委文件精神，中共苏州地委决定恢复中国共产主义青年团苏州地区委员会，相应的角质印章自即日起启用。原"中国共产主义青年团苏州地区工作小组"印章同时停止使用。

6月14日，共青团苏州市委在苏州助剂厂召开苏州市工交、基建、财贸战线青年增产节约的现场交流会。

18日—20日，共青团吴江县委在梅埝公社八一大队、卫星大队召开以积肥造肥为中心内容的农村青年争当新长征突击手现场会。会议总结第一阶段开展"学英雄，见行动，广泛开展共产主义道德教育，争当新长征突击手（队）"活动的情况。

19日，苏州市二轻局团工作小组在金阊文化馆召开命名表彰新长征突击手（队）、优秀团员青年大会。苏州衡器厂团支部、苏州服装一厂第一团分支、苏州金属压延厂动力机修车间电工班团小组被命名为新长征突击队，苏州铜缸厂的朱福元等8人被命名为新长征突击手，还有48名团员受到大会通报表彰。共青团苏州市委副书记朱佩霞、苏州市二轻局副局长孙秀家出席会议并讲话。

19日—20日，共青团沙洲县委、沙洲县革委会文教局在兆丰公社联合召开农村俱乐部现场会。出席会议的有各公社（场、镇）团委书记、文化站长，团县委、文教局、文化馆的有关人员共67人。中共沙洲县委宣传部、共青团沙洲县委、沙洲县文教局的负责人参加会议并讲话。

19日—23日，共青团苏州市委举办第三期团干部学习班。各区、局直属单位团组织和基层团委的负责人共91人参加学习。这期学习班的目的是帮助大家弄懂普遍存在的不能正确估计形势和不能充分认识社会主义相对于资本主义有不可比拟的巨大优越性的问题。

7月18日—24日，共青团苏州市委、市教育局、市体委联合在石码头坦克团举办夏令营。全市220多所中小学校的280余名三好学生和少先队员的代表参加。

28日—31日，孟加拉国青年代表团一行13人在孟总统青年、学生事务私人助理马齐杜尔·伊斯拉姆教授和谢克·绍卡特·侯赛因的率领下访问苏州。

共青团苏州市委副书记朱佩霞等陪同。

9月10日,共青团苏州市委在苏州书场召开"学雷锋、树新风、文明礼貌、优质服务"动员大会。

19日,在北京举行的全国新长征突击手(队)命名表彰大会上,苏州的仲永钦、温玲玲、袁翠英、施永芳、王进、庄志强、潘关龙、郭巧媛、钱放和苏钢厂焦化车间团总支、油毡厂业余青年技术革新小组受到团中央的表彰。

本月,根据中央要求,共青团昆山县委积极开展争当新长征突击手的活动,组织广大团员、青年开展社会主义劳动竞赛。全县团员、青年积极响应,成立1 344个青年突击队,周福根、马永其、马建国、程尚同、顾培其获得全国新长征突击手称号。

秋,苏州市"红卫兵"代表大会自行终止活动。

12月,昆山县开展的"法制宣传月"活动把青少年教育作为重点。

1980

1月10日—12日,苏州市第七届青年代表大会召开第一次全会。市青年联合会的工作逐步恢复,下设婚姻服务部、旅游部,以及科技组、卫生组、文体组、统战组、教育组、综合组等多个工作界别组。

2月15日,共青团常熟县七届二次全委(扩大)会议传达贯彻团中央十届二中全会和团省委工作会议精神。会议认真总结全县1979年团的工作,研究和部署在新的一年里面临的任务。

3月1日—5月底,共青团苏州市委在全市青年职工中开展"立足本职创一流,打破纪录争能手"活动。

4月中下旬,共青团苏州地委在常熟召开全区青少年教育经验交流会议。会上总结交流加强青少年教育的经验,研究、部署下一步青少年教育工作,决定将5月定为全区青少年传统教育月。

本月，全区城乡特别是21个县属城镇开展青少年教育宣传月活动。通过教育，青少年的精神面貌发生了比较显著的变化，关心四化建设的青少年日益增多，共产主义道德风尚逐步得到发扬。大部分地区的青少年犯罪率有所下降，整个社会风气逐步向好的方向发展。

6月27日—28日，共青团吴江县委会同县商业局、供销合作社举办全县商业供销青年职工业务技术比赛。

28日—30日，共青团苏州地委召开各团县委书记及县直属单位团委书记会议。会上传达"创一流成绩升级赛"活动座谈会精神。

9月，苏州市劳动局在全市学徒工中试行《徒工守则》。

本月，毛阳青任共青团苏州市委书记。

11月17日—24日，共青团苏州地委召开团县委书记扩大会议。会上结合农村青年的工作实际和团员的思想实际，对新时期农村共青团工作进行一次讨论。出席会议的有各团县委的负责人和部分农村公社、大队团的干部共25人。共青团中央书记处书记王敏生出席会议并讲话，共青团苏州地委书记谢苏做会议小结，部署当前共青团的几个具体工作。

12月16日—19日，共青团苏州地委在吴江盛泽召开全区团的基层工作经验交流现场会议。参加会议的有各团县委书记、地直属单位团委书记，以及部分基层团组织代表共37人。

本年，昆山县团组织积极开展"五小"（小发明、小创造、小建议、小设计、小改革）活动。全县共创"五小"成果110项，其中12项受到国家、江苏省、苏州市表彰。张浦乡青年陈玉良获全国"五小"活动一等奖。

1980年少年儿童"学雷锋、争三好"成绩展览卡片

1981

1月,共青团苏州地委发出《关于开展"学雷锋、树新风、做好事"活动通知》以来,各团县委、地委单位都做了认真研究和部署,并迅速落实到行动中。

2月21日,共青团苏州市委召开共产主义道德教育工作会议。团委书记以上的团干部参加本次会议。

下旬,无锡羊尖公社团委在公社党委的统一领导下,对"五讲四美"文明礼貌活动做认真部署。先后召开团代会,举办团小组长以上干部参加的团训班,并多次召开农村大队和市镇单位团组织负责人会议。

3月5日前后,共青团苏州市委要求各级团组织和少先队组织利用团日和队日活动时间广泛组织共青团员、少先队员认真阅读《雷锋的故事》和《雷锋日记》,使广大青少年了解雷锋事迹、认清学雷锋的意义和重点。

25日,苏州丝绸印花厂青年杜芸芸赴上海将一笔10万元遗产上缴国家,表示"国家搞四化需要钱财,我既然有这样的机会,就要尽到自己的责任"。

30日,共青团苏州市委举行先进团支部表彰大会。各区、局直属单位团干部,各基层单位团组织负责人,被表彰的先进团支部负责人、团员代表出席。

4月29日,共青团苏州市委召开市优秀徒工代表大会。各区、局直属单位团组织负责人及培训徒工的有关部门负责人出席。

5月15日,共青团苏州市委举办"五讲四美"活动现场会。各区少先队工作负责人、各校大队辅导员出席。

6月1日,共青团苏州市委、市总工会、市妇联、市教育局、市科协、市体委、市园林管理处、市青年联合会在开明影剧院联合举办庆祝六一国际儿童节活动。

6月27日—7月11日,苏州地委党校举办全区基层团委书记培训班。各公社、镇团委书记,部分厂矿企业团委书记共273人参加学习。

7月10日,共青团苏州市委召开"自学成才"报告会。各区、局直属单位团组织与基层团组织的负责人到会。

29日,上海《文汇报》刊出《杜芸芸将十万遗产献国家》的新闻报道。

《人民日报》《工人日报》和本市、外地报刊相继刊发这方面的报道。

8月12日、8月18日、12月24日，中共苏州市委3次召开常委会。会议研究部署开展宣传学习苏州丝绸印花厂青年女工杜芸芸的事迹，将她树立为全市精神文明建设的先进典型，号召全市干部群众像她一样"热爱祖国，支援四化"。1982年4月下旬，杜芸芸光荣出席全国劳动模范和先进人物座谈会，受到邓颖超、姚依林等中央领导的亲切接见。

8月17日—20日，共青团苏州市委在青年宫召开第十一届八次全委（扩大）会议。会议传达党的十一届六中全会精神，学习讨论《关于建国以来党的若干历史问题的决议》，明确下一阶段的工作。团市委委员、候补委员和各区、局直属单位团委负责人参加会议。

10月12日，共青团苏州市委召开苏州市少先队辅导员聘请大会。各校被聘请的大队辅导员和校外辅导员，各区、局团委负责人及分管少先队工作的同志，部分中队辅导员、少先队员代表参加这次大会。

11月4日，共青团苏州市委召开基层共青团工作经验交流会。

12月11日，共青团常熟县委召开由县直属单位团干部参加的"树新风、破旧俗、坚持婚事新办"会议。14日，共青团常熟县虞山镇委向各基层团组织发出关于"开展婚事新办宣传教育活动"的通知，决定从当日开始到第二年春节期间，在全镇团员中开展婚事新办宣传教育活动。

16日—19日，苏州地区团基层工作经验交流现场会议在吴江盛泽召开。参加会议的有各团县委书记、地直属单位团委书记，以及部分基层团组织代表共317人。与会人员认真学习团中央、团省委分别召开的团的基层工作会议精神，交流加强团的基层工作的经验，参观吴江新生丝织厂、盛泽公社红卫大队等4个基层单位的团工作现场。

1982

2月6日，共青团苏州市委发出《关于开展文明礼貌月活动的意见》。各级团组织根据共青团苏州市委的统一部署，针对实际情况制订了开展"文明礼貌月"的行动计划。

19日—20日，共青团苏州市委在青年宫召开各区、局直属单位团委负责人工作会议。共青团苏州市委书记毛阳青做讲话，共青团苏州市委各部门负责人发言。中共苏州市委副书记费铭钊做总结讲话。

27日，共青团苏州市委在工人文化宫第二影剧院召开基层团干部、部分大队辅导员关于建设社会主义精神文明动员大会。大会由共青团苏州市委副书记徐坚主持，书记毛阳青做动员。苏州动力机器厂职工徐登银、苏州丝绸印花厂职工杜芸芸、金阊区实验小学五一中队中队长张阜、苏州手表厂团委副书记徐苏利做典型发言。

本月，共青团苏州市委召开"文明礼貌月"动员大会。会上发出要求全市团员和青少年"做文明顾客、文明乘客、文明行人、文明观众、文明游客"的倡议书，组织"文明礼貌月"青年劝说队，协助汽车公司职工维持乘车秩序，在人民路沿线设点进行宣传劝说活动。

3月2日—3日，共青团苏州市委组织开展"净化环境团队日"活动。3 000多名团员、青年走上街头把471个公共厕所粉刷一新。

5日，共青团苏州市委组织开展"为你服务团队日"活动。各服务队员在本单位、社会上、孤寡老人家里做好事上万件；组织"我为社会送青风"活动，28 000名中学生和少先队员走街串巷，把"青风"送到四面八方；组织"绿化祖国团队日"活动，500名新长征突击手、优秀团干部、专职团干部种树2 000棵，团员、青年种树148 640棵。

16日，共青团苏州市委召开区、局直属单位团委负责人会议。会议总结前一阶段"文明礼貌月"活动的情况并布置下一阶段的活动。会议由共青团苏州市委书记毛阳青主持。

20日—24日，共青团苏州市委组织"文明礼貌月"打扫卫生宣传突击周活动。7 000多名团员、青年在人民路沿线设立10个文明礼貌宣传站，维持公共秩序,打扫环境卫生,进行文明礼貌劝说活动。

6月2日—7日,苏州市团校举办1982年第一期专职团干部训练班。

21日,共青团苏州市委召开组织工作会议。各区、局直属单位负责人、基层团干部参加,纺织公司、建材工业公司等6家单位团组织介绍经验体会。

7月1日,共青团苏州市委在市青年宫举办"在党的教育下成长"展览会。

3日—5日,共青团沙洲县委召开公社(场、镇、厂)团委书记会议。会议学习党中央、上级团委"三热爱"教育的有关文件,研究部署下阶段在全县青少年中广泛开展"三热爱"教育的有关工作。

17日,共青团苏州市委召开各区、局直属单位团委负责人座谈会。会议对前阶段"三热爱"教育活动进行总结,并提出下一步的活动意见。

8月4日,共青团苏州市委召开工交、基建、财贸系统团委书记会议。会议传达贯彻镇江会议精神,研究部署全市下阶段小发明活动的工作。

9日,共青团苏州市委、市劳动局联合召开徒工培训工作会议。各产业局劳工科长、团委书记参加会议。会上共青团苏州市委书记毛阳青做前一阶段工作总结,市劳动局局长赵灿布置下一步的培训工作。

13日—20日,共青团苏州市委组织全市主要工业局的团干部赴武汉学习小发明活动的经验。

30日,共青团苏州市委青工部召开新长征突击手座谈会。会上号召全市职工行动起来,在企业整顿中开展"每人每天创造一元钱"活动,以实际行动迎接党的十二大召开。共青团苏州市委转发部分新长征突击手的倡议书。

9月12日—11月20日,苏州市团校举办3期党的十二大文件学习轮训班。学员为专职团书记、副书记、团干部。

22日—24日,共青团苏州市委召开全委(扩大)会议。会议学习党的十二大文件,传达共青团江苏省第八次代表大会精神,布置下阶段工作。会议由共青团苏州市委书记毛阳青主持。

29日,共青团苏州市委、市青年联合会在开明影剧院举办各界青年欢度国庆联欢会。随后在市体育场举行苏州市少先队员入队宣誓仪式和"红领巾日"活动动员大会。共青团苏州市委书记毛阳青到会并讲话。

10月1日,苏州市各界青年帮青送暖中秋晚会举行。帮青送暖活动是共青团发起的,主要内容是探望失足青少年,为失足青少年做好事,通信帮教,建立帮教小组,组织失足青少年到社会上参加公益活动。这个活动通过各种形式鼓励失足青少年向昨天告别,从今天起步,走新生之路。

苏州市各界青年帮青送暖中秋晚会

7日,新华社编发记者采写的电讯稿《钢铁般的少女,生活中的强者》,宣传江苏省苏州中学高一女生姚珧在初二时的一次体育活动中严重受伤后,面对病痛和死亡威胁,顽强坚持自学,最后取得优异成绩的感人事迹。当晚的中央人民广播电台和第二天的首都各大报刊及省级电台报刊都播发这一报道,在本市和全国产生广泛影响。姚珧成为继张海迪、钟铧之后的优秀青少年榜样。1983年2月,姚珧被共青团江苏省委授予"模范青年"称号;3月,被共青团苏州市委授予"优秀共青团员"称号。

12日,共青团苏州市委在沧浪区少年宫举行以"在星星火炬下成长"为主题的联欢会,庆祝中国少年先锋队建队33周年。

22日,共青团苏州市委召开"五小"活动情况交流会。

11月21日—12月5日,共青团苏州市委根据中共苏州市委宣传部"苏州市建设精神文明,开展五讲四美活动日行动计划",组织2 749名团员、青年到8条路的10个站点整顿交通秩序。

12月10日,共青团吴江县委召开基层团委书记会议,目的在于组织发动在全县团干部中开展"振奋

"五讲四美"宣传活动

精神,争当表率"的宣传教育活动。26日,共青团吴江县委在平望召开千人参加的全县团干部"振奋精神,争当表率"誓师大会。

14日,共青团苏州市委书记毛阳青、二轻局团委副书记周向群、市手表厂团委副书记徐苏利、苏州丝绸印花厂女工杜芸芸、江苏师范学院学生刘川5名代表赴南京集中学习。

20日,共青团苏州市委与市总工会、市妇联联合发出《关于认真做好婚事俭办和计划生育宣传教育的通知》。

1983

3月1日,苏州实行地市合并新体制,共青团苏州市委管理范围扩大,常熟、沙洲、太仓、昆山、吴县、吴江6县市均归其管辖。

本月,共青团苏州市委响应党中央号召,在全市广泛开展宣传学习张海迪活动。4月,学习张海迪演讲团成立,演讲团深入工厂、农村进行宣传,共演讲359场,7.9万人次受到教育。

本月,共青团苏州市委副书记陈建国主持工作。

7月18日,苏州市农村青年学科学、用科学经验交流会召开。共青团太仓县委、吴江屯村公社团委、常熟练塘民庄大队团支部黄文华等单位与个人在会上交流发言。

20日—21日,共青团苏州市委在吴江召开农村青年学科学、用科学、推广科技示范户经验交流会。吴江屯村公社团委等8家单位在会上介绍学科学、用科学的活动情况。交流会上布置下半年学科学、用科学活动相关工作。

25日—31日,由江苏省地矿局第四地质大队、共青团苏州市委、市科协、市教育局、市干校联合举办的全国青少年地学夏令营江苏营苏州分营开营。苏州分营有学生营员86人。

26日,共青团苏州市委组织部分县(市)、局团干部前往共青团烟台市委

（1982年全国青工小发明活动先进单位）学习。

8月5日—31日，苏州市染织三厂团委以新团章为准绳，对团员进行轮训，共办4期团训班，对全厂156名团员进行较为系统的共产主义思想和新团章教育。

10月11日，共青团苏州市委召开会议，就下一阶段市"五小"活动的开展做具体部署。

12月5日—8日，苏、锡、常、宁四市中学少先队工作理论讨论会在苏州召开。

17日，苏州市青年读书活动指导委员会正式成立。退休老干部曲文为名誉主任。城乡各条战线的团员、青年踊跃参加读书活动，各种形式的读书小组相继成立，各级团组织及时组织读书辅导，灵活开展丰富多彩的活动，吸引广大团员、青年。据不完全统计，全市共建立青年读书小组4 400多个，有11.2万余名团员和9 700多名青年参加有组织的读书活动。共青团苏州市委、市青年联合会与《苏州报》编辑部联合举办"读书好、好读书、读好书"征文比赛。共收到来稿394篇，经过评选，40篇作品获奖。通过读书活动，广大青年进一步明确政治方向，树立正确的人生观，提高爱国主义、共产主义思想觉悟。

本年，全市已有4 000多个基层团组织建立不同形式、不同内容的岗位责任制和考核制。通过整顿，团组织的吸引力得到提高，团的活动日趋丰富，全市有54 000多名青年向团组织递交入团申请书，17 952名青年光荣地加入共青团。

本年，全市广大青年积极投入第二个"全民文明礼貌月"活动，广泛开展以优质服务、优良秩序、优美环境和学雷锋学先进为主要内容的"三优一学"竞赛活动，在规模、影响和效果上都有新的突破。在整个活动中，5县1市和16个团委组织2 800多人次上街为民服务；近4 000个关心小组为离休老干部、知识分子和孤寡老人服务；4 000多个学雷锋小组为少儿做了万余件好事，使共产主义精神得到传播和弘扬。同时，共青团苏州市委深入基层抓好典型，组织工作组到南门商业大楼、市公交汽车公司、市第二人民医院3个窗口单位参加活动，总结经验，进一步促进"全民文明礼貌月"活动的开展。

本年，自农村全面实行农业生产责任制后，农村形势发生深刻变化，苏州农村各级团组织抓住广大农村青年渴求科学技术知识的愿望和时机,采用各种形式组织开展农村青年学科学、用科学活动,近万名团员、青年参加这一活动。全市开办各种形式的农业科技班2 100多个,青年科技示范户达5 078个。

1984

1月16日,共青团苏州市委制定《专职干部岗位责任制(试行稿)》和《专职干部考核办法(试行稿)》,要求各级团干部认真建立岗位责任制,切实执行考核制度。

20日,苏州市农村青年学科学、用科学标兵表彰大会召开。会上表彰了55名标兵和17个标兵队。共青团太仓县浮桥乡委员会、共青团沙洲县南沙乡委员会、共青团苏州市郊区横塘乡委员会、吴县黄桥乡张庄村青年水产科研组等单位与个人交流发言。

2月28日,共青团苏州市委在全市少先队员中开展"怀念宋奶奶(宋庆龄),为家乡添光彩"活动。活动要求少先队员热爱祖国,热爱劳动,勤奋学习,立志改变家乡面貌,为四化建设做贡献。

3月1日,共青团苏州市委在长风机械总厂召开文明礼貌月暨青年文明优质岗竞赛活动动员大会。全市各行各业的青年积极开展"文明岗"竞赛。

4日,共青团中央通报表彰一批学雷锋先进组织。苏州手表厂青年服务队、吴县望亭何家角村团支部帮工助耕队分别受到表彰。

同日,即为全省大学生第二次共产主义劳动日。全市各高校4 000多名大学生走上街头,开展"向人民学习,把知识献给人民"的服务活动。

5日,3 000多名团员、青年在人民路沿线、石路、玄妙观等地区,开展声势浩大的"为您服务"活动。服务项目有40多种。各县也开展较大规模的"为您服务"活动。

上旬,共青团苏州市委组织全市万余名团员、青年在吴县太湖风景区的阳山挖土12 000立方米，种植55 000棵树，营造500亩青年林。

15日—16日，共青团苏州市委在吴县召开青农工作会议。会议讨论贯彻中央一号文件的有关精神及推广吴县助耕包户服务活动的具体办法。

20日—25日，共青团苏州市委在市团校举办学习整党文件辅导员训练班。年初，共青团苏州市委成立苏州市团员学习整党文件教育活动办公室，安排学教活动，并在4家单位进行试点，积累经验。光明丝织厂、吴县陆墓的试点工作得到共青团中央、共青团江苏省委的肯定，共青团江苏省委在光明丝织厂召开现场会。在活动中，各级团组织坚持以改革的精神指导学教活动，以学教活动促进改革，并把学教活动与其他工作有机地结合起来。东吴丝织厂团委设立"改革设想奖"，全厂在1个多月时间内提出许多有益的建议。学教活动激发了团员、青年生产、工作的热情和积极性，使团组织提高了战斗力。

22日，共青团苏州市委在石路商场召开"文明岗"现场观摩会。12名青年劳模、生产标兵做规范化操作表演。

下旬，苏州市90个基层团支部参加"党在我心中"知识竞赛。

本月，共青团中央授予吴县通安乡团委"植树造林绿化祖国先进单位"荣誉称号。

4月21日，共青团苏州市委和城建局联合通报表彰"全国六十七城市公交青年优质服务竞赛"中苏州市青年优胜集体和优胜个人，有3条线路16个车组的42名驾乘务人员受到表彰。

30日，共青团苏州市委组织纪念五四运动65周年火炬接力赛。17个系统的600多名青年参加接力活动，接力赛全程7.5公里。

5月3日，共青团苏州市委和市学生联合会筹委会召开纪念五四运动65周年大会。来自全市各行各业的团干部、优秀团员、部分省市青年联合会委员、优秀辅导员共1 400多人出席纪念大会。

4日，苏州市各级团组织本着绿化祖国、美化环境、建设城市、方便群众的精神，积极兴建各类"青年工程"。23个基层团委集资近10万元，在苏州市区主要干道上建造31个候车亭。与此同时，各区、县团组织也陆续兴建青年林（路）、青年公园（花坛）、候车亭等一大批"青年工程"。共青团苏州市委表彰一批"青年工程"先进单位，33个候车亭工程单位和53个青年林工程单位受到表彰。

7日,共青团苏州市委在昆山召开青农工作会议。各县汇报农村青年勤劳致富的情况。

24日—31日,各区、局团组织开展"为弟弟妹妹做好事周"活动。活动内容主要是给小学生赠送礼物、为其解决困难。

6月1日,共青团苏州市委、市教育局、市体委在市体育场联合举行庆祝六一国际儿童节大会。近万名少先队员参加检阅。

26日,共青团苏州市委召开青年专业户典型座谈会。各县(市)、郊区团委的青农部长和10名代表出席会议。

7月16日—18日,共青团苏州市委召开工作会议。副书记陈建国(主持工作)做了题为《投身改革洪流,服务经济建设,把我市共青团工作不断推向前进》的工作报告,要求各级团组织带领青年投身改革洪流,围绕经济建设开展活动。

8月26日—29日,苏州市学生联合会第六次代表大会召开。正式代表72人、列席代表28人,代表全市26万名大中学生参会。会议讨论市学生联合会工作报告,通过市学生联合会章程,选举产生市学生联合会第六届委员会。来自苏州大学、苏州医学院、苏州丝绸工学院等校的9名学生当选为正、副主席。大会要求广大青年学生发扬优良传统,坚持爱国主义和共产主义远大理想,立志振兴中华,为祖国勤奋学习,争做四个现代化建设的合格人才。

10月1日,共青团苏州市委与市妇联、沧浪区联合举行国庆游园活动。共青团苏州市委组织国庆慰问团深入厂矿企业,向部分优秀团干部、新长征突击手、青年劳模致以节日问候。

10日,共青团苏州市委表彰全市红领巾读书读报奖章活动先进集体和先进个人。50个先进集体、603名少先队员、27名优秀辅导员受到表彰。

25日,党的十二届三中全会召开后,共青团苏州市委召开座谈会,苏州丝绸印花厂等10家单位的团委负责人参加座谈会。

10月30日—11月4日,长江中下游六省一市团委青农部部长会议在苏州召开。会议探讨改革形势下农村的团工作,交流各地团工作经验。

11月3日,共青团苏州市委召开青年文明优质岗活动情况交流会。市丝绸公司、市商业局、长风机械总厂、电阻厂4家单位在会上交流经验。

24日—26日,共青团苏州市委在吴江召开学教活动现场会暨青农工作会议。各县(市)、郊区团委及学教活动试点单位代表出席会议。共青团苏州市委副书记陈建国在会上对农村学教活动工作提出意见和要求。

本月,杨升华任共青团苏州市委书记。

12月1日,共青团江苏省委召开调研成果表彰会和青工理论探讨会。共青团苏州市委被评为省调研工作优秀组织奖,苏州市有4篇文章获奖。

1日—2日,共青团苏州市委和市音协联合举办"青年歌手大赛"。10个县(市)、区和青年宫业余艺术团11个代表队参赛。

21日,苏州市青年联合会第八届委员会第一次会议召开。出席大会的委员有151人,列席委员有26人。共青团苏州市委副书记陈建国做了题为《各族各界青年团结起来,高举爱国主义旗帜,为振兴中华、建设苏州而努力奋斗》的工作报告。

22日—24日,共青团苏州市第十二次代表大会召开。出席会议的正式代表有602人,列席代表有40人。共青团苏州市委书记杨升

《青春曲》
(共青团苏州市第十二次代表大会秘书处编)

华代表共青团苏州市第十一届委员会做了题为《积极投身改革,立志学习成才,为社会主义现代化建设事业贡献青春》的工作报告,号召全市团员和青年认真学习和贯彻执行中共中央关于经济体制改革的决定,为建设经济繁荣、文化发达、科技先进、旅游兴旺、人民富裕、风气良好的新苏州而努力奋斗。大会选举产生共青团苏州市第十二届委员会委员49人、候补委员6人、常委11人。杨升华当选为书记,陈建国、陆晔、陶其烨当选为副书记。

本年，苏州市各级团组织组织农村青年开展"一团两户"（勤劳致富报告团、专业户、科技示范户）活动。全市共组织各种形式的勤劳致富报告团20个，100多名农村青年参加宣讲活动；举行69场次报告活动，近3万名农村青年直接听宣讲，52万名青年通过广播和宣传材料间接了解报告内容。

1985

1月27日，共青团苏州市委宣传部组织苏州大学部分学生即日起进行寒假期间的社会调查。

2月6日—7日，共青团苏州市委在郊区长青乡召开学少工作会议。会议布置全市少先队和中专学校共青团工作，交流各县（市）、区、局学少工作情况。

17日，苏州市首届青春艺术大赛举行汇报演出。

3月13日，共青团苏州市委举办的团干部微机班在市轻工局职工大学开班。

23日，共青团苏州市委与市教育局联合召开市三好学生暨优秀共青团员表彰大会。会上授予市第一中学学生陈苏华苏州市"三好学生""优秀共青团员"称号。

26日—27日，共青团苏州市委召开全市"创造杯"活动现场观摩交流会。与会者观看郊区实小、城东中心小学、市第三中学的活动现场，听取各县（市）、区"创造杯"活动的情况介绍。

28日，共青团苏州市委表彰1984年度先进青年"两户"（青年专业户、青年科技示范户）和联系青年"两户"先进团干部。

本月，共青团苏州市委联合市经委、市总工会在全市青年、团员中开展"三优"（优秀青年管理小组、优秀青年管理者、优秀管理论文）和"五小"活动。全市青年职工积极响应，成立2 749个青年管理小组，有近8万名青年职工参加活动。据不完全统计，全市青年职工在"三优"活动中共创造经济价值2 162万元，在刊物上发表有质量的论文37篇。活动中涌现出一大批青年厂长、经理和其他青年管理人才，成绩名列全省第一。

4月22日—28日，苏州市学生联合会举办全市学生书法、美术、摄影联展。共收到作品500多幅，其中展出作品130幅，获奖作品50幅。

29日，共青团苏州市委召开纪念五四表彰先进大会。会上表彰47个先进团组织、72名优秀团干部、114名新长征突击手、695名读书活动积极分子。

本月，共青团吴县县委举办农村青年养鱼技术函授班第一期培训。自此每月一讲，历时7个月，300多名青年参加培训学习。

5月3日，苏州市青年联合会在长风机械总厂召开各界青年纪念五四联欢会。

6日—11日，共青团苏州市委青农部到吴县调查"青年之家"的建设情况。

11日—15日，共青团苏州市委青农部到各县调查乡镇企业青年的思想情况，了解企业团工作的情况，并于15日召开乡镇企业青年思想政治工作座谈会。

26日—28日，苏州市首届少先队员和辅导员代表会议在苏州饭店举行。出席会议的正式代表240人，列席代表5人。共青团苏州市委副书记陆晔做题为《面向未来，为培养创造型的新一代而奋斗》的工作报告。会议号召少年儿童和少先队员树立远大理想和创造精神，做新时代的小主人；号召辅导员努力培养少年儿童刻苦谦虚的学习态度，以及他们对科技的兴趣和钻研精神，提高少先队工作的业务水平。

6月9日，苏州市学生通讯社成立大会在苏州中学举行。市中小学的80余名学生记者和通讯员出席大会。

7月23日—28日，苏州市各级农村团组织围绕在全省范围内开展的"百万青年兴百业"竞赛活动，以"青年之家"为阵地，创办农民技校，建立技术咨询站、信息服务中心，积极鼓励农村青年科学致富，在农、林、牧、副、渔、工、商、运、建、服十大行业中培养大批青年能人。至年末，全市已有青年专业户7 572户、青年科技示范户5 945户，还出现了640个青年经济联合体。

25日，共青团苏州市委与苏州电视台联合组织播放《心底无私天地宽》的电视录像。全市万余名团员、青年收看节目。

27日，共青团苏州市委以"珍惜青春岁月，立志成才，争取做一个奋发进取、脚踏实地的青年共产主义者"为主题，举办演讲比赛。

8月17日—19日，苏州市中等学校共青团理论研究会成立大会在苏州中学召开,26名团干部与教师代表出席会议。会议讨论并通过《苏州市中等学校共青团理论研究会章程》,选举产生领导机构。

21日,苏州市团校中专班举行开学典礼,39名中专班的学生和团校全体教师出席。

9月6日,共青团苏州市委召开理想教育现场会暨团的思想政治工作应用理论研讨会。来自各条战线的80多名青年工作者听取苏州染织一厂团委开展理想教育活动的介绍,并就思想政治工作的任务、目标、方法等展开热烈讨论,会上交流21篇专题调研报告和青年研究论文。

10日,共青团苏州市委、市青年联合会联合召开庆祝第一个教师节茶话会。

10日—14日,30个基层单位的团员、青年开展候车亭的义务修缮工作。全市32个候车亭焕然一新。

10月中旬,共青团苏州市委宣传部到吴县、市电子局、市轻工局等机关单位的团组织中进行调查,将吴县枫桥乡团委和有线电厂团委作为综合治理的先进典型,推荐到市里。

21日—23日,苏州市青年联合会与市教育局工会、团委联合举办苏州市区中小学(幼儿园)青年教师普通话比赛。40所学校的60名青年教师参加比赛。

22日,苏州市青年书画协会举行成立大会。

26日,苏州市青年联合会举行"畅谈理想,争做'四有'新人"联欢会。12所高校的青年教师代表等百余人参加。

11月5日—12月3日,苏州市团校举办第21期团训班。53名专职团干部接受轮训。团训班学员们写出一批调查报告,汇编为《探索小集》。

12月9日,共青团苏州市委、市青年联合会、市学生联合会、市教育局联合举办苏州市纪念"一二·九运动"学生之声文艺会演。会演在高校、中专中技、中学3个片预赛的基础上进行决赛,40多所学校的近千名学生参加预赛。

10日—20日,苏州市部分"五小""三优"活动成果展览会在长风机械总厂举办。展览会由轻工局、电子局、化工局等单位的团组织筹办。

12日—15日,共青团江苏省委在长风机械总厂召开全省"三优"成果表彰会。各团市委书记、青工部部长出席会议,苏州市3个优秀青年管理小组、2篇优秀管理论文受到表彰。共青团苏州市委副书记陶其烨介绍市"三优"活动的开展情况。

26日,共青团苏州市委召开"三优""五小"活动成果表彰大会。30个优秀青年管理小组、20篇优秀管理论文、100项"五小"活动成果获得表彰,长风机械总厂、太仓县、沙洲县的团组织在会上交流经验。

本年,全市青年(14—28周岁)总数为1 250 028人,其中:入党青年1 700余人,团员290 000多人,青工292 260人,青农793 877人,大中学生137 308人。

1986

2月1日,苏州市青年联合会召开总结表彰大会。市青年联合会主席陈建国做题为《关于1985年青联工作的总结和1986年青联工作的计划》的报告,16名青年联合会活动积极分子和两个先进界别组受到表彰。

6日—7日,苏州市学生联合会举办两场在苏学生新春联谊会,同时走访慰问在蚕桑专科学校学习的新疆学员。

20日,苏州市青年联合会组织常委和界别组组长赴沪参观宝山钢铁总厂。

2月22日—3月1日,苏州市青年美展在市群众艺术馆和市摄影社展览厅举行。苏州市青年专业和业余作者的国画、油画、版画、水彩画、书法、印章等200余件作品参展。

5月3日,共青团苏州市委在市青年宫召开苏州市新老团干部纪念五四座谈会。

4日,共青团苏州市委在市公园会堂举办"苏州市我爱纺织、丝绸这一行"文艺会演。

8日—9日,苏州市学生联合会、市工人文化宫、市吉他协会联合举办在苏学校学生吉他比赛。

29日—30日,共青团苏州市委、市教育局、市总工会、市公安局等单位联合举办苏州市小学生理想、道德、法制、历史知识智力竞赛。

本月,共青团苏州市委在全市企业青年中开展爱岗争优、增产节约活动。活动旨在引导广大青年职工"爱岗、立功、成才",为企业的发展提供保障。

6月,全市各级团组织广泛开展"青春献七五"主题活动。活动旨在引导团员、青年在各自的岗位上奋发成才,建功立业。各行业的团员、青年主要通过岗位练兵、技术比武、操作观摩等形式提高技术水平和操作能力,各行业在竞赛中培养了大批生产能手。

7月21日—30日,共青团苏州市委、市多管局、市科协、苏州农校联合举办养鸡实用技术培训班。全年共举办各种形式的实用技术培训班3908多期,受训青年达27万人次,涌现了一大批种植业、养殖业的致富能手。

8月1日起,共青团苏州市委、中共苏州市委组织部、市城乡建设委员会联合在全市农村各级团组织及团员、青年中开展农村住宅设计征稿活动。

9月4日,日本"九州之船"青年代表团来苏访问。苏州市青年联合会组织18名委员参加接待工作。

18日,苏州市青年联合会组织"知我姑苏,爱我姑苏,为古城苏州建设出力"活动。活动中组织百余名委员参观新建的立交桥、白洋湾货场和彩香新村。

10月10日—11日,苏州市教育局团委举办中学"立志、勤学、实践、成才"团支部系列活动月例会。

10日—31日,共青团苏州市委、《苏州日报》社联合举办"我爱苏州美"征文活动。活动历时3个月,收到小说、诗歌、散文、报告文学224篇,评出佳作奖10篇、优秀作品奖24篇。

13日—15日,共青团苏州市委在常熟召开农村团工作会议。会议回顾总结1986年以来全市农村团工作的情况,部署年前两个多月的青农工作,并对来年的青农工作进行讨论研究。苏州电扇总厂、市商业局和苏钢厂3家单位的团委在会上做典型交流。与会人员参观常熟浒浦的镇办业余团校。

29日,共青团苏州市委在市青年宫召开苏州市学生联合会研究生部成立大会。苏州丝绸工学院研究生会主席陈钢做关于筹备市学生联合会研究生部的报告,苏州医学院研究生会主席杨健做题为《为培养一代四有高级专门人才而努力奋斗》的工作报告。苏州大学、苏州医学院、苏州丝绸工学院3所学校的研究生共200多人参加会议。

30日,共青团苏州市委在市青年宫召开城市青工工作会议。会议传达9月在连云港召开的城市青年"爱岗、立功、成才"现场经验交流会的精神,苏州电扇总厂、市商业局和苏钢厂3家单位的团委在会上做典型交流。

11月9日—28日,共青团苏州市委组织评选《长风青年》《活力》等20种基层优秀团刊。

26日—29日,共青团苏州市委学少部、市教育局在苏州十中举办市区中学"当代中学生的历史责任"演讲答辩会。全市47所中专中技、普通中学、职业中学参赛,苏州第十中学获高中组和初中组的第一名,新苏师范学校获中职组的第一名。

本月,共青团金阊区委开展"远学老山英雄,近学身边榜样"活动。活动邀请战斗英雄、一等功臣鲍承林为全区团员、青年做报告,并举行座谈会,和团员、青年谈人生与理想。

12月6日—9日,共青团苏州市委、市教育局、市学生联合会联合举办苏州市第三届"学生之声"暨"未来建设者之歌"文艺会演。

30日,共青团苏州市委召开青年联合会委员1986年度表彰大会。大会表彰2个先进集体、18名活动积极分子。

本月,苏州市青年工作理论研讨会在昆山召开。会上40多名青年工作者就新时期共青团工作的地位、作用等问题展开热烈的探讨;有25篇论文获奖,这些论文对当代大学生思想的两重性,团工作的目标管理、横向联系,乡镇企业团工作、思想政治工作、观念更新等进行阐述。

本月,陈建国任共青团苏州市委书记。

本年,全市乡镇企业团组织紧紧围绕经济建设这个主题开展活动,广泛开展争当优秀青年厂长、经理竞赛活动。全市有716名乡镇企业青年厂长、经理参加竞赛,其中吴县的青年厂长、经理提出406条有关发展经济的意见和建议。各县(市)团组织组织团员、青年围绕生产,立足本职,多做贡献,加强横向联系,促进交流。共青团张家港市委开展青工献计献策活动,提出各种合理化建议6 600多条,产生直接经济效益60多万元;共青团太仓县委在全县开展"增产节资,争优创牌"活动,有4万多名青年参加,成立各种攻关小组280个,取得102项成果;共青团吴县枫桥乡委开展城乡、军民、厂村、厂校、厂厂之间的横向联谊活动;共青团常熟市委在暑假期间组织常熟籍的在校大学生开展联谊活动,请他们为家乡建设献计献策。

本年,全市各级团组织认真贯彻团中央"工作到支部、全团抓落实"的指示精神,加强基层团组织建设,使团的基础工作有新的进步。全市农村新配备39名乡镇团委书记和1 753名基层团支部书记,新建660个基层团组织。各级团组织注重团干部培训工作,全市初步形成以市团校为中心的市、片、县、乡四级培训网络,全年有12 000多名团支部书记以上干部接受培训。

至年底,全市拥有基层团组织14 400个,其中团委465个、团总支844个、团支部13 091个,团员34.36万人。

1987

1月17日和1月23日,苏州市青年联合会组织近百名各界青年分别与驻苏一〇〇医院、驻苏空军部队举行军民迎春联谊活动。

2月10日,共青团苏州市委、市学生联合会组织部分寒假留苏的大学生与八三一一〇部队的战士举行"同龄人的心"学生战士恳谈会。

10日—25日,根据共青团江苏省委要求,结合苏州市农村的实际情况,共青团苏州市委青农部分别制定县(市)、乡(镇)、村(厂)实用技术培训工作百分制考核标准,并征求各县(市)、郊区团委的意见。

23日—25日,共青团苏州市委参加在常州召开的全省青工会议。会议布置青工技术大练兵工作,对双增双节运动提出要求,贯彻全民工业企业团工作条例。

3月初,共青团苏州市委成立苏州市青年文化组织委员会,下设秘书、宣传、会务3个后勤组和专题、文艺、展览、群文、群体5个专业组。

4日,苏州市17所中学的千余名团员、青年在共青团苏州市委领导的带领下,分赴市区11座园林及车站、码头等5个公共场所参加共产主义义务劳动,拉开由共青团苏州市委组织的"哪里有共青团员,哪里就有新风尚"主题活动的序幕。

4月10日—11日,苏州市团代会在苏州友谊会堂召开。共青团苏州市委委员、候补委员55人,在各条战线上取得优秀成绩的团员、团干部347人出席会议,中共苏州市委书记高德正等4套班子领导出席会议并讲话。共青团苏州市委书记陈建国做题为《坚持四项基本原则,投身双增双节运动,引导青年在改革、开放、搞活的实践中建功立业》的工作报告。会议选举产生苏州市出席共青团江苏省第九次代表大会的代表114人,代表平均年龄为25.8岁,女性代表占31.6%。

中旬,共青团苏州市委在全市乡镇企业中深入开展"争当优秀青年厂长(经理)竞赛"活动,与市乡镇工业局联合召开"乡镇企业优秀青年厂长(经理)座谈会"。

28日,苏州市区的回、满、蒙古、朝鲜、布依、白族6个少数民族的团员、青年60余人于石路清真寺聚会,共庆五四青年节。

5月1日—10日,共青团苏州市委与市科委、市科协、市经委等单位联合举办苏州市首届青年创造发明暨专利技术成果展览交易会。参加交易会的转让项目和专利达200多项,其中30多项成果达成转让意向。

4日—9日,共青团苏州市委、市文化局、市文联、市教育局、《苏州日报》社、苏州电视台等单位联合举办以"理想、希望、追求、奋斗"为主题的首届苏州青年文化节。文化节主要有"青春之光"电影汇映、青年书市、青年生活用品博览会、青年创造发明专利技术成果展览转让会、青年集邮展览、绘画摄影作品展览、书法篆刻作品展览,"学生之声"优秀文艺节目调演、英语竞赛、普通话朗诵比赛、歌唱比赛、轻音乐演奏演唱比赛,以及足球、篮球、桥牌、羽毛球、象棋比赛等活动。共有青少年100多万人次直接或间接参加活动,其中近10万人次直接参加25项专题活动,35万人次直接参加全市各级团组织举办的280多场活动。

中旬,共青团苏州市委成立由市、县两级分管青农工作的同志组成的两个检查组,对六县(市)、郊区团委及所属的13个乡(镇)、26个村(厂)团组织开展的"农村青年实用技术培训"工作情况进行抽查。

21日—22日,共青团江苏省委组织的四项基本原则正面教育巡回宣讲团,在苏州市青年宫、江南社会学院、苏州大学分别向千余名团干部和学生干部宣讲"改革是当代社会主义国家的共同任务""在改革开放中发展马克思主义""当代世界主要社会主义流派剖析"等内容。

30日,苏州市青年联合会组织25名各界青年到沧浪区双塔小学看望智力缺陷儿童辅读班的学生。

下旬,吴县青年实用技术培训学校在吴县农干校成立,并组成由团委、农业、多种经营、乡镇工业、科协、农干校等部门参加的校务委员会。

5月—10月,共青团苏州市委与市总工会、经委等7家单位联合举办苏州市青工技术比武群英赛。比赛分8个工种(丝绸挡车工、纺工、车工、钳工、建筑粉饰工、财务会计、营业员、厨师)11个项目进行,全市城乡形成"数十万青工报名参赛,几千家企业摆开比武赛场"的局面。通过比赛,1.7万余人获得各类技术等级证书,1.53万余人获得技术晋级,2.1万余人受到各种形式的表彰和奖励,包括一批青工得到晋升工资的奖励。

6月6日,共青团苏州市委召开"坚持四项基本原则,反对资产阶级自由化"正面教育专题理论探讨会。望亭发电厂等13家单位做交流。

6月20日—7月31日,共青团苏州市委和市文联联合举办"爱党拥军"征文比赛。

七一前夕,共青团苏州市委与市老干部局联合召开"老党员与优秀青年纪念七一恳谈会"。

7月4日—24日,共青团苏州市委根据"下基层调查研究、下基层指导工作、下基层树立典型"的要求,对11家单位进行分析,确定苏纶纺织厂、苏州化学纤维厂、苏州化工厂、苏州电视机配件厂为"抓基层,抓核实"的4个工作联系点。

8月3日—9日,共青团苏州市委参加在江阴召开的全省团的宣传工作会议暨全省青少年普法工作经验现场观摩交流会。

7日—8日，各县（市）团委分管青农工作的书记和青农部部长及郊区团委书记，在郊区开展调研活动，重点探讨实用技术培训工作深化问题。

9日—12日，共青团江苏省委领导重点检查吴县、常熟的8个乡镇地方实用技术培训工作。

10日，共青团苏州市委召开全市已签订承包经营合同的55家企业团干部座谈会。会议研究、探讨企业推行承包经营责任制后团工作面临的新问题及对策等。

10日—11日，江苏省第一个县级青年联合会组织——吴县青年联合会成立。

9月5日，苏州市青年联合会教育界委员、市学生联合会代表及新成立的吴县青年联合会教育界委员近60人在市青年宫举行座谈会，庆祝教师节。

7日—8日，苏州市高校团委书记会议在常熟市职业大学召开。15所在苏高校的团委书记参加。

23日，苏州市青年联合会召开常委（扩大）会议。会上各组汇报参加"为'七五'计划作贡献出成果竞赛活动"情况，提出定规划、定方案、定考核、定时间的"四定"要求。

10月4日—12月3日，共青团苏州市委与市文化局、电视台等单位联合举办苏州历史文物知识电视大奖赛。经过层层选拔，共有18人参加决赛，6个集体参加团体赛，苏州钢铁厂和苏州城乡建设委员会代表队分别获得团体赛第一、第二名。

6日，苏州市青年联合会、市台湾同胞联谊会联合举办中秋联欢晚会。来自全市各条战线的青年朋友、台湾同胞共300人参加。

11月13日下午，苏州市青年联合会组织台籍、台属、归侨、侨眷等委员，召开"为祖国统一作贡献"座谈会。

本年，共青团平江区委引导广大团员、青年参加以"学技术、懂本行、爱岗位、早成才"为主题的岗位技术练兵活动，并举行区机关团员、青年业务比武，区幼儿教师应知应会比赛等系列竞赛。

至年底，全市拥有基层团组织15 487个，其中团委512个、团总支927个、团支部14 048个，团员35.56万人。

1988

1月22日—24日，共青团中央书记处书记李源潮在共青团江苏省委书记黄树贤的陪同下视察苏州市共青团工作。

2月9日，共青团苏州市委召开苏州市青年管理与创造协会成立大会。协会旨在组织青年参与管理，开展青年创造发明活动，培养具有现代管理知识、良好技术素质的青年人才。

3月5日，共青团苏州市委、市学生联合会在察院场举办"雷锋在我心中"签名对话活动。

本月，共青团平江区委向全区团员、青年发出开展"我为平江区的繁荣进一言"活动的邀请，要求各基层努力争创"青年文明岗"。苏州口腔医院创设夜门诊，区绿化工人成立青年突击队，观前房管所成立"青年管养组"。

4月，共青团吴县县委正式成立吴县青少年成才基金会，旨在引导青少年进取向上、创业建功。全县青少年踊跃捐款，截至12月底共筹款10万元。

5月18日—19日，苏州市首届少先队辅导员技能技巧比赛在青年宫举行。700多名辅导员参加包含演讲、歌舞、字画、制作、游戏5个方面的比赛。吴县中学中队辅导员陈康胜获得第一名，沧浪区实验小学大队辅导员龚蕊获得第二名。

6月24日，全市党团领导干部恳谈会召开。全市各区、局直属企业分管团工作的党委书记参加会议，这是苏州市共青团工作史上的首创。与会者交流党对共青团工作的领导经验及改革中团工作面临的新情况、新问题。中共苏州市委副书记黄俊度，市委组织部、城工部、市人事局等单位领导就全市团组织的思想建设、组织建设、人员经费等问题提出要求，并讨论解决的措施。

7月4日，苏州市高校共青团理论研究会在苏州医学院正式成立。大会审议并通过《苏州市高校共青团理论研究会章程（草案）》，冯逸庭任名誉会长，陈建国任会长。

11日，苏州市港澳同胞、台湾同胞、海外侨胞青年联谊会成立大会召开。联谊会宗旨是高举爱国主义旗帜，通过各种活动，增进"三胞"亲属青年之间及其同境外亲友之间的感情交流，发挥海内外"三胞"青年的积极性，为祖国统一和建设苏州服务。大会通过联谊会章程，选举产生联谊会领导机构，陈建国任会长。

9月5日，金阊区青年联合会第一届委员会会议召开。会议通过金阊区青年联合会筹备工作的报告，选举产生金阊区青年联合会第一届常委、主席。50名团员、青年作为金阊区青年联合会第一届委员出席会议。金阊区青年联合会是江苏省第一家区级青年联合会组织。

12日，共青团苏州市委在苏州溶剂厂召开苏州市部分大中型企业共青团工作会议。来自市轻工局、机械局等单位的50多名企业团干部共同探讨《企业法》颁布施行以后企业共青团工作的新课题。

21日—23日，共青团苏州市委在沙洲工学院召开高校共青团工作会议暨理论研究会。

10月，太仓县家畜改良站青年站长邹家祥，因在种猪繁育方面的突出成就，被联合国粮农组织授予"亚洲杰出农民"称号。

本月，共青团苏州市委在吴县黄桥中学召开苏州市中学少先队"风华杯"竞赛现场观摩会。

11月2日，中共苏州市委组织部和共青团苏州市委联合举办的县局级团委书记学习研讨班在市团校举行开学典礼。

本月初，共青团苏州市委组织全市青工工作大检查。全市开展以适应行业特点为工作重心、为苏州城乡经济攀登新台阶建功立业的主题系列活动。苏建二公司在"三满"（出满勤、干满点、使满劲）竞赛取得实效后继续将其深化为"三满"和"三无"（无安全事故、无质量事故、无违法乱纪）竞赛。工交企业的"共青团红旗岗位"和青年班组竞赛，以"创名优产品、降物能消耗、争最佳设备、促文明生产"为主要内容，广泛开展多种形式的技术练兵、技术比武和青年突击队活动。

本月，共青团苏州市委组织1988年度团工作"十佳新闻"和"十佳团讯"的评选活动。《团苏州市委办实体、创效益、出人才》等10篇稿件被评为"十佳新闻"，共青团常熟市委的《常熟团讯》等10种团讯被评为"十佳团讯"。

本年，共青团苏州市委在全市范围开展争创"组织建设合格团委""组织建设红旗团委"的"双争"活动。通过加强团干部的"配、教、管、用"，分层次开展团干部的培训教育,提升干部素质,强化基层团支部的组织建设。

本年,共青团苏州市委为倡导文明新风、加强窗口行业的精神文明建设,在商业、物资、旅游、建委等系统的窗口行业开展"文明经营示范活动",推出一批文明经营示范典型。各级团委与学生会以"文明宿舍""文明班级"评比和"三堂一馆一舍"(课堂、食堂、会堂、图书馆、宿舍)文明活动,推进校园精神文明建设,提升学生的文明素养。

至年底,全市拥有基层团组织15 765个,其中团委555个、团总支940个、团支部14 270个,团员35.02万人。

1989

1月9日,全国少工委、《中国少年报》表彰全国红领巾小建设竞赛活动优秀奖。苏州市中学生的5个活动获此殊荣。

本月,全国第三届优秀少儿电影观摩活动举行,苏州市7 000名中学生参加。同时举行小学生影评比赛。

2月18日,苏州市教育局团委表彰第二批少先队大队"达标创优"单位。9所学校的少先队大队被评为"红旗大队",另有9所学校的少先队大队被评为"合格大队"。

25日,共青团苏州市委召开经济建设先进乡镇的团委书记和各县(市)团委的负责人会议。张家港市杨舍镇、吴江县平望镇等团委做经验介绍。

27日,共青团苏州市委召开"为苏州经济建设和社会发展创实绩、作贡献"青工主题活动现场交流会。

3月21日—23日,共青团江苏省委宣传工作会议在苏州召开。共青团苏州市委书记陈建国向到会者介绍市共青团工作的目标和思路。

3月25日—6月25日,苏州市教育局团委与市图书馆联合举办"读好书"活动。

28日,苏州市试行《中国少年先锋队教育纲要》中心教研组成立,并于当日召开第一次例会。

4月6日,共青团苏州市委在望亭发电厂召开共青团为保煤增电献计献策座谈会。

27日—29日,由《中国青年》杂志社、共青团苏州市委和苏州大学联合举办的纪念五四运动70周年理论研讨会在苏州大学召开。60多位来自全国各地的专家学者、首都新闻单位的记者和全国10大期刊的总编、编辑、记者等,就五四运动的历史意义、五四运动以来70年中国发生的深刻变化,以及五四精神的实质、爱国主义和危机意识等专题进行研讨。

吴江县青年文化节宣传单

本月,由共青团吴江县委等组织的首届青年文化节在吴江举办,历时半个月。近十万人次参加200多项文化类活动。

本月,苏州市青年联合会第九届委员会第一次全体会议召开。

苏州市青年联合会第九届委员会第一次会议人员合影

5月3日,在北京举行的纪念五四运动70周年大会上,苏州共有6人受到表彰。其中,张家港市电子器材厂厂长赵洪方、太仓县家畜改良站站长邹家祥受到共青团中央表彰;桃坞中心小学少先队大队长黄萍萍被评为"中国好少年",吴县黄桥镇张庄小学学生陈雪琴、常熟市实验小学学生周鸣获"中国好儿童"荣誉;吴县工艺草制品总厂厂长胡浩被评为"明星青年企业家"。苏纶纺织厂王勤奋、苏州第二建筑工程公司郝荣敏、常熟市梅李镇凤凰特种养殖场季伟良、常熟市棉纺织厂朱丽珞、吴江县新华丝织厂周凤珠、吴江县新生丝织厂沈海风、吴江县工商银行震泽办事处唐丽萍、张家港市电子器材厂赵洪方8人在五四前夕被共青团江苏省委授予"江苏省新长征突击手"称号。

同日，共青团苏州市委、市教育局联合召开以"爱国勤奋"为主题的"发扬革命传统、振奋民族精神"现场观摩会。

3日—10日，为纪念五四运动70周年，中共苏州市委组织部、宣传部、共青团苏州市委、市文化局联合举办苏州市第二届青年文化节。150多万名青少年和社会各界人士参加新时期团工作理论研讨会、知识竞赛、征文比赛、"姑苏十佳之星"评选等15项大型系列活动。外省市及日、苏、美、德等国青年也应邀参加活动。中共中央顾问委员会委员于光远专程来苏州参加文化节。

26日，共青团苏州市委在市公交公司召开"为苏州城乡经济攀登新台阶创实绩、作贡献"主题活动先进集体和个人暨"五小"成果表彰大会。

6月7日，共青团苏州市委召开机关全体和下属单位负责人会议。会议认真学习中共中央、国务院《告全体共产党员和全国人民书》，并传达市委会议精神。

23日，共青团苏州市委在对外经济技术贸易公司召开团员"为发展外向型经济献计献策"座谈会。

26日，苏州市大中型企业团组织联合会宣告成立。苏纶纺织厂、物资贸易中心、东吴丝织厂和电扇总厂4家单位分别被推选为会长单位和副会长单位。

7月3日，共青团苏州市委、市农业局等10家单位对"学技当能手、建功创一流"主题活动中涌现出的先进个人予以表彰。常熟市制冷集团公司三分厂张培华等56人被授予"苏州市乡镇企业优秀青年厂长（经理）"称号，吴江县南麻乡下庄村付玉观等20人被授予"多种经营行业达标夺旗赛先进个人"称号，太仓县南郊镇沼泾村张文明等11人被授予"推广农业新技术青年示范户"称号，张家港市西张镇振联皮球厂于栋明等41人被授予"乡镇企业革新创造能手"称号。

本月，共青团苏州市委、市青年联合会、苏州电视台等联合举办"平江杯"革命歌曲演唱大赛，200名青年踊跃参赛。

8月4日，共青团苏州市委在人民商场召开服务竞赛动员大会。大会号召全市窗口服务行业的职员青年以一流的工作质量、一流的服务水平，为古城苏州精神文明建设增添新的光彩。

7日—9日,苏州市教育局、电影公司联合举办中学生电影知识夏令营,100名中学生参加。

9月,由全国少工委、共青团中央、《少年报》报社、《辅导员》杂志社联合举办的全国中学少先队创造性活动竞赛揭晓。苏州市区中学获得全国最佳奖1个、优秀活动奖23个、优秀辅导奖16个,以及省优秀活动奖18个、最佳奖2个、辅导奖3个,市教育局团委获省优秀组织奖。

9月—10月,苏州市教育局团委与市保险公司宣调科联合举办市区中学生保险知识普及竞赛,共有3 000名学生参加,250名学生获奖。同时举办保险知识邀请赛,共有6所学校的12个代表队参加。

11月18日,苏州市教育局团委召开加强市区中学共青团组织建设现场会,推广市三十中团委的先进经验。

本月,周向群任共青团苏州市委书记。

12月9日,共青团苏州市委、中共苏州市委宣传部、市教育局、市文化局联合举办市区中学生《豆蔻年华》影评演讲比赛。

本年,中共昆山县委组织部、共青团昆山县委联合开展党建带团建活动。其做法在苏州市得到推广。

本年,为加强团员队伍建设,提高团组织的自我调节能力,增强团员团的意识,共青团苏州市委在全市开展颁发团员证工作。各级团组织采取开辟专题广播讲座,举办黑板报联展、知识竞赛,开展"立志、勤学、实践、成才"的系列活动等多种形式,加强团员权利义务的宣传教育。全市颁证率达90%以上。

至年底,全市拥有基层团组织16 972个,其中团委674个、团总支997个、团支部15 301个,团员32.6万人。

1990

1月4日,日本爱知县青年友好访华团一行19人应江苏省青年联合会邀请访问苏州。访华团一行参观苏州市机关幼儿园,并与市各界青年座谈交流。

4日—6日,共青团苏州市第十三次代表大会召开,与会正式代表600人,列席代表50人。周向群代表共青团苏州市第十二届委员会做题为《以"四化"为中心,以"四有"为目标,在苏州两个文明建设的伟大实践中培养无产阶级革命事业接班人》的工作报告。大会选举产生共青团苏州市第十三届委员会委员49人、候补委员6人。周向群当选为书记,陈振一、张雷当选为副书记。

2月26日—27日,苏州市学校团队工作1989年年会暨1990年学少工作会议在吴县机关招待所召开。

27日,共青团苏州市委在苏州钢铁厂召开双增双节活动现场交流会。

28日,中共江苏省委宣传部、省军区政治部、共青团江苏省委联合在南京召开江苏省学雷锋先进青年座谈会。苏州市学雷锋先进青年代表朱美华、李玲珍参加会议。

同日,为使全市"学雷锋精神、做四有新人"活动深入、持久、扎实地开展,统一组织协调各青年服务队,开展"为民、利民、便民"活动,共青团苏州市委成立苏州市青年服务总队,命名142支青年服务队,共青团苏州市委副书记张雷任总队长。3月2日,苏州市青年服务总队组织近6 000人参加义务植树活动,共植树11 000株。5日,苏州市青年服务总队组织百支青年服务队约4 000余名青年在全市主要交通干道分设134个摊点开展为民服务活动。

3月4日,苏州市区40 000名少先队员高举队旗走上街头,积极投入"学赖宁,争当姑苏好少年"活动。

14日,苏州市"闪光"活动领导小组在国旅社苏州分社隆重召开动员大会。来自旅游及财贸窗口行业的共青团组织代表和部分党政领导共350人参加会议。

15日,共青团吴县县委与全国青少年绿化先进单位——通安乡团委联合在阳山山顶植树8 000余株,造林100余亩。至此,吴县青年林已超千亩。

5月3日,共青团苏州市委、苏州电视台在市体育馆联合举办以"团结、爱国、跟党走"为主题的庆祝五四青年节联欢会,4 000余名青年参加。

5月4日—6月,为纪念五四运动71周年,迎接第11届亚运会,共青团苏州市委、市体委联合举办以"学雷锋、树新风、迎亚运、争奉献"为主题的苏州市首届青年体育节,活动历时40多天。青年体育节开展火炬接力、登山、篮球、足球、乒乓球、羽毛球、中国象棋、围棋8个项目比赛。共青团吴县县委等13家单位获首届青年体育节优秀组织奖。

6月13日,共青团苏州市委在市公交公司举行"使满劲、充满情、客满意"竞赛现场经验交流会。在全市团员、青年中开展以"使满劲、充满情、客满意"为内容的"满意在苏州"竞赛活动。调动全市财贸、交通、城建、文化、卫生等窗口服务行业团员、青年的积极性,为苏州两个文明建设做出新贡献。

6月—7月,共青团苏州市委、交通银行苏州分行、苏州电视台于七一前后联合举办"BC"杯姑苏青年风貌电视片展评展播活动。22部电视片参评,其中特等奖1部、一等奖1部、二等奖3部、三等奖5部、优秀奖10部。获奖电视片在苏州电视台18频道逐一展播,从不同侧面反映全市青年在两个文明建设中做出的突出贡献。

9月9日—12日,共青团中央检查组一行7人对苏州市中学实践教育活动进行检查验收。检查组听取共青团苏州市委学少部等部门的工作汇报,并赴张家港市梁丰中学等学校检查,认为共青团苏州市委和所属各地团委在组织开展中学实践教育活动中取得了令人满意的成果。

11日,苏州市近3 000名青年参加"亚运之光"火炬传递接力活动。

11月24日,共青团苏州市委和市公安交警支队联合举行颁奖大会。大会表彰和奖励在青少年交通安全知识、亚运知识、团的基本知识有奖竞赛中获奖的个人和集体。

下旬,共青团苏州市委召开苏州市机关事业单位共青团工作研讨会。会上通过《苏州市机关事业单位共青团工作条例》。

12月6日—8日,苏州市试行《中国少年先锋队教育纲要》(简称《纲要》)经验交流会暨专题研讨会在吴江召开。研讨会对1990年度实施《纲要》的5所示范学校、11个先进集体予以表彰。自1989年以来,共青团苏州市委、市教育局、市少工委在全市58所小学试行面实施《中国少年先锋队教育纲要》,市少工委组织一批熟悉少先队工作的总辅导员,帮助试点学校开展工作。

本年,全市各级团组织和科委、农业、多管部门配合省511工程和市"丰收计划""星火计划"的实施,积极开展科技兴农带头人竞赛活动。组织广大农村青年积极学习、运用和推广农业新技术及"短平快"星火科技成果,涌现出一大批有觉悟、懂技术、善管理的优秀人才,受到国家和省表彰。范立元等34人被评为1990年度苏州市青年科技兴农带头人。

本年,苏州市青年联合会以多种形式服务社会、建设社会,先后组织青年联合会委员为100多家工厂、学校、医院提供无偿服务。市青年联合会组建的青年心理与行为指导中心,先后为上千名青少年答疑解惑,产生了良好的社会效益。市青年联合会委员尤颖秋将他发明的一种香料无偿提供给3家工厂生产,部分产品远销欧美市场。市青年联合会还主动向基层送技术、送信息。

本年,共青团苏州市委开展"苏州市十大杰出青年"评选活动,对在改革开放和社会主义现代化建设中做出贡献的优秀青年进行表彰。

至年底,全市拥有基层团组织16 545个,其中团委629个、团总支965个、团支部14 951个,团员32.16万人。

1991

1月5日—7日,共青团江苏省九届四次全委(扩大)会议在苏州召开。全省各市、县、高校、省直属单位的共青团江苏省委委员及团委书记200多人出席会议。共青团江苏省委书记王占成做工作报告,号召全省团员、青年为"八五"建设贡献青春。

28日,一座具有现代建筑风格、功能设施齐全的苏州市青少年活动中心建成,接待首批青少年客人。活动中心占地面积25亩,建筑面积3 500平方米,可同时容纳1 000人。内设图书馆、阅览室、舞厅、桌球房、录像厅、电子游戏室、咖啡屋、电动车室、气垫健身房和固体游泳池等,开设青少年书画作品展和苏州市青工双增双节成果展两个展览。市青少年活动中心成为全市青少年开展思想教育和文化娱乐活动的重要基地。

3月5日,共青团苏州市委、市教育局、市少工委在平江区少年宫联合召开苏州市少先队"学赖宁,十帮一"活动总结表彰暨扶贫捐款大会。大会表彰苏州市少先队"学赖宁,十帮一"扶贫活动先进集体和最佳活动,共青团苏州市委被全国少工委评为"学赖宁红旗单位"。

26日,共青团苏州市委在常熟召开"一队二岗三满"(青年突击队,青年红旗岗、青年文明岗,出满勤、干满点、使满劲)竞赛现场动员会。

4月20日—21日,苏州市学生联合会第七次代表大会召开,102名代表参加会议。

21日,苏州市青年联合会十届一次全委会闭幕。共青团苏州市委副书记张雷做题为《广泛团结各族各界青年,为我市改革开放和现代化建设事业艰苦奋斗、建功立业》的工作报告。

5月3日,共青团苏州市委在开明大戏院召开苏州市各界青年纪念五四运动72周年暨表彰大会。284名新长征突击手、146名优秀团干部、63个新长征突击队、83个先进团组织受到表彰。

3日—18日,共青团金阊区委与相关部门联合举办苏州市金阊区首届青年文化体育节。主要活动有青年运动会、青年演唱会、青年科技新品成果展、"伟大的党、光荣的团"知识竞赛等,内容丰富,形式多样。最后评选出周宏等"金阊十佳青年"。

19日—30日,共青团苏州市委在吴江黎里、梅堰、七都等乡镇召开苏州农村青年科技兴农带头人竞赛活动现场经验交流会。与会者观看现场,交流经验,推进竞赛活动的开展。

28日,共青团苏州市委在苏州汽车北站隆重举行"共青团号"车命名仪式。苏州汽车客运分公司苏州营业处的41-821车和常熟营业处的43-312车分别被授予"共青团号"车荣誉称号。这是共青团苏州市委首次将交通系统长途客车命名为"共青团号"。

同日,共青团苏州市委举办苏州青年"八五"建设责任状签名仪式暨"质量、品种、效益年"宣传周开幕式。

8月8日,共青团苏州市委、市乡镇工业局联合举办的苏州乡镇企业青工操作技术比武竞赛圆满结束。产生车、钳、电焊、衬衫缝纫、织布挡车5个工种的前三名,这些荣获名次的青工同时获得"市乡镇企业青工操作技术标兵"

称号,并代表苏州参加省级决赛。

9日,共青团中央书记处书记刘奇葆听取共青团苏州市委书记周向群关于苏州灾情和市团组织抗洪救灾工作的专题汇报,并先后前往吴县胥口和吴江察看灾情,深入基层慰问团员、青年。

9月15日,苏州各中学近千名团、队学生走上街头,开展"责任与奉献行动日"和"红领巾救灾行动日"活动。

19日,共青团苏州市委、市旅游局举行"青春在旅游业中闪光"主题活动表彰大会。大会授予钱海婷等10人先进个人称号,授予南林饭店等5家单位优秀组织奖。自1990年以来,苏州各级旅游行业单位和共青团组织开展旅游知识宣传、青工服务技能比武等活动,为参与行业管理、振兴旅游行业做出贡献,并以优质服务和创造性的劳动赢得社会各方的赞誉。

10月,共青团苏州市委召开"加速发展团办实体,力争'八五'期末全国第一"动员大会。

8日—9日,苏州市青少年教育工作会议在阊门饭店召开。出席会议的有各县(市)、区、局、大专院校的党委分管书记、政法委负责人、宣传科长、团委书记,青少年教育集体的代表、先进个人、热心人士共200多人。大会的主要任务是回顾总结近两年来全市教育工作的情况,表彰先进,交流经验,研究部署之后一段时期的工作。

上旬,共青团苏州市委等5家单位在全市窗口行业中开展青年优质服务观摩活动。通过悬挂宣传横幅、设立群众评议台等多种形式,将苏州的"双争"活动推向高潮。

13日—15日,苏州市第二次少先队和辅导员代表大会在吴县第一招待所召开,出席代表共300多人。大会审议并通过张雷代表市少工委做的题为《面向未来,勤奋工作,培养社会主义事业接班人》的工作报告,选举产生由31人组成的新一届市少工委,张雷当选为主任。全体与会少先队员代表给全市少先队员写《向赖宁学习,做合格的21世纪的新主人》的信,全体辅导员代表向全市辅导员发出《热爱红领巾、培养接班人》的倡议书。

21日,共青团中央书记处书记洛桑来苏视察共青团工作,对苏州市团组织在思想教育、自身建设、活跃青年文化等方面取得的成绩予以高度评价。

10月24日—11月2日,共青团苏州市委及市团校联合举办第三期基层团委书记一级岗位培训班。81名企业团委书记学习"团的基础知识"及"团的整体化建设新思路"等课程。

12月20日,共青团苏州市委在苏纶纺织厂召开大中型企业团工作研讨会。会议就如何进一步在搞活、搞好大中型企业过程中发挥团组织作用这一中心议题,进行研讨和交流。苏纶纺织厂、苏钢厂、半导体总厂、丝绸公司、卫生局团委等单位做书面交流发言。共青团苏州市委要求各级团组织以培养"四有"新人为出发点和落脚点,以调整经济结构和提高经济效益为中心,紧紧把握住抓岗位、育新人,抓管理、促规范,抓指导、重宣传,抓特色、求发展等环节,引导教育广大团员、青年问政治、学理论、钻技术、讲奉献。

下旬,共青团苏州市委表彰10名科技兴农带头人标兵、32名科技兴农带头人、10名明星青年企业家、46名优秀青年厂长(经理),同时表彰30个农村共青团红旗岗、60名青年突击手、30个优秀青年星火小组。

本年,共青团苏州市委在部分基层团组织中,进行"青年社会主义思想教育"百日试点工作,使广大青年受到一次生动的爱党爱社会主义教育。光明丝织厂团委在青年中开展以"社会主义好"为主题的读书教育活动,建立读书小组33个,培养一批读书骨干,激励青年立足岗位做贡献。吴县陆墓镇团委举办"社会主义优越性大家谈"座谈会,组织抗洪事迹演讲报告团,设立农村社教热线电话,共解答各种问题1 000余次。新苏师范学校团委组织学生学习江泽民"七一"讲话,安排学生走访大中型企业,增强学生爱党爱社会主义的热情。

本年,金阊区企业团组织围绕"质量、品种、效益年"主题,广泛开展"一队二岗三满"竞赛活动。

1992

2月6日,共青团苏州市委组织举办集体婚礼。8对青年参加集体婚礼,中共苏州市委副书记黄俊度、市人大常委会副主任俞明、副市长周大炎出席婚礼仪式,周大炎担任证婚人。

19日,共青团江苏省委召开全省青少年绿化工作会议。共青团江苏省委副书记徐鸣主持会议,会后共青团苏州市委书记陈振一布置绿化工作和其他方面工作。3月3日,共青团苏州市委全体机关人员参加市区工地绿化活动。3月12日,共青团苏州市委组织团员、青年赴吴县藏书开展绿化荒山的活动。

本月,陈振一任共青团苏州市委书记、党组书记。

3月9日,共青团苏州市委表彰苏州市第十中学"中学生团校"、吴江县盛泽一中"中学生团校"等15所优秀中学生团校。

23日—26日,共青团中央宣传部副部长郭廷栋、共青团江苏省委副书记徐鸣来苏考察共青团工作,参观昆山开发区、苏州市青少年活动中心,并召开大中型企业团干部座谈会。

25日,《贯彻落实中国共产主义青年团基层建设纲要暨培训活动》工作会议召开。共青团中央宣传部副部长郭廷栋、共青团江苏省委副书记徐鸣看望全体与会人员。

4月20日—21日,苏州市学生联合会第七次代表大会召开,102名代表参加会议。会议听取、审议并通过黄儵所做的题为《坚定信念,勤奋学习,勇于实践,努力成为社会主义现代化建设的合格人才》的工作报告和王晋康所做的关于修改《苏州市学生联合会章程》的报告,同时还选举苏州大学学生会等40个团体为市学生联合会第七届委员会委员单位。

20日—21日,苏州市青年联合会第十届委员会第一次全体会议召开。来自全市各族各界的187名新当选的青年联合会委员出席会议,13个青年社团的负责人列席会议,会议选举张雷为市青年联合会主席。

5月3日—9日,共青团太仓县委举办太仓县第二届青年文化节。文化节以"高举团旗跟党走,艰苦奋斗建功业"为主题,开展座谈会、演讲比赛、首届青年时装表演赛、第三届青年交谊舞比赛等14项活动,8万余名团员、青年参与活动。共青团太仓县委表彰命名明星团支部10个、先进团支部87个、一级"青年之家"10个、二级"青年之家"44个。

3日—18日,共青团苏州市委组织各县(市)团委书记及青年乡镇企业家赴海南、深圳、珠海、广州考察。

4日,共青团苏州市委举办纪念五四运动73周年和建团70周年大会。大会以"伟大的党,光荣的团"为主题,以中国共青团70年的发展历史为主线,组织歌舞演出,反映在中国共产党领导下,共青团团结教育广大团员、青年为中国革命和建设英勇奋斗的光辉历程。会上全市178名青年党员在党旗下进行庄严的入党宣誓。

5月4日—6月2日,共青团苏州市委、苏州电视台等联合举办第四届"姑苏十佳青年"评选活动。朱凤泉等10人获奖,毛惠中等5人荣获"姑苏优秀青年"称号。

8日—22日,共青团苏州市委书记陈振一随共青团中央考察团赴港澳进行考察。

25日,中共苏州市委组织部、共青团苏州市委召开全市党建带团建工作经验交流会。中共苏州市委常委、组织部部长冯瑞渡在会上做题为《深入开展党建带团建活动,全面提高党团组织自身建设的水平》的报告。中共吴江市委组织部等15家单位从不同层次、不同角度总结交流各自开展党建带团建工作的经验。

30日,苏州市少先队鼓号队,少年军(警)校大检阅活动在市体育场举行。

7月6日,中国扶贫基金会在苏州举行"学赖宁、十帮一"授奖仪式。中国扶贫基金会副会长何载将已故全国政协主席、中国贫困地区发展基金会名誉会长李先念生前亲笔题词"扶贫济困,共同富裕"的奖牌授予苏州市全体少先队员,表彰60万姑苏"红领巾"为全国扶贫工作做出的显著成绩。

9月21日,共青团江苏省委批准在苏州建立全国青少年活动营地,定名为"全国青少年苏州活动营地"。

10月10日,共青团苏州市委在苏州大学礼堂召开1992年暑期苏州高校学生社会实践活动总结表彰暨经验交流大会。

12月9日—10日,苏州、无锡两地团市委在昆山联合举办"三资"企业共青团工作研讨会,进一步认识"三资"企业青年工作和团建工作的重要性,探讨"三资"企业共青团和青年工作的新路子。

本年,共青团苏州市委在全市范围组织开展"青工技能月"活动。通过组织培训、讲座、观摩、劳动竞赛、技术练兵、先进操作法推广等主题活动,深化全市青年工作,推动企业青年队伍建设。

本年,全市各级团组织以经济建设为中心,以培养"四有"新人为目标,开展"社会主义教育""一队二岗三满""八五建设责任状""科技兴农""科技兴市""星火杯""丰收杯"等一系列活动,引导和带领广大团员、青年在岗位学习、在岗位成才、在岗位奉献,涌现出亚洲杰出农民邹家祥、全国明星青年乡镇企业家胡浩、全国十佳红旗团支部吴县新华村团总支等一批先进个人和集体。

1993

5月3日,纪念五四运动74周年大会在苏州市青少年活动中心举行。来自全市各界的近600名青年代表出席大会。共青团苏州市委副书记张雷在会上讲话,要求全市各级团组织和广大团员、青年进一步弘扬五四精神,奋力拼搏,开拓进取,努力开创全市共青团工作的新局面。共青团苏州市委集中推出以"日行中天"为题反映青年企业家风采的电视新闻展播、五四青年电影周、"翔云杯"青年美术书法大奖赛和"少年儿童如何保护自己"知识竞赛等大型活动。

3日—10日,中国共产主义青年团第十三次全国代表大会在北京召开。大会选举产生由165名委员和110名候补委员组成的新一届中央委员会。李克强当选为书记处第一书记,刘鹏、袁纯清、吉炳轩、赵实、巴音朝鲁、姜大明当选为书记处书记。共青团苏州市委书记陈振一、共青团吴江市委书记吴炜、苏州钢铁厂团委书记盛学根、工商银行苏州分行团委副书记叶奔、苏州大学中文系学生邓丽洁5名代表出席共青团第十三次全国代表大会。

4日,常熟市青年联合会成立暨第一次会议召开,来自各行各业的88名青年出席会议。会议选举产生了青年联合会常委17人,吴伟任主席。

本月，共青团常熟市委、常熟市青年联合会、常熟市科协和常熟市科委联合开展"十佳青年科技成果""十佳青年科技工作者"评比活动。号召广大青年科技工作者以技术改造、科技进步、新品开发、发明创造为重点，开展"五小""三优"竞赛。经专家评审，表彰了铝、镍、铬八类磁钢等10项成果为常熟市"十佳青年科技成果"，许文元等10人为常熟市"十佳青年科技工作者"。

8月，共青团昆山市委、昆山市科协联合启动青年科技工程竞赛活动。至年底，各基层团组织申报青年科技工程1 682项，其中填补国内空白7项，申报国家、省专利12项，16名团员、青年被评为"青年科技标兵"。

10月12日，共青团苏州市委在新落成的苏州革命博物馆举行苏州市少年儿童代表入队仪式，欢庆中国少年先锋队成立44周年。少先队员们唱起嘹亮的队歌，50名新入队的小学生进行庄严的入队宣誓。

11月2日—5日，共青团全国组织工作会议在苏州召开。会议贯彻党的十四大和全国组织工作座谈会精神，落实团的十三大和团中央常委会会议的工作部署，研究改革开放和发展社会主义市场经济条件下加强团的自身建设的任务与措施。

13日，共青团苏州市委在新苏丝织厂召开外来青工教育管理专题研讨会。积极配合党政部门加强对全市近40万名外来青工的教育管理和团建工作，探索切合苏州实际的外来青工管理办法。

至年底，全市拥有基层团组织16 477个，其中团委709个、团总支930个、团支部14 838个，团员30.97万人。

1994

1月17日，共青团苏州市委成立苏州市青年企业家协会。旨在团结全市青年企业家及有志于研究企业家问题的青年人士，推进改革，提高经济效益，发挥青年企业家参政议政的积极作用，为苏州经济服务。

2月2日，苏州市大中型企业团组织联合会召开工作会议。苏州有线电一厂等7家单位的代表做发言，17家单位做书面交流。3月起，共青团苏州市委在全市大中型企业团组织中开展"1994经济热点、青年点子大赛"活动，得到热烈响应。

21日—26日，共青团苏州市委在市团校举办县局级团干部培训班。培训班结合改革开放形势，围绕股份制、现代企业管理、关贸总协定、乡镇企业管理等方面给团干学员授课。

4月，共青团苏州市委根据团中央提出的实施跨世纪青年文明工程的要求，在全市团员、青年中开展创建"青年文明号"活动，号召全市青年在生产、经营、管理、服务中争创"体现高度职业文明、创造一流工作业绩"青年集体、青年岗位、青年工程，树立敬业意识，激发创业精神。

5月3日，全市2 000多名各界青年代表隆重集会，纪念五四运动75周年。大会表彰蒋纪周等苏州市第三届"十大杰出青年"，常熟市冶塘镇团委等10家单位团组织获共青团苏州市委"育人杯"优胜单位称号，张家港市杨舍镇团委等10家单位团组织获"基础杯"优胜单位称号，常熟市练塘镇团委等10家单位团组织获"科技杯"优胜单位称号，昆山市建委团委等10家单位团组织获"创业杯"优胜单位称号。

6月21日—8月30日，苏州市市政公用局团委组织市、局级77名优秀青年人才分期参加电脑知识培训。

7月25日—26日，共青团苏州市委召开"创业杯"现场经验交流会，组织参观共青团吴县县委、共青团昆山市委、共青团金阊区委和苏州搪玻璃设备厂团总支创办的团属实体。

8月10日，共青团昆山市委联合经委、劳动局专门召开青年岗位能手活动工作会议。

31日，共青团苏州市委经研究决定，同意苏州中国青年旅行社成立苏州青旅集团。

10月13日,在庆祝中国少年先锋队建队45周年之际,共青团苏州市委、市少工委联合表彰一批在开展"学雷锋、学赖宁、心中有祖国、心中有人民""悠悠学子情、拳拳报国心"爱国主义教育活动,"手拉手、寄深情"红领巾扶贫助残活动,"自己的事自己做,我们不做小皇帝"活动中涌现出来的德、智、体、美、劳全面发展的优秀少先队员。平直中心小学的吴苏佳等学生被评为"十佳少先队员",陈永平等人被评为"十佳少先队辅导员"。

11月21日—24日,共青团苏州市第十四次代表大会召开,与会正式代表400人、列席代表38人。樊金龙代表共青团苏州市第十三届委员会做题为《抓住机遇,迎接挑战,为苏州实现基本现代化培养一代跨世纪接班人而奋斗》的工作报告。大会选举产生共青团苏州市第十四届委员会委员47人、候补委员13人。樊金龙当选为书记,沈敏强、曹后灵、谢建红当选为副书记。

本年,太仓市"青年文明号"活动正式启动。共青团太仓市委在窗口行业开展"争创共青团红旗岗、争当共青团红旗手"竞赛活动。华联商厦等36家参赛单位严格制定考核标准,在团员、青年中开展岗位训练、职业道德教育、业务技能比赛等形式的活动,激发广大青年立足岗位,崇尚技能、学练技能的热情。

本年,共青团苏州市委开展"情系苏州"外来青工系列活动。先后在全市外来青工中开展"苏州——我的第二故乡"征文活动、"唱出你的心声"卡拉OK比赛、"心灵手巧比贡献"岗位能手比赛、"做好主人翁"合理化建议比赛、"营造快乐生活"外来青工文明宿舍比赛、"苏州市十佳外来青工评选"等多项活动,得到广大外来青工的普遍响应。

本年,共青团中央、国家经贸委、劳动部联合倡导在全国企业青工中开展青年岗位能手活动。苏州市各级团组织认真组织并开展该项活动,涌现出杨烈诚等10名1994年度"苏州市杰出青年岗位能手",唐文东等93名1994年度"苏州市青年岗位能手"。

至年底,全市拥有基层团组织17 595个,其中团委728个、团总支996个、团支部15 871个,团员31.34万人。

1995

3月3日,苏州市青年志愿者协会召开成立大会。来自全市各个系统的200多名青年志愿者代表出席会议。苏州市青年志愿者协会是由志愿从事社会公益、社会服务事业的各界青年组成的社会团体,接受共青团苏州市委的指导。大会通过协会章程,选举产生协会领导机构,推举共青团苏州市委副书记谢建红为理事长。

5日,昆山市青少年志愿者服务总队宣告成立。来自全市各单位的300多名青年志愿者举行宣誓仪式,标志着青年志愿者活动走上规范化的轨道。

昆山市青少年志愿者服务总队志愿者在街头服务

23日,共青团苏州市委和市青年企业家协会、市青年乡镇企业家协会联合表彰71名优秀青年企业家。苏州市有一大批年龄在35周岁以下的优秀青年担任城乡国有、集体、乡镇、合资、股份制、私营等不同所有制形式企业的董事长、经理、厂长,他们为发展全市城乡经济贡献自己的青春和才干,取得显著成绩。在表彰会上,蒋纪周等10人获"苏州市明星青年企业家"称号,杨大明等11人获"苏州市优秀青年企业家"称号,陆雪渔等10人获"苏州市明星青年乡镇企业家"称号,卢懂平等40人获"苏州市优秀青年乡镇企业家"称号。

25日,共青团苏州市委主办的《苏州青年》正式发刊。

4月5日,江苏省首家培养跨世纪

《苏州青年》第一期(含发刊词)

青年人才的基地——苏州市青年人才培训中心在市团校成立。来自全市40个"加强组织建设、加快集体经济发展示范村"的团干部参加首期培训。

27日,太仓市第一届青工技能月开幕式暨纺织操作比赛观摩会在利泰纺织厂举行。近万名青工参加各类操作比赛,46名优秀青工参加苏州青年迈向基本现代化5项全能大赛。

5月24日,苏州市青少年发展基金会经中共苏州市委、市政府批准正式成立。这是由共青团苏州市委、市青年联合会、市学生联合会、市少工委共同创办的非营利性的公益组织。其宗旨是争取海内外关心苏州市青少年事业的社会团体、有识之士的支持和赞助,进一步促进全市青少年工作和教育、科技、文化、福利等各项青少年社会事业的发展。1995年的主要任务是支持创办青少年社会教育、科技文化和福利事业,积极实施"希望工程",开展"爱心助学"活动,资助贫困学生完成学业并成为有用之才。

6月,共青团昆山市委与昆山市经委、昆山市科协联合开展以"扬青春风采,建文明行业"为主题的争当青年岗位能手活动。年底,共青团昆山市委首次授予83名青年"昆山市青年岗位能手"称号。

本月,共青团苏州市委与中共苏州市委宣传部、市人事局等部门联合举办"创捷杯"苏州青年迈向基本现代化5项全能大赛。比赛内容为建设中国特色社会主义理论和社会主义市场经济知识、英语综合能力、电脑文字处理能力、科普知识、文化修养礼仪5项。全市城乡近千名选手进入初赛,大赛历时8个月,并于翌年1月18日在苏州电视台演播厅举行决赛。常熟的乔子力获一等奖,钱骏、胥娟、周利忠获二等奖。

7月27日,共青团苏州市第十四届三次全委(扩大)会议召开。会上下发《关于加强新经济组织团的建设的意见》《苏州市基层青联组织工作条例》《关于在外商投资企业工会中设立青年委员会的暂行办法》《苏州市流动团员管理暂行办法(试行)》。

8月,共青团苏州市委召开农村行政村团工作试点动员大会。共青团苏州市委书记樊金龙做动员报告。

本月,"文明号"示范车命名揭牌仪式暨争创"青年文明号"活动示范现场会举行。会上号召全市青年特别是公交系统青年不断提高职业道德和职业技能,以实际行动塑造和展示苏州青年文明形象。被命名为苏州市"青年文明号"示范车的有张家港市公交汽车公司37号车、昆山市客运公司市内8路公交车、苏州太湖国家旅游度假区泰乐车队、吴江市松陵镇苏E-T0511沈健康车组、常熟市公共交通公司苏E-C6057号车、苏州市公交1路2078号车、苏州风光实业公司苏E-40116号车、苏州永安旅游服务总公司出租车公司陆丽敏车。苏州市公共交通公司7路1019号车组和苏州市汽车出租公司苏E-41378号车分别被评为全国和省"青年文明号"。

本月,共青团吴县市委开展"为创建争做贡献,为团旗争添光彩"主题活动。活动旨在号召全市团员、青年投身于创建国家卫生城市的工作,做出成绩,塑造新形象。

9月23日,首届18岁成人宣誓仪式在苏州革命博物馆举行。苏州市副市长陈浩,"铁道游击队"队长、苏州军分区原司令员刘金山在宣誓仪式上讲话,共青团苏州市委书记樊金龙带领全体18岁中学生宣读《成人誓词》,来自新苏师范学校等校的近千名学生出席仪式。

10月30日,苏州市青年私营企业家协会和外商投资企业青年企业家协会召开成立大会,近40名青年企业家代表参会。大会通过《苏州市青年私营企业家协会章程》《苏州市外商投资企业青年企业家协会章程》,以及两个协会的第一届领导机构名单,共青团苏州市委副书记曹后灵当选为两个协会的会长。

12月19日,共青团苏州市委在苏州医学院召开在苏高校培养跨世纪青年人才座谈会。

本年,吴江市推荐575名优秀团员为党组织发展对象。

本年,农业部、共青团中央授予昆山青年科技人才黄剑伟"全国青年科技标兵"称号。

1996

1月26日,常熟市跨世纪青年人才群英会在虞山大戏院召开。出席会议的有来自全市各行各业的1000名青年代表,108名杰出青年受到表彰。会上听取共青团常熟市委书记张燕做的工作报告,群英会的全体代表向全市的青年朋友们发出《立足本职,无私奉献,创跨世纪辉煌业绩》的倡议书。

3月,共青团苏州市委全面部署城区团组织的试点工作,结合中共苏州市委、市政府实施的"两级政府、两级管理"新体制的要求,确定在13家城区单位开展基层团工作试点,围绕"服务大局、服务青年"的总要求,在团的基础建设、机制建设等方面进行探索。在8月13日共青团苏州市委召开的苏州市城区基层团建设工作会议上,苏州望亭发电厂团委书记徐敢峰做题为《强化自身建设,拓展工作领域,在城区改革和发展中发挥共青团的积极作用》的发言。

4月5日,共青团常熟市委、常熟市青年联合会在全市团员、青年中开展"青春献'九五',迈向现代化"系列活动。五四登山比赛、青年英语朗诵比赛、常熟青年与基本现代化比赛等活动纷纷开展。3000名团员、青年参加活动。

本月,苏州市公交公司7路1019号车组被共青团中央、建设部等九部委授予全国"青年文明号"称号。

4月—5月,共青团苏州市委在全市城乡广大青年中开展"让我们的城市更美丽"系列活动。该系列活动的目的是宣传苏州市改革开放以来社会和经济发展所取得的巨大成就,激发全市青少年热爱家乡、建设家乡的热情,动员青少年为在20世纪末苏州实现基本现代化多做贡献,为创建国家卫生城市做好宣传、献计出力。系列活动包括千名18岁青少年跑步上街宣传"十不"规范,捷安特自行车青春车队上街散发"十不"宣传材料和开展"捷安特杯"自行车青春旅行征文、摄影、书画比赛。

5月3日,苏州市"八五"青工"五小"科技成果展览在市青少年活动中心展厅举行。"八五"期间,全市青工先后参与完成各种"五小"项目13 927项,其中有的填补国内、省内的空白,有的获得国家专利,为所在企业创造了良好的社会效益和经济效益。张家港市取得的3 000多项"五小"优秀成果中,填补国内和省内空白的就有20项；常熟市全国劳模邰诚连续10余次摘取全国床单花型设计比赛的桂冠。

同日，太仓市首届青年联合会成立，出席会议的委员38人。大会选举产生太仓市第一届青年联合会委员会，常务委员11人，赵建初当选为主席。太仓市青年联合会高举爱国主义和中国特色社会主义的旗帜，广泛团结各族各界青年，努力为太仓经济和社会的现代化发展建功立业。

本月，共青团苏州市委被共青团中央授予"青年文明号"优秀组织奖。

6月，徐敢峰任共青团苏州市委书记。

7月，共青团苏州市委在全市窗口行业推行"青年文明号服务卡"工作，并选择苏州人民商场等11家单位作为首批试点，以"服务卡"形式，向社会做出"青年文明号"的承诺，得到窗口行业和社会的肯定，取得良好的社会效益。

8月13日—14日，共青团苏州市委召开第十四届六次全委（扩大）会议。徐敢峰做题为《理清思路，突出重点，加快适应两个转变，努力促进全市共青团建设和青年工作再创新水平》的讲话。

10月11日，共青团苏州市委、市教委、市关工委、市少工委在市青少年活动中心联合召开纪念少先队成立47周年大会。大会的主题是进行"跨世纪中国少年雏鹰行动"经验交流，并表彰市"十佳雏鹰少年"、市"十佳少先队辅导员"及市"少先队工作热心支持者"。

22日，共青团吴县市委组织的"吴县市青年迈向现代化基本技能大赛"决赛举行。大赛分为初赛、预赛、复赛3个阶段，共有10名选手进入决赛。

29日，共青团苏州市委举办"青年岗位能手""青年文明号"等表彰活动。冯雪君等10人获市"杰出青年科技标兵"称号，王勤奋等10人获市"杰出青年岗位能手"称号。大会同时还表彰市青工"五小"活动中涌现的290个优秀项目。共青团苏州市委等7个部门联合发出《苏州市青年职工岗位能手奖励暂行规定》，使"青年岗位能手"活动在培养、激励方面有了制度保障。常熟市政府专门拨款20万元，各成员单位和社会各界资助60万元，作为"青年岗位能

"青工技能月"活动

手"奖励基金。

11月30日,共青团吴江市委组织部分青年企业家、青年联合会代表和青年科技标兵,在中国华鑫集团召开向张剑明学习的座谈会。座谈会上,张剑明向大家介绍赴京参加首届"中国十大杰出青年农民"表彰大会的情况。在共青团中央、农业部、财政部、水利部、林业部等六部委组织的"中国十大杰出青年农民"评选中,中国华鑫集团董事长张剑明获得提名奖并出席在北京举行的表彰大会。

本年,各级少先队组织以纪念红军长征胜利60周年为契机,全面深入开展与革命老区、贫困地区、少数民族地区"手拉手"活动。全市"手拉手"活动参与率达90%以上,共建立辅导员"手拉手"400对、联谊校305所、书屋330个、书架20个,而学生"手拉手"则达10万对。虎丘中心小学等一批学校被评为"全国'手拉手'先进学校"。"手拉手"活动成为全市少先队规模最大、影响最深、最受欢迎的一项主导性教育活动。

1997

年初,共青团平江区委建立6个社区服务推进小组,以街道团总支、教育局教学辅导区团支部为依托,对直属团组织按地域就近的原则划片,发动团员、青年服务社区。

1月6日,在"1997今冬相聚在黄山——首届中国十大风景名胜区城市青年联谊大会"上,苏州市青年联合会主席、共青团苏州市委副书记沈敏强代表苏州市青年联合会与秦皇岛、西安、承德、宜昌、桂林、杭州、黄山、嘉峪关、北京东城区九大风景名胜区城市青年联合会的负责人签订缔结友好青年联合会协议书。

本月,张家港市青年志愿者协会被共青团中央、中国青年志愿者协会授予"全国青年志愿服务杰出集体"称号。

3月3日,共青团常熟市委召开常熟市青年志愿者行动推进大会。年内共青团常熟市委先后建立常熟市老干部活动中心等3个市级青年志愿者服务基地;开展与离退休孤寡老人、残疾人"认亲结对献爱心"活动,全市共结对83对;"手拉手"爱心结对助学活动持续开展,共完成与江苏盐城响水县300名贫困学生、陕西榆林横山县60名濒临失学儿童的助学结对工作,并为援建西藏苏州小学组织捐款12.1万元。康博集团共青团员孙燕响应共青团中央"青年志愿者扶贫接力计划"的号召,自愿赴山西忻州静乐县扶贫助教1年。

本月,吴县市青年志愿者协会成立。

4月,全国少工委授予昆山实验小学大队部"全国红旗大队"荣誉称号。

5月4日,苏州市青少年教育工作暨五四纪念大会在市会议中心召开。来自全市各地的青少年工作领导和各界青年代表共千余人参加大会。共青团苏州市委书记徐敢峰做题为《弘扬五四精神,为苏州实现基本现代化而努力奋斗》的讲话,市委政法委、共青团苏州市委和市教委等8家单位交流近年来的工作经验,优秀青年朱新芬、许晓东和陆进等介绍忠于职守、乐于奉献的先进事迹。常熟市沙家浜镇党委等20个青少年教育工作先进集体、周蓓蕾等20名先进工作者、朱华兴等19名热心人士、顾玉芬等10名十佳基层团干部、张家港市杨舍镇团委等10个十佳基层团组织、朱新芬等20名新长征突击手标兵、徐文浩等293名新长征突击手、姚文蕾等204名优秀团干部、"太阳水"青年服务队等51个新长征突击队、苏州第十中学团委等56个先进团组织受到表彰。

18日,共青团苏州市委书记徐敢峰主讲的"苏州基本现代化与苏州青年"讲座在苏州大学举办。

本月,共青团苏州市委在全市各级团组织和广大青年中开展"跨世纪苏州青年形象讨论"系列活动。讨论议题涉及"跨世纪苏州青年应具备什么样的素质"和"跨世纪苏州青年在实现苏州基本现代化实践中的思想和行动"两大内容,系列活动包括"青年共话跨世纪"座谈会、"二十一世纪与苏州青年"研讨会和"跨世纪苏州青年形象"征文演讲大赛等。

6月20日,共青团太仓市委举办"迎回归、爱祖国"演讲比赛和"讲历史、话回归"香港知识竞赛。全市各级团组织通过举办各类报告会、主题队会、知识竞赛、歌咏比赛、演讲比赛和参观访问等活动,加强全市青少年的党史、国史、市情、镇情、厂情教育。

7月24日,共青团苏州市委召开十四届八次全委(扩大)会议。徐敢峰做题为《抓住机遇,解放思想,奋发进取,以优异成绩迎接党的十五大召开》的报告。

28日,昆山民营经济组织中的首家团组织——静明眼镜公司团支部建立。

8月,共青团苏州市委与中共苏州市委组织部、宣传部、市教委共同倡议募捐活动。共向全社会募捐150万元,其中100万元用于援建西藏小学,余款作为苏州市青少年发展基金用于帮助身边的贫困学子。

11月,路军任共青团苏州市委书记。

12月,康博集团董事长高德康被共青团中央和中国青年志愿者协会授予"青年志愿者行动特别贡献奖"。

本年,苏州市青少年发展基金管理委员会成立。旨在支持创办全市青少年社会教育、文化、科技和福利事业,为人民分忧、为政府解难,促进青少年工作的全面发展,持续资助面临失学的中小学生完成学业,开展"一助一"爱心助学活动,全市结对4 806对。首批动用一部分资金用于资助市区贫困下岗职工的子女完成九年义务教育,首批资助300人,每人每学年400元。

本年,共青团吴江市委开展党建带团建百村竞赛活动。77%的参赛团支部达到吴江市级明星团支部或先进团支部标准,100%的团支部建立"青年之家"。

本年,共青团常熟市委通过科技夏令营、"雏鹰假日小队"、争章达标、"科技启明星"等活动,提升少年儿童的多种技能。徐市中心小学少先大队获"全国雏鹰红旗大队"荣誉称号。

1998

1月4日,共青团苏州市委召开十四届九次全委(扩大)会议。共青团苏州市委书记路军发表题为《抓住机遇,开拓进取,努力开创苏州共青团新局面》的讲话。

6日,苏州市优秀贫困学生事迹报告会在苏州市会议中心举行。

3月1日,为纪念江苏省第九个青少年义务植树节,共青团苏州市委组织全市各区及有关大专院校团员、青年百余人,在石湖风景区荷花岛营建植绿护绿共青苑。共青团苏州市委广泛开展以青年绿色经济实体、青年生态绿化重点基地、青年城镇园林绿化示范工程为主要内容的青少年绿化"三百"工程(100个青年绿色经济实体,100个青年生态绿化重点基地,100个青年城镇园林绿化示范工程)。共青苑是"三百"工程的一个缩影,也是全市青少年植绿护绿的标志性工程。

5日,以"巩固创建成果,青年志愿者大行动"为主题的学雷锋活动在苏州市区拉开序幕。由共青团苏州市委、市

青年志愿者学雷锋活动

文明办、市级机关党工委联合组织的数千名志愿者走上街头，参加义务劳动，弘扬雷锋精神。

同日，共青团苏州市委、市教委、市科协和苏州乐园联合举办"自然科学春之旅——苏州乐园1998青少年科普教育展览"活动。

同日，共青团中央、中宣部在张家港召开全国青年志愿者行动与群众性精神文明创建活动座谈会。共青团中央书记处书记姜大明一行视察张家港青年志愿者行动机制建设和活动现场。

7日，共青团苏州市委举行"周末便民服务广场"活动。

本月，昆山各级团组织在全市开展"双百共建，服务百村"活动，组织百家城区团支部同百家农村团支部结对，开展一助一共建活动。至年底，在"双百共建，服务百村"活动中，全市共建立10家共青团农村实用技术推广示范方，有力推动农村经济的发展。

4月9日，共青团苏州市委组织市直属机关、卫生局、交通局等单位团委在饮马桥路口举办"我为创建办实事"黑板报联展。

5月3日，苏州市纪念五四运动79周年大会在市会议中心举行。市四套班子及各区、局（公司）、大专院校、直属单位党委领导同志和全市各界近千名团员、青年代表出席大会。中共苏州市委书记杨晓堂代表市委、市人大、市政府、市政协向全市青年致以节日的祝贺。共青团苏州市委书记路军号召全市青年在知识经济时代完成由生力军到主力军的转变，成为跨世纪的一代新人。会上表彰第五届"苏州市十大杰出青年"。五四青年节活动期间，共青团苏州市委还举办首届苏州青年读书节。

"苏州市十大杰出青年"朱卓伦

4日，苏州创捷科技有限公司总经理沈晓春获"江苏省十大杰出青年"称号。

本月，共青团苏州市委发布《跨世纪苏州青少年发展状况研究报告》（简称《报告》）。这是共青团苏州市委受市政府委托，系统研究青少年发展现

苏州青年读书节

状,编印研究成果并以研究报告的形式向社会公布的"白皮书",在江苏省尚属首次。《报告》显示,苏州市有近575万人,其中15—34岁的跨世纪青少年有205万人,约占全市总人口的35.65%。

6月19日—25日,中国共产主义青年团第十四次全国代表大会在北京召开。大会选举产生由177名委员和118名候补委员组成的新一届中央委员会。其中,陈晓萍当选为共青团中央候补委员。23日,团十四届一中全会选出由23名同志组成的团中央常务委员会,周强当选为团中央书记处第一书记,巴音朝鲁、孙金龙、胡春华、黄丹华、崔波、赵勇当选为团中央书记处书记。共青团苏州市委书记路军、共青团苏州高新区区委书记方文浜、共青团吴县市委书记沈觅、中国建设银行张家港支行金洲储蓄所主任陈晓萍、苏州市第十六中学团总支书记黄裴莉5名代表出席共青团第十四次全国代表大会。

本月,共青团常熟市委发动城区团员向常熟市再就业工程基金缴纳特别团费15.4万元,为常熟市再就业工程做贡献。

7月12日—13日,由共青团苏州市委、太平洋保险公司苏州分公司、市少工委联合举办的苏州市青少年自我保护知识竞赛夏令营在市青少年活动中心举行。

15日—27日,共青团苏州市委、市少工委联合举办"1998井冈山革命传统夏令营"。

8月6日—10日,来自贫困家庭的30名学生参加共青团苏州市委、市少工委联合举办的"1998'肯德基杯'希望之星夏令营"。

本月,共青团苏州市委积极响应共青团中央倡导发起的青年志愿者扶贫接力计划,根据贫困地区的实际要求,采取公开招募、定期轮换的方式,组织首批青年志愿者赴陕扶贫,从事教育、科技、医疗、文化方面的志愿服务工作。苏州口腔医院万海丰、苏州第一建筑集团三分公司严才明、太仓市九曲中心小学毛利清、昆山市南港中学沙钢、昆山市锦溪人民医院冷新5名首批青年志愿者赴陕西咸阳地区淳化县参加为期1年的扶贫工作。

本月,共青团苏州市委召开苏州市创业行动推进大会。会上表彰一批在创业行动中涌现出的敢想、敢闯、敢干,以再创业实现再就业,走出一条条新路子的青年兴业领头人典型,为全市下岗青工再就业树立榜样、指明方向。共青团金阊区委、共青团平江区委也通过再就业青年典型报告会等形式,在下岗青工中倡导自强精神和创业精神,鼓励他们主动投身到市场经济的大潮中,积极到非公有制经济、第三产业领域寻求发展。共青团吴县市委与关心下一代工作委员会联合召开吴县市农村青年广开就业门路、依靠科技致富经验交流会。会上要求农村青年学科学、用科技,转变观念闯市场,积极参加"读书、学技、成才"活动,提高思想道德素质,掌握致富本领。共青团吴江市委要求企业团组织加强在岗青年的危机和形势教育,增强青年的危机感和敬业意识。

9月7日,共青团苏州市委在市行政中心召开争创"青年文明号"、争当"青年岗位能手"活动推进大会。大会授予徐文军等10人"苏州市青年岗位能手"荣誉称号。

本月,共青团张家港市委、张家港市青年联合会等联合开展以"同饮一江水,共献一片爱"为主题的张家港市青少年赈灾劝募活动。在张家港市区开设劝募站30个,发放宣传单2万余张,募集资金3万余元。

10月27日—31日,全省少先队教育现代化现场会在张家港召开。同时举办雏鹰争章活动培训班。

本月,苏州市少先队"雏鹰假日小队"活动现场经验交流会暨建队49周年纪念大会隆重召开。大会集中展示全市开展"雏鹰假日小队"活动以来,各级少先队组织围绕学校素质教育主题,通过"手拉手""启明星""百花园""五自"(自学、自理、自护、自强、自律)4次主题活动对广大少先队员进行爱国主义、集体主义教育的丰硕成果。市少工委还积极完善激励机制,制定《苏州市"雏鹰假日小队"活动实施细则(试行)》。

本月,共青团常熟市委召开全市农村基层团工作会议,全面部署"凝聚青年,服务百村"行动、"三争三创"竞赛和"青年文明标兵户"评比活动。全市的农村团建工作稳步走上制度化、规范化道路。

本月，共青团常熟市委组织全市各级团组织为遭受特大洪涝灾害的灾区人民捐款。共捐特殊团费6万元、"手拉手"捐款3.3万元。

11月22日，共青团苏州市委、市青年联合会、太平洋保险公司联合举办首届"太保杯"足球赛。

30日，共青团太仓市委召开农村青年"读书、学技、成才"计划推进会暨"三争三创"活动（争当推广农业新科技能手，创办项目示范基地；争当带领农民闯市场的带头人，创办营销服务实体；争当发展农业产业规模的带头人，创办加工龙头企业）现场经验交流会。

12月9日—12日，共青团中央书记处书记赵勇一行来苏调研小城镇共青团工作及考察张家港市少先队工作。

本年，共青团中央、公安部、司法部授予昆山外来务工青年陈国生"第三届全国优秀外来务工青年"称号。

1999

3月，共青团吴县市委召开全市农村青年"广开就业门路，依靠科技致富"表彰暨"三争三优"（三争：争做清正干部，争创清廉机关，争树清明之风；三优：干部作风优良，发展环境优化，对外形象优美）活动推进大会。会上命名10个市级项目示范基地，表彰20名"广开就业门路，依靠科技致富"的青年标兵。

4月24日，以"读书、修身、立业、强国"为主题的第二届苏州青年读书节拉开帷幕。读书节以引导青年多读书、读好书，提高自身综合素质为宗旨，成立苏州青年新世纪读书计划委员会，正式启动苏州青年新世纪读书计划。推出苏州青年"每天一小时"读书计划，成立读书计划专家指导团，建立"网上书屋"，开展书市、广场书展、百村书展、"读书的苏州人、苏州的读书人"和"市民广场"谈话节目等活动。

27日，来自苏州各中等学校的2 300名18岁青年在横山革命烈士纪念碑前举行成人宣誓仪式。他们举起右手,面对国旗庄严宣誓成人,以自己独有的方式纪念苏州解放50周年。参加仪式的学生还与部分苏州杰出青年代表及部分老革命、老战士代表交换共建协议,放飞和平鸽,

太仓中学生十八岁成人宣誓仪式

种植成人纪念树。各县级市学生也举行18岁成人宣誓活动。参加仪式的学生超过8 000人。

5月4日,苏州纪念五四运动80周年大会在市会议中心举行。中共苏州市委书记梁保华代表市委、市人大、市政府、市政协向全市青年朋友致以节日的祝贺和亲切的问候。会议表彰高桂兴等100名优秀青年、韩丽亚等268名新长征突击手、顾玉芬等189名优秀团干部、苏州市地税局团工委等93个先进团组织。

同日,由共青团苏州市委、苏州电信局联合主办,以"普及网络知识,塑造跨世纪新人"为宗旨,面向全市广大团员、青年的"青少年文明网上行"活动启动。

本月,中国银行昆山支行鹿城储蓄所荣获"1998年度全国青年文明号"。这是昆山第一家被命名的全国"青年文明号"。

6月15日—16日,共青团苏州市委召集工交片局团委负责人及部分合资企业团委书记座谈,就合资企业、转制企业共青团和青年工作进行专题调研。

27日,全市各级团组织在党政部门的统一部署下及时应对重大汛情,发挥青年突击队的生力军作用,动员组织广大青年奔赴防汛排涝第一线。

8月19日,共青团太仓市委召开农村基层组织建设现场会。会议提出开展"达标、创先、争优"活动,抓好行政村团支部建设,表彰沙溪镇胜利村等12个行政村团支部为太仓市级"农村基层组织建设示范点"。

19日—25日,共青团苏州市委在全市开展苏州市绿色旗帜签名接力活动。

25日,苏州各界青少年代表近400人在张家港市双山岛举行长江线主旗苏

州站交接仪式。

10月8日,共青团中央、全国青年联合会命名昆山留学人员创业园为首批"中国青年科技创新行动示范基地"。创业园由昆山经济技术开发区创办,首期1万平方米的标准厂房和3500平方米的创业中心大楼已交付使用。已有从美国、法国、英国、日本等国家回国的留学人员在园内创办15家企业,创业园逐步成为昆山经济技术开发区乃至昆山全市招才引智、技术创新的重要基地。

16日,苏州市2500多名代表在江苏省苏州实验中学隆重举行纪念中国少年先锋队建队50周年大会。大会表彰市"十佳少先队辅导员""十佳少先队员"等一批先进集体和个人。由共青团苏州市委、苏州军分区政治部、市公安局、市少工委联合筹备的苏州市少年军(警)校正式成立。

29日,共青团苏州市委、市综治办联合召开苏州市创建"优秀青少年维权岗"推进大会暨首批市级"优秀青少年维权岗"命名大会。大会命名首批18家单位为市级"优秀青少年维权岗"。

苏州市创建"优秀青少年维权岗"推进大会暨首批市级"优秀青少年维权岗"命名大会

本月,常熟市青年联合会组织部分委员赴陕西榆林横山县开展联谊活动。推动扶贫助学工作,加强常熟与横山的横向经济联系。

12月2日—4日,共青团苏州市第十五次代表大会召开。中共苏州市委书记梁保华代表市委做题为《为苏州跨世纪发展贡献青春和力量》的讲话。路军代表共青团苏州市第十四届委员会做题为《高举邓小平理论伟大旗帜,团结带领苏州市青年为实现新世纪的宏伟目标奉献青春》的工作报告。出席大会的正式代表共299人,平均年龄为27.1岁。大会以无记名投票方式,差额选举产生共青团苏州市第十五届委员会委员41人、候补委员18人。路军当选为书记,王飏、蔡丽新当选为副书记。

至年底,全市拥有基层团组织8147个,团员29.19万人。

2000

1月29日，按照江苏省少先队教育现代化的总体要求及《苏州市少先队辅导员管理条例》中对少先队辅导员的选拔、配备、管理、培训等有关规定，共青团苏州市委、市教委、市少工委组织全市首次少先队辅导员持证上岗资格考试。全市共有500余名少先队辅导员参加资格考试，考试合格率为98%。

本月，太仓市青少年法律援助站正式挂牌成立。援助站对经济困难、贫弱和特殊案件的青少年当事人减免收费，提供法律帮助。该站为太仓市法律援助中心分支机构，挂靠共青团太仓市委，由共青团太仓市委学少部负责日常工作，业务上接受太仓市法律援助中心的指导和监督。

2月26日，共青团苏州市委、市贸易局、平江区在人民商场联合召开创建"青年文明号"观前示范街现场推进会。会议回顾观前地区"青年文明号"创建工作，交流并探讨观前地区青年集体如何进一步围绕创新创效和"百城万店无假货"活动，发挥"青年文明号"的品牌效应，促进企业创收增收。

29日，由共青团苏州市委、中共苏州市委宣传部、市文化局、市新闻出版局、市文联联合举办的第三届苏州青年读书节在苏州大学隆重开幕。

30日，苏州市第六届"十大杰出青年"颁奖典礼在苏州市会议中心举行。苏州大学材料工程学院副教授陈宇岳、安博教育集团总裁黄劲、昆山市中医医院院长张月林、山塘房管所职工徐建明、皮市街派出所所长薄建新、沙钢集团职工曹斌、吴县市阳澄湖镇养殖专业户龚炳根、吴江第二实验小学副校长薛法根、苏州市园林局设计院屠伟军、驻苏某部指挥班战士叶俊荣获"十大杰出青年"称号，他们同时被共青团苏州市委授予"苏州市新长征突击手"荣誉称号。

4月，昆山市陆家镇财政所荣获1999年度全国"青年文明号"称号。

5月2日—12日，由市青年联合会、市书法家协会、市青年书画协会联合主办的"通灵翠钻杯"苏州市青年美术书法作品展览在市文联艺术家展厅举办。此次展览为当时苏州市规模最大、质量最高的一次青年展。

4日，苏州有线电视台与共青团苏州市委联合推出大型互动式娱乐节目——《极度心动》。

15日—16日，在中宣部、教育部、共青团中央联合召开的全国青年学习邓小平理论经验交流会上,共青团吴县市委书记沈觅做题为《引导青年学习邓小平理论,投身农村基本现代化实践》的发言。

7月17日,共青团苏州市委、市卫保办、市青教办、市少工委联合开办苏州市青少年自我保护夏令营。

26日,苏州市小城镇共青团工作暨"三争三创"活动推进大会召开。共青团苏州市委副书记蔡丽新做题为《强镇重社区、促农重科教,全面推进苏州市小城镇共青团工作》的工作报告。

太仓市首届大学生暑期文化、科技、卫生"三下乡"社会实践活动中志愿者为小学生验光

27日,共青团太仓市委举办首届大学生暑期文化、科技、卫生"三下乡"社会实践活动。19名太仓籍大学生和5名青年志愿者组成"三下乡"服务队。

8月20日,共青团苏州市委、苏州青年志愿者协会联合召开苏州青年志愿者协会成立5周年大会。第二批赴陕支医支教青年志愿者被共青团苏州市委授予"苏州市新长征突击手"称号,52个1999年度苏州市青年志愿者服务先进集体和98名先进个人同时受到市青年志愿者协会的表彰。全市已建立青年志愿者服务站(基地)100多

赴陕支医支教青年志愿者欢送仪式

个,成立青年志愿者服务队800余支,近10万名青年志愿者活跃在城乡各地。

9月11日,由共青团苏州市委、市少工委、天罗网络科技有限公司主办的易友青少年网站正式开通。易友青少年网站是全市第一家以青少年为服务对象的专业信息网,分为青年版和少年版两大版块,网站内容涉及科学探索、生活

休闲、文化艺术、心理咨询、智力开发、教育信息、创业论坛等诸多领域。

29日，共青团苏州市委开展苏州市青少年消防安全知识竞赛活动。

10月21日，由共青团苏州市委、市青年联合会、市图书馆等单位联合举办的"苏州市十佳青年藏书家庭"评选活动揭晓，胡玉鸿等10个家庭获此殊荣。活动旨在在全市青年中弘扬读书、修身、立业、强国的主旋律，引导青年家庭开展健康、文明、向上的家庭文化建设，推动历史文化名城群众性读书热和藏书热的兴起，提高市民的文明素质。

本月，共青团昆山市委在全市青年中开通全省第一家县级共青团系统网站——"年轻人"网站。该网站成为广大团员、青年工作和学习的良师益友。

12月20日起至翌年1月20日，共青团太仓市委组织举办以"推广科技、倡树新风、传播文明"为主题的首届乡村青年文化节。文化节上开展"迎接新世纪，歌颂新时代"广场文艺会演、科技服务、"乡村青年大擂赛"体育竞赛、读书活动、书画赛、企业青工技能赛、创建"青年文明一条街"等系列活动。

至年底，全市拥有基层团组织8 349个，团员29.39万人。

2001

1月1日，苏州市第三届乡村青年文化节在张家港隆重开幕。共青团中央书记处书记崔波、共青团江苏省委书记樊金龙等领导和全国"十大杰出青年农民"荣誉称号获得者出席开幕式。

31日，共青团常熟市委举行"亲情一日"联谊活动。全市22名贫困生代表及其家长、老师欢聚一堂，共贺新春。共青团苏州市委还在当月联合有关部门，抽调人员组成"三下乡"队伍，到梅李、新港、海虞等镇开展"三下乡"集中示范活动。各级团组织纷纷通过举办青年火炬接力赛、民间文艺大拜年等特色文化活动喜迎新千年。

2月6日，共青团苏州市委成立苏州市青少年反邪教斗争领导小组。同时出台《关于开展"全市社区青少年反邪教行动"的意见》《"全市社区青少年反邪教行动"方案》,把2月6日定为全市青少年集中行动日。近2万名青少年通过签署《拒绝邪教,远离邪教,共建青年文明社区公约》等形式,以实际行动积极投身于反"法轮功"邪教的斗争。

15日,《苏州农村青年生存发展状况研究报告》正式面世。主要内容为对农村青年、小城镇青年、外来务工青年、农村闲散青年和转制乡镇企业青工的生存、发展等状况进行专题调研。

3月2日,在"保护母亲河行动"全国统一宣传日之际,共青团苏州市委开展"小事做起来,美化苏州城"活动。活动号召苏州青少年以实际行动投身于环保。

5日,"心手相牵"苏州青年志愿者服务广场活动在苏州三香广场举行。来自市政、电信、卫生、公检法等单位的青年志愿者热情为市民服务,同时,共青团苏州市委在广场招募"走进APEC"和"科普进万家"活动青年志愿者。

9日,江苏省"保护母亲河行动"首次工作会议在张家港隆重召开。共青团中央、省农林厅、绿化委、共青团江苏省委和13个市的部分代表共80人与会。会上共青团张家港市委被授予"'九五'期间全省青少年绿化'三百'工程建设先进集体"称号,共青团苏州市委获优秀组织奖。会后与会代表和青年志愿者在双山岛共建1 200亩"江苏省青年乡镇企业家林"。

27日,苏州农校青年志愿者服务队入选"中国百个优秀青年志愿者服务集体"。

4月,江苏苏州证券有限责任公司张家港杨舍证券营业部荣获2000年度全国"青年文明号"。

22日,全市2 000多名18岁青年学生和部分驻苏武警战士在横山烈士陵园参加18岁成人宣誓仪式。

29日晚,由共青团苏州市委主办的"世纪风流——大型青春诗会"举行。全市1 200多名青年欢聚一堂,庆祝五四青年节,迎接建党80周年。

4月—5月,共青团太仓市委、太仓市青年联合会开展新世纪太仓市首届青工技能月活动。在此期间举行机关青年素质展示大赛、服务技能赛、中餐摆台比赛、纺织女工操作赛、少先队辅导员"新世纪我能行"活动方案设计竞赛、创新知识讲座等活动。

6月7日,中共苏州市委副书记杜国玲对市少先队"雏鹰争章"活动、"青年文明号"创建、青年志愿者行动、"青少年维权岗"等工作进行检查、指导。

15日,共青团苏州市委、市青年联合会举行青年私营企业家创新创业座谈会。部分青年私营企业家结合苏州私营个体经济发展的新形势和新要求,围绕科技创新,畅谈创业经历,交流创业心得,为发展私营个体经济献计献策。

21日,共青团苏州市委举办第七期"青年文明号"争创集体负责人培训班。来自全市8个系统的38名学员参加培训。

全国"青年文明号"张港8号轮做消防演示

26日,"为了明天——苏州市预防青少年违法犯罪巡回展览"在张家港开幕。

7月1日,苏州市2 500名团员在市行政大院广场齐聚一堂,以升国旗、重温入团誓词的形式,表达对党的无限热爱。

10日,共青团苏州市委、市综治办联合召开苏州市创建优秀"青少年维权岗"推进大会。全市58家单位被命名为市级优秀"青少年维权岗"。

12日,苏州市青年文化建设理论研讨会举行。共青团苏州市委书记路军做题为《加强青年文化建设,推进苏州共青团和青年工作的深入开展》的讲话。

25日,由苏州市少工委主办、《少年科学》杂志社协办的"我们爱科学,巧手制纸船"载人纸船比赛在苏州市实验小学举行。在为期半年的活动中,全市近5万名少先队员参与纸船的制作。

8月,日本鹿儿岛青少年访问团一行200多人来苏进行友好访问。

9月17日,由共青团苏州市委组织的团干部作风专题教育活动测试在青旅大楼举行。

19日,苏州市青少年心理健康专家指导小组和青少年法律援助专家指导小组成立会议召开。

27日,共青团苏州市委组织部分团干部、优秀青年科教兴农带头人分别到扬州大学、南京林业大学、南京农业大学、苏州大学参观学习。

10月12日—11月24日,共青团常熟市委举办首届红领巾文化艺术节。此次艺术节以"新世纪我能行"为主题,坚持"实践育人"的根本途径,强调"体验"环节,通过多种活动促进少年儿童实践能力的提升。

23日,由共青团苏州市委、中共苏州市委宣传部主办,苏州青旅承办,以重阳节"尊老、敬老、爱老"为主题的"老苏州小苏州同看新苏州"活动在苏州市会议中心广场举行,报名者超过5 000名。老苏州、小苏州参观工业园区、图书馆、体育中心和盘门新貌,亲身感受近年来苏州城乡经济面貌发生的历史性巨变。

11月1日,共青团苏州市委组织全市卫生系统近百名青年志愿者为市各行业200余名外来务工青年进行免费体检。

16日,苏州市农村青年"三争三创"活动领导小组会议在高新区(虎丘区)召开。

20日,苏州市青年志愿者协会召开全市青年志愿者行动推进大会。苏州市青年志愿者协会理事长、共青团苏州市委副书记蔡丽新代表市青年志愿者协会做题为《与时俱进,开拓创新,努力实现青年志愿者事业的蓬勃发展》的工作报告。会上表彰苏州市优秀青年志愿者、苏州市优秀青年志愿服务集体、赴陕扶贫接力计划优秀青年志愿者、"走进APEC"优秀外语青年志愿者。

22日,共青团苏州市委、市电信局等在网上联合发布《青少年网络文明公约》。正式启动苏州市"青少年文明网上行"活动。

12月21日,共青团苏州市委、市关工委在高新区(虎丘区)联合召开苏州市帮助务农青年致富座谈会。

23日,由共青团苏州市委和昆山周庄旅游有限公司共同举办的"2001年'周庄杯'水乡青年歌手大赛"在周庄举行。

24日,为响应共青团中央、全国青年联合会组织的"科技创业、报效祖国——2001海外学人回国创业周"活动,共青团苏州市委、苏州市青年联合会积极为家乡"引智招才"。30多名海外归国学子与苏州有关政府部门真诚对话,来苏的博士、硕士先后参观太仓和昆山的经济技术开发区、苏州工业园区。

本年,共青团昆山市委动员全市广大团员、青年,投身到"富民强市、奉献十五"主题教育活动中,实施"三百工程",促进农民致富。推动全市团员、青年开展"送大棚下乡""送技术下乡"等活动,建立一批共青团富民示范基地。全年为农民捐赠大棚100个,并与100个贫困户开展结对帮困。

至年底,全市拥有基层团组织7 424个,团员30.28万人。

2002

1月5日,苏州市青年商会成立。青年商会以"培育人才、创造商机、扩大交流、服务社会、增进友谊、共同发展"的理念,为青年的成长成才与社会的进步发展提供服务。首批加入青年商会的会员有59人,平均年龄33.7岁。

2月4日,由共青团苏州市委、市教育局、市电信局、市公安局、市文广局、市工商局联合开展的创建"青少年安全放心网吧"活动正式启动。

27日,共青团苏州市委正式启动2002年"保护母亲河——青年志愿者绿色行动营"活动。活动以"种植绿色文明,弘扬绿色时尚"为主题。

"保护母亲河——青年志愿者绿色行动营"活动

本月,由中共江苏省委宣传部、共青团江苏省委、省青年联合会主办的第八届"江苏省十大杰出青年"评选活动揭晓。江苏盛虹印染有限公司董事长缪汉根榜上有名。

3月9日,共青团苏州市委举行"绿色先锋——青年志愿者绿色行动营"活动。在现场开展黑板报展示、盆景义卖、家庭插花表演、认种树苗等活动,并向群众发放绿色行动倡议书、宣传画等。

14日,共青团苏州市委、市贸易局等11家单位联合在苏州购物中心广场隆重举行全市"青年文明号"信用建设示范行动启动仪式,并进行集体宣誓。

21日,由共青团苏州市委、市教育局联合举办的"建设学习型城市,争做学习型青年"读书活动启动仪式在观前文化城举行。

同日,由共青团苏州市委等6家单位联合开展的第七届"苏州市十大杰出青年"评选活动揭晓。毛蔚敏、兰青、史佩杰、朱伟、朱巧明、陈琦、陈建华、张健、曹建荣、薄俊生被评为"苏州市十大杰出青年"。

同日,共青团苏州市委、市青年志愿者协会、市红十字会、市中心血站共同发起"捐献骨髓、关爱生命"——苏州市青年志愿者行动。

4月，昆山市未成年人保护委员会成立。进一步完善了未成年人保护的工作机制，对预防和减少青少年犯罪起到推动作用。

本月，江苏苏州海关报关厅荣获2001年度全国"青年文明号"。

5月11日，来自苏州市各条战线、各所学校的千余名团员、青年在市会议中心欢聚一堂，共同庆祝中国共产主义青年团成立80周年和五四运动83周年。大会表彰第七届"苏州市十大杰出青年""苏州市十佳团干部""苏州市十佳团员""五四红旗团委示范单位"等。各界青年观看纪念中国共产主义青年团成立80周年大型歌会——"青春之歌"。

25日—26日，中国少年先锋队苏州市第四次代表大会召开。180名少先队员代表和辅导员代表认真审议并通过第三届苏州市少工委所做的工作报告，选举产生少先队苏州市第四届工作委员会。大会期间共收到少先队员提案180个、辅导员提案130个，为历次会议中提案之最。

6月6日，由共青团苏州市委、市环保局、苏州太康厨房科技有限公司联合发起和举办的"建绿色社区,扬青春风采"环保主题宣传活动在苏州市37号街坊举行。

8日，苏州市金融青年联合会成立。这是全市第一个行业青年联合会。

7月5日，江苏移动通信有限责任公司苏州分公司希望工程爱心助学捐助仪式在平江实验学校举行。

11日，江苏省第十五届运动会开幕式倒计时100天火炬传递活动暨省运会青年志愿者总队授旗仪式在苏州市体育中心举行。

25日，由共青团苏州市委、市少工委主办,市青少年活动中心承办的苏州市"手拉手感受坚强"军事夏令营经过4天紧张的学习和训练圆满结束。

27日，共青团苏州市委、市青年联合会和青年商会的团干部、青年企业家们向驻苏武警和消防人员送去价值2万元的夏令慰问用品并赠送锦旗。

28日，苏州青年书画协会的书画家们与台湾青少年切磋技艺，共画《两岸同春》。

9月8日—13日，共青团苏州市第十六次代表大会在苏州市会议中心召开，参加会议的正式代表有309人。路军代表共青团苏州市第十五届委员会做题为《与时俱进,奋发有为,努力开创苏州共青团工作新局面》的工作报告。大会选举产生共青团苏州市第十六届委员会委员47人、候补委员15人。路军当选为书记，蔡丽新、徐华东当选为副书记。

本月，昆山市青年人才联谊会成立。48名外资企业中的青年管理人员和私营企业中的青年企业家成为首批会员。联谊会旨在开展联谊活动，促进优秀青年人才的健康成长。

本月，共青团常熟市委举办首届外来青工文化活动周。活动周期间开展"常熟——我们的第二故乡"征文比赛，向外来青工赠书，开设外来青工电影专场等活动。

10月10日，由共青团苏州市委等主办的苏州市"青年文明号"慈善募捐活动正式启动。

16日，省运会组委会、共青团苏州市委和市青年志愿者协会在市体育中心举行省运会青年志愿者上岗宣誓仪式。

27日，由共青团苏州市委、市园林和绿化管理局共同举办的苏州市"园林杯"青年插花比赛暨第六届青工技能活动月闭幕式在苏州公园西广场举行。

28日，在中国少年先锋队建队53周年之际，苏州市少工委、苏州市经济广播电台在平江区少年宫联合举行《苏苏、州州和我一起成长》红领巾广播短剧开播仪式。

11月20日，共青团苏州市委书记路军、市青年商会会长谢怀清来到苏州市儿童医院，看望身患白血病的两岁儿童陈琪。

24日，苏州市首批青少年社区读书俱乐部在沧浪区吴门桥街道社区服务中心举行启动仪式。俱乐部将为青少年提供良好的学习阵地，形成良好的学习氛围。

12月10日，共青团苏州市委组织开展为苏北贫困地区中小学校捐赠电脑专题活动。共青团苏州市委书记路军向代表连云港贫困地区广大青少年的共青团连云港市委书记阮冰赠送20台电脑。

12日，共青团苏州市委、市青年志愿者协会召开苏州市青年志愿者行动推进大会。大会表彰江苏省第十五届运动会"十佳"青年志愿者服务队、优秀青年志愿者服务队，中国（苏州）首届电子信息博览会优秀青年志愿者服务队、先进个人，赴陕西榆林地区扶贫支医优秀青年志愿者，等等。

23日，由共青团中央、全国青年联合会、中国青年工作者协会组织的"科技创业、报效祖国——2002年海外学人归国创业"代表团来苏考察。

至年底，全市拥有基层团组织7 416个，团员33.4万人。

2003

1月28日，共青团苏州市委、市公共交通公司举行江苏省"青年文明号"集体挂牌仪式暨苏州市"青年文明号"2003年爱心助学活动启动仪式。

2月19日，"木渎杯"苏州市第二届水乡青年歌手大赛在木渎举行。来自相城区的选手徐琼演唱歌曲《眷念》并获得一等奖。

江苏省"青年文明号"集体挂牌仪式暨苏州市"青年文明号"2003年爱心助学活动启动仪式

3月5日，共青团苏州市委、市青年志愿者协会开展纪念"向雷锋同志学习"题词发表40周年活动暨3月5日青年志愿服务大行动。同时开通"苏州市青年志愿者"网站并为首批命名的15个苏州市青年志愿者服务站授牌。

同日，由苏州市少工委主办的公益环保活动——"欧莱雅"杯苏州少先队绿色行动拉开帷幕。

本月，共青团昆山市委在苏州地区各县（市）中率先成立全市志愿者协会。来自全市各行各业的600多名志愿者参加志愿者协会成立大会。会上表彰首届昆山市"十大杰出志愿服务集体"和"十大杰出志愿者"。

4月12日，共青团苏州市委、市青年志愿者协会对报名参加世界遗产大会的300余名青年志愿者进行面试，从中挑选出150名青年志愿者参加世界遗产大会志愿服务工作。

4月15日—5月25日，共青团太仓市委、市文明办、市科技局等单位联合举办"乡村青年科技文化节"活动。文化节期间，开展"三争三创"基地成果展、农业科技讲座、农业科技专家田埂行、乡村优秀青年—专家交流会、农村科技打擂台、创建"青年文明一条街"、文艺演出等系列活动。

22日，共青团苏州市委书记路军到系统内下属单位对防治非典型肺炎的落实工作进行督查。

本月，共青团昆山市委获共青团中央授予的"全国团建先进县（市）"称号。张家港港务局团委成为苏州市首家被命名的"全国五四红旗团委"。

本月,常熟海关等两个集体荣获2002年度全国"青年文明号"称号。

5月2日,常熟青年志愿者参与社区防治"非典"行动启动。青年志愿者深入社区义务担当宣传员、监督员,帮助市民掌握科学的防"非"知识。

14日,共青团苏州市委、市卫生局等"青年文明号"集体代表走访慰问3位"抗非勇士"的家属。16日下午,共青团苏州市委的有关领导亲切看望不惧"非典"、坚守工作岗位的在苏外来务工青年。

本月,蔡丽新任共青团苏州市委书记。

6月23日,由共青团苏州市委、市文明办、市巡警支队及交通局等部门招募的首批"文明交通工程"志愿者正式上岗。

26日,共青团苏州市第十六届三次全委(扩大)会议在张家港召开。共青团苏州市委书记蔡丽新做题为《服务引路、文化铺路、人才开路,在实现"两个率先"中争做青年先锋》的工作报告。

28日,共青团苏州市委、市希望工程办公室举行向参加高考的寒门学子赠送高考查询卡仪式暨高考志愿填报查询活动。

7月17日,由苏州市少工委主办、市青少年活动中心承办的"我是一个兵"军事夏令营在常熟顺利闭幕。参加的营员有56人,年纪最小的仅9岁。

18日—19日,共青团江苏省第十二次代表大会在南京召开。中共江苏省委书记李源潮,省长梁保华出席大会开幕式。20日,在共青团江苏省第十二届委员会第一次全体会议上,魏国强当选为共青团江苏省委书记,李国华、陈金虎、丁纯、练月琴当选为副书记。苏州代表团蔡丽新、王燕红、尹嘉、邹引明4位代表当选为共青团江苏省第十二届委员会委员,季晶代表当选为共青团江苏省第十二届委员会候补委员。

26日,由共青团苏州市委、市园林局和江苏省电信公司苏州分公司、江苏移动通信有限责任公司苏州分公司联合举办的苏州市第五届"青春网上行"活动顺利闭幕。系列活动有"知我苏州、爱我苏州"世界遗产知识有奖竞猜、"苏州移动杯"最佳彩信评比、"苏州电信杯"FLASH设计大赛、"青春风采"小灵通时尚短信大赛等。

8月1日,中共苏州市委组织部、共青团苏州市委联合举办苏州市第七期优秀团干部培训班。

15日，共青团苏州市委和市农业局联合组织农业专家分头走访苏州农村青年"三争三创"基地，通过座谈会及走访的形式将科技送到田头。

26日，常熟市入选全国首批12个青年中心建设试点市（县、区），成为江苏省唯一的试点市（县、区）。

9月15日—16日，共青团苏州市委召开社区、小城镇、开发区共青团工作座谈会和非公经济、社团、中介组织共青团工作座谈会。

20日，共青团苏州市委组织全市80余家用工企业代表赴苏州对口援助市宿迁所属沭阳、泗洪、泗阳三地，举行大型劳务输出供需洽谈会，促进苏北农村剩余劳动力向苏南转移，动员农村青年外出务工，增收致富。

25日，苏州市知心家庭总校成立。应共青团苏州市委、市少工委的邀请，全国少年儿童喜爱的知心姐姐、中国少年儿童新闻出版总社总编辑、中国家庭教育学会常务理事卢勤老师来苏州讲课。

10月2日，由共青团苏州市委、市妇联、苏州联通、《江南时报》和苏州电视台共同举办的"联通无限、爱情永恒"——同里水乡集体婚礼隆重举行。苏州市副市长谭颖为新人证婚。

20日，由共青团苏州市委、《苏州日报》报业集团、市青年联合会和江苏移动通信有限责任公司苏州分公司联合主办的"'中国移动杯'苏州市首届十大杰出青年创业先锋奖"评选结果揭晓。苏州市金沙美容连锁有限公司董事长蒋敏等10名青年英才首获"创业先锋"的殊荣，并同时获得"苏州市新长征突击手"称号。

11月1日—2日，苏州市青年联合会第十二届委员会第一次全体会议和苏州市学生联合会第九次代表大会召开。大会表彰"苏州市首届十大杰出青年创业先锋"，蔡丽新代表苏州市青年联合会第十一届常务委员会做题为《凝心聚力，开拓创新，为苏州加快实现"两个率先"而努力奋斗》的工作报告。市学生联合会第九次代表大会审议并通过王潇同学代表市学生联合会第八届委员会所做的《与时俱进，开拓创新，努力开创我市学联工作新局面》的工作报告。会议还审议通过《苏州市学生联合会章程（修正案）》，选举产生苏州市学生联合会第九届委员会，并向全市青年学生发出《树立崇高理想，全面拓展素质，为实现中华民族的伟大复兴而努力奋斗》的倡议书。

5日,苏州市少工委荣获2003年全国辅导员培训组织工作奖。

25日,苏州市少先队辅导员技能比赛暨江苏省少先队辅导员创新素质大赛选拔赛在平江区少年宫举行。

本月,昆山市第一人民医院护士周萍成功将造血干细胞捐献给连云港一名16岁的白血病患者。周萍是昆山第一位配型成功的造血干细胞捐献志愿者,被共青团昆山市委授予"昆山市新长征突击手"称号。全年昆山市共招募无偿献血志愿者876人,捐献骨髓志愿者300余人。

12月5日—6日,共青团中央书记处书记尔肯江·吐拉洪,共青团中央常委、青农部部长陶宏等来常熟考察青年中心建设试点工作。江苏省首批青年中心在常熟挂牌成立并正式投入使用,尔肯江·吐拉洪为青年中心揭牌并讲话,共青团江苏省委书记魏国强、中共常熟市委副书记戈炳根分别对加强常熟青年中心建设试点工作提出要求,同时举行"常熟青年卡"首发仪式。

本年,全市共表彰"苏州市五四红旗团委"23家、"苏州市五四红旗团委创建单位"41家、优秀共青团干部41人、优秀共青团员35人、"新长征突击手"43人。其中获得"江苏省五四红旗团委"的有9家,获得"江苏省五四红旗团支部(团总支)"的有7家,获得"江苏省新长征突击手"的有15人。全市共命名市级"青年文明号"52家,同时重新认定市级"青年文明号"161家;命名市级"优秀青少年维权岗"37家,其中4家单位获省级"优秀青少年维权岗"。

本年,苏州市各级团委围绕"队伍建设重素质""机制建设促管理"等内容,发挥基层协会和队伍的职能,注重网络建设,加强骨干培养,形成"苏州市—县市(区)—乡镇、街道"三级青年志愿者协会管理模式。

至年底,全市拥有基层团组织7 230个,团员35.35万人。

2004

1月6日,共青团苏州市委召开共青团苏州市十六届四次全体(扩大)会议。共青团苏州市委书记蔡丽新做题为《围绕目标、真抓实干,为实现"两个率先"贡献青春和力量》的工作报告。

2月1日,由苏州、无锡、常州、镇江4市共青团组织联合举办的江苏省首届水乡青年歌手大赛暨苏州市第三届水乡青年歌手大赛在水乡古镇同里举行。

3月28日,由共青团苏州市委、在苏各高校团委、市园林和绿化管理局团委联合组织的"喜迎世遗大会,争做文明市民"主题宣传活动在桐泾公园启动。同时举行"争做文明市民"签名活动。

3月—5月,共青团太仓市委、中共太仓市委宣传部等部门联合举办太仓市第五届青年文化节。文化节期间开展五四经典电影回顾展、"美丽太仓、第二故乡"外来青年征文赛、青年歌手大赛、"动感青春、永恒爱情"集体婚礼、"8分钟约会"等系列活动。

4月2日,由民政部、共青团中央、全国妇联等有关领导组成的中央综治委预防青少年违法犯罪领导小组联合检查组来苏州市葑门街道进行专题调研。13日,苏州市预防青少年违法犯罪工作会议召开。

21日,苏州市红领巾水乡风情节系列活动之"水乡服饰比赛"在周庄拉开帷幕。全市共有11支队伍近百名少先队员代表参赛。

29日,共青团中央书记处书记杨岳来苏州市视察职业类学校学生素质拓展工作。

5月21日,苏州市"青年文明号"10周年纪念大会暨推进大会在市图书馆召开。创建"青年文明号"活动稳步推进,成为全市群众性精神文明建设的重要载体和共青团组织引导青年建功立业的一面旗帜。本年度开展全市青年文明号集体"诚信服务月"活动、"文明先锋——青年文明号统一行动日"活动、"青年文明号诚信服务形象统一展示行动"、"青年文明号诚信服务"创建成果展、"青年文明号创建示范标兵"评选活动、"青年文明号诚信服务承诺"集体签名活动等;推出大型综合专题片《苏州青年文明号巡礼》,编辑出版《苏州青年文明号之路》;获得国家级"青年文明号"1家、全国"青年文明号十年成就奖"2家、"江苏省十大杰出青年文明号"1家、"江苏省优秀青年文明号"1家、"江苏省十年青年文明号活动优秀个人奖"2人、省级"青年文明号"27家。

31日,首届"苏苏""州州"少先队员形象大使选拔大赛落下帷幕。苏州市共有500多名少先队员热情参与,来自昆山中心小学的沈熙宇和苏州草桥小学的朱正扬成为"苏苏""州州"少先队员形象大使。

第一届"苏苏""州州"向航天英雄费俊龙献花

本月,张家港市财政局荣获2003年度全国"青年文明号"称号。

6月12日,以迎接世界遗产大会为主题的苏州市红领巾水乡风情节在市青少年活动中心落下帷幕。活动历时近半年。闭幕式上,新当选的首届少先队员形象大使"苏苏""州州"代表全市40多万名少先队员向世界遗产大会指挥部赠送少先队员自己创作的《吴地新童谣》和以"苏苏""州州"为主人公介绍苏州文化的《水天堂的小脚丫》两本儿童读物,这两本读物成为全市少先队员献给世界遗产大会的一份礼物。同日,共青团苏州市委、市青年志愿者协会在市规划展示馆(第28届世界遗产大会主会场)举行志愿者上岗宣誓仪式。

14日,苏州园林设计院有限公司董事长、党支部书记、高级工程师贺风春等10名在苏州经济社会发展中取得突出成就和做出重大贡献的优秀青年,获得第八届"苏州市十大杰出青年"荣誉称号,并被共青团苏州市委授予"新长征突击手标兵"的称号。

18日，由共青团苏州市委、市青年联合会联合组织的"百名外籍青年看苏州"活动举行。

26日，共青团苏州市委联合市卫生局、市公安局沧浪分局、市海关缉私分局、市农林局、市药监局、市文广局等单位开展"远离毒品、关爱未来"宣传教育活动。

本月，张家港市被共青团中央、民政部、建设部、国家工商行政管理总局联合命名为首批全国青年文明社区示范城，成为全国获此殊荣的两个县级市之一。

7月23日，由江苏省人大常委会副主任赵龙率领的"两法一办"执法检查组来到苏州，对苏州贯彻实施《中华人民共和国未成年人保护法》《中华人民共和国预防未成年人犯罪法》《江苏省实施〈中华人民共和国未成年人保护法〉办法》的情况进行检查。

29日，由香港童军总会、香港女童军总会、澳门童军总会等13个青少年制服团体组成的"同心同根万里行2004"香港澳门青少年制服团体内地考察团抵达苏州，进行参观访问。

31日，日本鹿儿岛的青少年来到苏州，与苏州的青少年朋友开展交流活动。

8月，为进一步推动苏州未成年人的思想道德教育，苏州市未成年人保护委员会、共青团苏州市委联合市教育局、《苏州日报》报业集团、苏州市广电总台面向社会推出社会各界、中小学生互动的"伙伴计划"。"伙伴计划"作为一项由企业、社团、成年人等与中小学生在文化、体育、心理辅导、爱心基金捐助等方面开展的结对活动，主要帮助苏州外来务工人员子弟学校的中小学生。2004年雅典奥运会女子举重冠军、苏州姑娘陈艳青被共青团苏州市委聘请为"伙伴计划"形象大使，并与外来务工人员子弟携手开启苏州市"伙伴计划"。"伙伴计划"获苏州市第十三届（2004）社会主义精神文明建设十大新事奖。

9月13日，华东片区城市青年中心建设座谈会在苏州召开。共青团江苏省委书记魏国强致辞，共青团苏州市委书记蔡丽新介绍苏州市开展城市青年中心建设工作的情况。

15日，共青团苏州市委举办苏州市首届非公有制经济组织青年工作指导员培训班。

10月1日，由共青团苏州市委、市青年联合会等联合举办"东方水城2004

盛大集体婚礼"。这次集体婚礼共有55对新人参加,分别来自全国12个省、自治区、直辖市。

13日,共青团苏州市委、市少工委在相城区体育馆举办中国少年先锋队建队55周年表彰大会暨苏州市少先队鼓乐大赛。大会表彰张家港塘桥中心小学郑妍琳等10名"苏州市十佳少先队员",同时还表彰为少先队事业做出杰出贡献的常熟石梅小学顾惠芳等10名"苏州市十佳少先队辅导员"。

26日,共青团中央书记处书记、全国少工委常务副主任张晓兰来苏州就"雏鹰争章"与新课程改革、少先队文化建设、外来务工人员子弟学校少先队工作等进行调研。

11月26日,共青团苏州市委在苏州市郢都学校举行"金龙鱼"外来务工人员子弟助学基金发放仪式。"金龙鱼基金"以外来务工人员子弟为资助对象。

12月22日—23日,由共青团苏州市委、市青年联合会、市青年商会联合举办的"文化苏州、创业苏州"推介会暨南京著名高校青年才俊招聘会在南京大学、东南大学举行。

29日,2004年苏州市青年志愿服务总结表彰大会暨事迹报告会在苏州大学举行。全市各级青年志愿者积极参与在苏州举行的第28届世界遗产委员会会议、亚足联U-19青年女足锦标赛、2004年中国(苏州)电子信息博览会和2004中国经济增长论坛等大型活动的志愿服务工作,开展赴陕医疗服务、"青春辉映夕阳红"爱老行动等大型社会公益活动。共青团苏州市委表彰"苏州市十佳青年志愿服务集体""苏州市十佳青年志愿服务个人",以及"苏州市青年志愿服务先进集体"27家、"苏州市青年志愿服务先进个人"90人。

本年,常熟市荣获由共青团中央表彰的"全国团建先进县(市)""全国青年中心建设试点工作先进市(县、区)""全国乡村青年文化建设先进县(市)"称号。苏州市青年企业家协会荣获全国青年企业家协会建设优秀奖,新港镇农民朱建新被共青团中央评为"全国农村青年创业致富带头人"。

本年,共青团金阊区委成立"新市民风华艺术团",参与"平安金阊"的创建,在虎丘正山门举办"热爱第二故乡,共建平安金阊"文艺会演,并向市民发放倡议书。

至年底,全市拥有基层团组织7 850个,团员37.67万人。

2005

1月5日，太仓市蒋氏绿色产业合作社社长蒋学焦荣获江苏省第七届"杰出青年农民"称号。

2月28日，共青团苏州市委机关及下属单位党员赴常熟市支塘镇蒋巷村进行保持共产党员先进性教育活动。

3月12日，苏州市少工委、欧莱雅中国公司和国际野生生物保护协会共同开展的以"保护长江，拯救白鳍豚"为主题的2005年度红领巾"保护母亲河"绿色行动正式拉开帷幕，构建上海、宜昌、苏州沿长江三地联动模式。

25日，苏州市少工委四届四次全委会暨少先队2004年度工作年会落幕。共青团苏州市委副书记、市少工委主任杜小刚做题为《务实求进步，创新谋发展，进一步发挥新时期少先队组织在加强未成年人思想道德建设中的作用》的工作报告。

26日，共青团苏州市委系统召开保持共产党员先进性教育活动学习成果交流暨分析评议阶段工作会议。

28日，2005江苏省青年文化节协调会在苏州召开。会议研究部署2005江苏省青年文化节暨"东方水城·青春苏州"青年文化展示活动的有关安排。

3月至12月，共青团张家港市委举办首届张家港市青年文化艺术节。艺术节以"激扬青春之歌，感悟文化之魅，凝聚创业之志"为主题，开展"青春舞曲精品歌曲合唱音乐会"、窗口创业青年风采大赛等系列活动，引导青年追求真善美，激励他们创业创新创优。

4月5日，共青团苏州市委召开先进性教育活动企（事）业单位、学校系统团干部征求意见座谈会。

8日，共青团太仓市委联合相关部门在外资企业青年中开展"追寻太仓"主题活动。活动由启动仪式、历史篇、现实篇、未来篇和总结表彰5个部分组成，历时5个月。

20日—22日，由中共江苏省委宣传部、共青团江苏省委、苏州市委宣传部、共青团苏州市委联合主办的2005江苏省青年文化节暨"东方水城·青春苏州"青年文化展示活动在苏州举办。

21日，由共青团苏州市委主办的以"阳光大学，健康成长"为主题的首届苏州大学生文化艺术节开幕式暨大学生歌手大赛在苏州大学隆重举行。

22日上午，由共青团江苏省委主办、共青团苏州市委承办的"江苏东吴农村商业银行杯"江苏知名企业青年"庆五四、迎十运"龙舟大赛在苏州工业园区金鸡湖畔举行。

27日，共青团苏州市委召开苏州共青团系统作风建设推进大会暨优秀青年事迹报告会。共青团苏州市委书记蔡丽新做题为《塑造良好形象，创造一流业绩，努力夯实党执政的青年群众基础》的工作报告。中共苏州市委副书记徐建明出席大会并讲话。

本月，昆山市财政局玉山镇财政所荣获2004年度全国"青年文明号"称号。

5月10日，由苏州市少工委主办的"肯德基杯红领巾绘画大赛"决赛拉开帷幕。全市100多所学校的1500多名少先队员参加活动。

12日，中共苏州市委副书记徐建明到共青团苏州市委调研工作。共青团苏州市委书记蔡丽新汇报苏州共青团"探索双轨制运作，构筑开放型格局"的工作理念和"345"工作思路，同时就苏州市青少年活动中心的建设和发展问题做专题汇报。

6月20日，在北京人民大会堂举行的庆祝中华全国青年联合会与日本青年会议所友好交流20周年系列活动中，苏州市青年联合会主席蔡丽新与日本金泽市青年会议所理事长竹村起一共同签署两会友好合作协议。

22日，共青团苏州市委系统保持共产党员先进性教育活动总结大会召开。

7月5日，共青团苏州市委书记蔡丽新率书记室成员、机关各部门负责人、各县（市）、区团委书记及部分骨干团干部赴上海浦东开发区、杭州、南京进行为期6天的考察学习。

11日，共青团江苏省委组织百名中学团干部来苏进行"三创"实践在苏南体验教育活动。

15日，"伙伴计划"系列活动之高博英语"七彩夏天"夏令营在苏州市郫都学校举行开营仪式。这是苏州市第一个面向外来务工人员子弟举办的公益夏令营。

20日，9名西部计划省内农村党员干部现代远程教育志愿者抵达苏州，并在张家港、常熟、太仓、吴江、昆山5市的远程办从事为期1年的志愿服务工作。

21日,由共青团苏州市委、市青少年活动中心、《城市商报》等单位联合主办的"七彩暑假读书月"活动在石路国际商城正式开幕。

8月16日,共青团江苏省委书记魏国强一行来苏州调研共青团工作。

17日,共青团中央学少部副部长张朝晖一行来苏州高新区东渚实验小学,对东渚"苏绣娃"从小学创业工作进行调研指导。

20日,由共青团苏州市委、市教育局主办,江苏豪克眼镜有限公司承办的暑期青少年成长"心连心"活动在市会议中心大礼堂举行。近200名青少年学生和家长参加活动。

25日,中国少先队工作学会名誉副会长张先翱老师来苏指导"苏州少先队水乡活动实践与创新"全国课题。

9月2日,共青团苏州市委书记蔡丽新、副书记徐华东在市会议中心与国民党新竹党部青年委员会代表进行交流会谈。

9日,共青团苏州市委、市教育局与市广电总台、市青年志愿者协会等单位联合推出"青年志愿者支教一小时行动"。该活动面向社会招募以青年骨干教师、师范类大学生和有教学经验的有志人士为主的青年志愿者到外来务工人员子弟学校进行义务支教活动。根据学校师资需求情况和志愿者的招募情况进行结对,由志愿者每周至支教学校进行一小时以上的授课。

25日,共青团苏州市委举办首届"新苏州人"小学生运动会。这是省内首次面向新市民子女所举办的运动会。来自全市10所在册外来务工人员子弟学校的400多名小学生参加。

26日,苏州市青年志愿者协会、苏州大学团委联合举办全国第十届运动会、第四届中国苏州电子信息博览会、人口与发展国际援助研讨会青年志愿者动员

"新苏州人"小学生运动会

大会。

27日,日本金泽市青年会议所应苏州市青年联合会邀请来苏访问交流。

30日,"12355"苏州市青少年综合服务热线正式开通。这是江苏省率先开通的服务青少年的热线,实现共青团苏州市委各部门与区县基层团组织,以及公安、检察、司法、民政、教育等部门"优秀青少年维权岗"创建单位和"阳光家庭顾问中心"之间的联动机制,为全市青少年及时提供心理辅导、信息咨询等帮助。

10月10日,由共青团苏州市委、市教育局、市广电总台联合主办的"节约苏州校园行"启动仪式在市教育局举行。

11日,苏州市纪念抗战胜利60周年少年军(警)校检阅式隆重举行。全市共有8所学校分别代表所在市(区)参加检阅式。

15日,共青团苏州市委、市心理卫生协会、苏州大学心理咨询中心、市"阳光家庭顾问中心"联合开展面向全市外来务工人员子弟学生的大型公益心理咨询活动。

11月25日,由共青团苏州市委、市广电总台都市音乐频道共同主办的"肯德基杯"苏州高校青春舞大赛颁奖典礼在苏州市沧浪区少年宫大礼堂隆重举行。

12月2日,新加坡人民行动党德义支部青年团主席、新加坡端利集团总裁柯建庆一行来苏州考察。

22日,共青团苏州市委书记蔡丽新陪同市长阎立等前往北京中国航天城慰问航天英雄。蔡丽新向航天员费俊龙、聂海胜赠送苏绣《万里长城》和由1 000颗珍珠制成的珍珠饰品"神舟六号"平面模型。解放军总装备部副部长、中国载人航天工程副总指挥张建启中将,中国航天员科研训练中心副主任杨利伟等出席赠送仪式。

26日,共青团苏州市委和市青年志愿者协会在苏州大学召开"奉献青春·服务2005"苏州市青年志愿者服务表彰颁奖大会。大会对卞国来等80名优秀青年志愿者、蔡冬生等10名"十大青年志愿服务先锋"、冯艺芳等15名"青年志愿服务先进个人"和苏州大学等10家"青年志愿服务突出贡献奖"获得单位进行表彰。青年志愿者代表还在会上向全市137万名青年发出"做一名青年志愿者,走一段精彩人生路"的倡议。

本年,共青团苏州市委采用"团组织协助、企业承办"的团助民办新模式,联合苏州市心理卫生协会和苏州大学心理咨询中心共同成立"阳光家庭顾问中心"。先后吸引近百名来自各行各业的心理咨询师加盟,每周7天轮流坐堂,累计接待数百人次咨询。此外,"阳光家庭顾问中心"还携手"伙伴计划"走进外来务工人员子弟学校,为来自6所外来务工人员子弟学校的200多名学生举办心理健康专场咨询会。该活动在全省乃至全国尚属首次,《人民日报》对此进行连续报道。

本年,苏州市"青工技能振兴计划"被列入市政府支持项目。共青团苏州市委联合市劳动和社会保障局、市知识产权局、市科协共同开展苏州市青年技术工人发展状况调研、青工技能培训、青年职业技能专场鉴定、苏州市第八届青工技能月暨"吃在苏州"、第二届苏州市十大青年技术创新先锋评选等活动。

本年,苏州高新区(虎丘区)团委推进"青年工作联络部"创建工作,统一工作制度和运行机制,探索会员制管理模式,被共青团中央评为"全国团建先进单位"。

本年,全市共有9家创建单位被评为"全国青年文明号",胥虹阳光乐园青年中心等3家单位被评为"全国青年文明社区",1家单位被评为"全国青年中心建设试点工作先进市(县、区)",1家单位荣获"全省青年中心建设先进县(市)"称号,2家单位荣获国家级优秀"青少年维权岗"称号。吴中区国税局团总支被评为"全国五四红旗团支部(团总支)"。

本年,共青团沧浪区委联合苏州大学团委开展"万名学子进社区"活动。全区63个社区为大学生提供各类社会实践,并提供社区副主任或主任助理职位让志愿者锻炼,打造义务家教、家电维修、法律援助等6个品牌志愿服务队伍。

至年底,全市拥有基层团组织7 645个,团员40.13万人。

2006

1月6日，共青团中央授予共青团太仓市委"全国团建先进县（市）"称号。

9日，在"2006苏州大型国际冰雪嘉年华"举行之际，共青团苏州市委、市教育局、市广电总台联合主办苏州市2006青少年冰雪冬令营。

17日，共青团苏州市委召开全市增强共青团员意识主题教育活动交流表彰大会。

20日，苏州市青年商会在太湖水星度假村举办小组论坛活动。活动就苏州市投资环境和投资项目进行研讨，促进商会会员之间的合作。

23日，苏州市少工委获"中国少年儿童平安行动"优秀组织奖。

同日，共青团苏州市委向全市各级团组织及广大团员、青年发出春节前后开展"真情助困进万家"活动的号召。

24日，共青团苏州市委、市心理卫生协会、市"阳光家庭顾问中心"联合开展"关爱孤残事业，让阳光洒向心灵"心理咨询公益活动。

25日，在共青团江苏省委、省教育厅、省学生联合会主办，南京艺术学院承办的第三届江苏省校园歌手大赛决赛中，苏州市第六中学的吴佳晔获银奖，苏州大学的李江浩等4人获铜奖，苏州科技学院的代宏源等4人获优秀奖。共青团苏州市委获第三届江苏省校园歌手大赛市级优秀组织奖。

2月10日，由共青团苏州市委、市青年联合会、市中小企业局主办，苏州工业园区国际科技园承办的苏州青联工业园区国际科技园青年创业服务中心揭牌仪式暨工业园区国际科技园元宵晚会在工业园区国际科技园一期大堂举行。

17日，由苏州市精神文明建设指导委员会办公室牵头开展的苏州市未成年人思想道德建设创新案例评选结果揭晓。共青团苏州市委、市少先队工作委员会组织的苏州市少先队员形象大使"苏苏""州州"系列活动获案例评选一等奖。

23日，中共苏州市委、市政府召开全市机关作风暨效能建设大会。共青团苏州市委获表彰。

24日，共青团中央召开"12355"青少年服务平台建设研讨会。来自北京、河北、山西、上海、广东等省（市）相关人员，以及武汉、南宁、苏州三市的团委负责人参加会议。共青团苏州市委副书记陈雪嵘介绍苏州市"12355"青少年综合服务热线的主要做法，与各地团委交流热线建设经验。

3月6日，共青团高新区（虎丘区）委在新浒学校举行高新区（虎丘区）公办学校与外来务工人员子弟学校结对共建仪式。

10日，共青团苏州市委、市园林和绿化管理局与《姑苏晚报》联合成立苏州市护绿志愿者大队，开始面向全社会招募志愿者。

13日，苏州市综治委扩大会议暨全国综治工作会议动员大会在苏州会议中心召开。共青团苏州市委副书记陈雪嵘代表市预防未成年人犯罪工作领导小组办公室介绍本年度工作，把自护教育、禁毒宣传、绿色上网工程、"12355"品牌建设、推行社区预防计划等作为全年工作重点。

16日，共青团苏州市委、市青年联合会、市青年商会联合共青团高新区（虎丘区）委、高新区（虎丘区）青年商会、上海跃勤信息技术有限公司等单位在苏州高新区（虎丘区）中国苏州创业园举办苏州青年创业论坛之"企业基业常青与系统思维"讲座。

21日，第六届中国青年志愿者行动评选表彰活动结果揭晓。由共青团苏州市委、市青年志愿者协会、市教育局、市广电总台联合推出的"青年志愿者支教一小时行动"荣获项目奖。

22日，由共青团苏州市委和苏州革命博物馆联合主办的大型车模航模展在苏州革命博物馆展出。

25日，常熟理工学院共青团第一次代表大会在东湖校区报告厅召开。

28日，苏州少工委四届五次全委会暨苏州少先队学会2005年年会在吴江召开。陈雪嵘做题为《抓基层促落实谋发展求创新，为构筑苏州少先队"十一五"宏伟蓝图而努力奋斗》的工作报告，吴江市少工委、沧浪区少工委、常熟张桥中心小学等进行大会交流。

30日，以德永健一为团长的日本金泽市青年会议所代表团应苏州市青年联合会邀请来苏州访问交流。

31日，由中共江苏省委宣传部、共青团江苏省委、中共苏州市委宣传部、共青团苏州市委联合主办的2005江苏省青年文化节暨"东方水城·青春苏州"青年文化展示活动，荣获第八届共青团精神文明建设"五个一工程"优秀文化活动奖。

4月初，共青团高新区（虎丘区）委与苏州青旅联合组织"同在蓝天下"爱国主义教育活动。同时在横山烈士陵园举行高新区（虎丘区）新团员入团仪式。

6日—9日，共青团苏州市委书记蔡丽新率市青年商会部分会员赴泰州、扬州、宿迁参观学习并参加"2006长三角青年创业与科技创新论坛"。

15日，由共青团苏州市委、市教育局、市邮政局、市少工委共同主办的第二届全国少年儿童书信大赛苏州赛区新闻发布会在市教育局会议室举行。

20日，"湖畔·现代城杯"苏州青年环湖自行车赛隆重举行。来自苏州各县市的150多名青年齐聚常熟尚湖之滨参加本次大赛。

21日，苏州工业园区检察院与胜浦镇阳光乐园青年中心举行结对共建青少年法制教育基地暨工业园区检察院青少年法制学校胜浦分校成立仪式。

29日，共青团中央书记处书记周强一行来苏考察，到共青团苏州市委机关指导工作。

4月—5月，共青团苏州市委举办以"科技促环保、节约构和谐"大学生摄影作品大赛、公益广告设计大赛、"化废为宝"大学生手工艺品制作比赛等为主要内容的首届苏州市大学生科技节。科技节展示全市大学生的科技创新成果，培育广大青年学生的科技、环保理念。

30日，共青团苏州市委、市少工委组织的"益达2006年苏州校园口腔健康教育计划"启动。

5月4日，以"育精品社团，扬青春风采"为主题的"建屋活力"百团大展暨苏州市首届青年社团巡礼活动在工业园区白塘生态植物园举行开幕仪式。这是苏州首次在全市范围内举行的以青年社团为对象的集中文化展示活动。

11日，日本鹿儿岛2006青年之翼代表团先遣组一行来苏考察苏州青年志愿者工作。

16日—18日，《中国青年报》党组成员、副社长宁光强率队考察苏州共青团的工作，先后走访考察苏州高新区（虎丘区）镇湖绣娘团支部和苏州福田金属有限公司、江苏梦兰集团、波司登集团等单位的团工作和青年工作，并与共青团苏州市委机关干部、基层团干部代表进行座谈。

22日，为配合苏州市第三届快乐成长节"共享阳光，快乐成长"主题教育的开展，共青团苏州市委、市教育局、市广电总台联合在14—18周岁的青少年中开展成长感恩教育系列活动。

27日，由共青团苏州市委、市青年联合会主办，共青团苏州高新区（虎丘区）委、高新区（虎丘区）青年联合会和高新区（虎丘区）教育文体局共同承办，中信银行苏州分行协办的"中信·开拓杯"苏州市青年户外趣味定向赛在苏州乐园天狮广场隆重举行。

快乐成长节活动

30日，韩国西全州青年会议所崔镐昌一行来常熟参观交流。

6月8日，中共苏州市委、市政府举行第三届全国体育大会组织承办工作总结表彰大会，授予共青团苏州市委"第三届全国体育大会组织工作贡献奖"。

9日，在第四届江苏省大学生创业计划竞赛终审决赛上，由共青团苏州市委、市学生联合会选送的苏州准和纳米硅有限公司创业计划荣获二等奖。

13日，由苏州市环境卫生管理处市级"青年文明号"集体——生态垃圾管理项目办公室和苏州科技学院环境科学与工程系团委联合主办的"垃圾要分类、资源要回收"环保主题宣传活动在石路步行街举行。

16日，苏州市希望工程办公室、市青少年发展基金会为苏州市郢都学校、高新区（虎丘区）胜利小学、金阊区志成学校、金阊区东冉学校、吴中区宝南小学、苏州市立志学校、吴中区求真小学等外来务工人员子弟学校近400名贫困生送去"金龙鱼"助学金。

19日，全国少工委在杭州召开全队贯彻落实《少先队辅导员工作纲要（试行）》，深化雏鹰争章活动现场会。共青团苏州市委副书记、市少工委主任陈雪嵘作为全国唯一地级市代表参会并做会议交流发言。

22日，共青团江苏省委、省教育厅、省少工委决定授予常熟石梅小学大队辅导员顾惠芳等10人"江苏省十佳少先队辅导员"称号，苏州市东中市实验小学志愿辅导员、苏州市交巡警支队平江大队陈吉等10人"江苏省十佳少先队志愿辅导员"称号，张家港市实验小学大队辅导员俞亚萍等131人"江苏省优秀少先队辅导员"称号，同时颁发二级"星星火炬奖章"；张家港市实验小学郭秦被评为第六届"江苏省十佳少先队员"，张家港市凤凰小学张海静等28名少先队员被评为第六届"江苏省优秀少先队员"，同时获颁二级"雏鹰奖章"。

24日，由共青团苏州市委、市禁毒办共同组织开展的禁毒宣传活动走进金阊区观景社区。

30日，共青团苏州市委、市供电公司将"伙伴计划"之电力安全自护活动带到金阊区外来务工人员子弟学校——东冉学校。

本月，杜小刚担任共青团苏州市委书记。

7月8日，近百名青少年齐聚苏州革命博物馆，参加由共青团苏州市委、市文明办、市教育局、市党史办、市关工委共同举办的"弘扬长征精神，树立理想信念，争做文明小公民"主题征文、漫画设计大赛总结表彰暨"七彩的夏日"暑期系列活动启动仪式。

17日，中国农业发展银行昆山市支行营业部举行全国"青年文明号"揭牌仪式。这是中国农业发展银行系统首个全国"青年文明号"。

18日，由全国学生联合会和海峡两岸交流基金会共同举办的"海峡两岸青少年交流研习营"来苏参观交流。

24日—25日，共青团江苏省委在常州召开苏南片农村青年中心建设工作会议。共青团苏州市委副书记吴琦参加会议并做交流发言。

27日，共青团苏州市委与市慈善总会、《姑苏晚报》、苏州路之遥科技股份有限公司等单位联合举办的"真情牵手，慈善助学活动"拉开帷幕。

28日，由苏州、上海、南京三地共青团市委联合三地强势媒体共同发起的"薪火长征路"活动启动。该活动为共青团苏州市委、上海文广新闻传媒集团等单位联合开展的一项青年主题教育活动，来自苏州、上海、南京的13支青年团队参加活动。

31日，法国青年企业家和工商人士代表团一行来苏访问，与苏州市青年联合会交流。

同日下午，东方水城"2006爱·在锦丰"新苏州人集体婚礼启动仪式在苏州工业园区唯亭镇青剑湖商业广场举行。

本月，共青团苏州市委举办"百名优秀大学生暑期太仓行"活动。来自复旦大学、南京大学等30多所高校的100余名大学生参加活动。

8月3日，由共青团苏州市委和市农林局组织的"农业专家行"活动服务小分队来到常熟开展活动。其中畜牧专家对常熟新港镇（现碧溪镇）和海虞镇两个奶牛场进行现场指导；水产专家与辛庄镇的螃蟹养殖户进行座谈，对养殖户在养殖过程中遇到的问题一一进行分析和解答。

同日，日本鹿儿岛青年之翼代表团一行来苏，与苏州市青年志愿者代表就环境保护、节约能源等进行交流互动。

28日，"青年文明号"集体爱心助学暨贯彻"八荣八耻"主题活动启动仪式在苏州地税三分局举行。

29日，共青团苏州市委荣获"江苏省青少年创新成果展"优秀组织奖。

本月，共青团高新区（虎丘区）委援建西藏"林周SND青年中心"和"林周青年创业之家"，大力建设林周县青年创业工作阵地。

9月5日，由共青团苏州市委、市教育局、市少工委、市广电总台联合发起的"苏苏、州州传真希望行"启动仪式在吴江盛泽镇南麻中心小学举行。

9日，"长发杯"第二届苏州市少先队员形象大使"苏苏""州州"选拔赛决赛落下帷幕。来自昆山培本小学的戴艺贝和来自太仓实验中学的占磊最终当选。

26日，由共青团苏州市委和美国NU SKIN集团如新（中国）日用保健品有限公司共同主办的把"新"带回家——"善的力量"牵手"伙伴计划"爱心捐赠仪式在相城区春申湖举行。

27日，"我与祖国共奋进"主题教育实践活动调研工作座谈会在苏州大学举行。共青团苏州市委、苏州市教育局团委、共青团常熟市委、创元集团团委、苏州大学团委的代表分别就"我与祖国共奋进"主题教育实践活动做汇报发言。共青团苏州市委制订"我与祖国共奋进、四大行动我争先"主题教育实践活动方案，指导全市各级团组织根据实际情况和青少年特点，创造性地开展丰富多彩的活动。

27日—28日，共青团苏州市委召开苏州市"青春建功新农村行动"推进大会。

28日，共青团苏州市委书记杜小刚在市会议中心会见国民党台湾新竹青年团一行。

本月，共青团昆山市委与中共昆山市委组织部联合推进党建带团建工作，开展"非公团建推进月"活动。非公团组织的覆盖率明显提高，至2009年昆山市规模以上非公团建率达95%以上。

10月9日—18日，以苏州市青年联合会常务副主席杜小刚为团长的"苏州青年访问团"一行10人访问日本金泽市青年会议所及韩国西全州青年会议所。

11日，"青年文明号"创建活动办公室举办创建"青年文明号"班组负责人培训班。共青团苏州市委副书记吴琦做专题讲座。

同日，共青团江苏省委、省劳动和社会保障厅对江苏省青年职业技能大赛获奖单位和个人进行表彰。苏州市参赛的8名成员分别来自苏州市望亭发电厂、苏州电信、创元集团、吴中集团和园区外资企业。共青团苏州市委、市劳动和社会保障局获得比赛优秀组织集体奖。

苏州青年纪念长征胜利70周年大型新闻行动

22日，苏州青年纪念长征胜利70周年大型新闻行动正式启动。

27—28日，"2006中国青年归国留学人员论坛"在昆山周庄举行。100多名留学归国创业人士参加。

28日，2006年首届苏州阅读节闭幕式在市广电总台演播大厅举行。以"阅读，让苏州更美丽"为主题的首届苏州阅读节自9月28日开幕以来，已成为一项"政府倡导、专家指导、社会支持、群众参与"的大型综合性群众阅读文化活动。由共青团苏州市委主办的"苏州电信杯"青年阅读知识竞赛得到组委会领导的一致好评,共青团苏州市委获得优秀组织奖。

11月1日,共青团苏州市委学少部部长朱启松作为江苏省唯一的地级市代表参加中国少先队工作学会第四次会员代表大会。

28日,共青团中央书记处书记贺军科一行来到张家港、太仓视察当地青年工作,并参加张家港农村商业银行营业部全国"青年文明号"揭牌仪式。至此,苏州全市的全国"青年文明号"集体已达54家。

12月1日—6日,由共青团苏州市委、市青年联合会举办的"文化苏州、创业苏州"推介行动暨著名高校青年才俊招聘会在厦门大学、西安交通大学举行。

8日,由共青团苏州市委、市广电总台都市音乐频率、苏州肯德基公司联合主办的2006"肯德基杯"苏州高校现代舞PK赛决赛在沧浪区少年宫举行。苏州工艺美术学院舞蹈队获得第一名。

上旬,共青团苏州市委充分协调社会资源,以"青年文明号"创建工作为抓手,积极发动广大职业青年开展公益活动,树立"青年文明号"良好形象,先后为沧浪区"暖冬行动"捐赠善款。

本年,共青团苏州市委开展青年人才"金桥行动",为青年成长成才服务。继续推进"文化苏州、创业苏州、和谐苏州"推介行动,广泛延纳全国各地优秀紧缺人才,充分发挥共青团青年人才"蓄水池"的作用。

本年,苏州在基层少先队组织中实施"中队活跃工程",开展"队歌唱起来,队旗飘起来"活动,深化少先队基础建设;进行魅力辅导员、优秀中队活动评选,选树基层典型,以辅导员论坛、中队辅导员轮训班、中队活动开放日、中队活动研讨会和现场会的形式,积极推进少先队组织建设。苏州推进《少先队辅导员工作纲要(试行)》(简称《纲要》)实施,按照"全队抓基层,全队抓落实"工作要求,创新机制建设,培育科研氛围,提升队伍水平。

2007

1月14日,由共青团苏州市委、市红十字会、"12345"便民服务中心和市社会保障基金管理中心共同主办的"朝晖志愿服务队"正式成立。

16日,由共青团苏州市委、市文广局、市教育局、市少工委联合举办的"2006年苏州市红领巾读书读报奖章活动"表彰结果揭晓。张家港市图书馆等10家单位获优秀组织奖,沧浪区少工委等7家单位获组织奖。

25日,苏州市少工委承担的国家级课题——"少先队水乡文化活动的实践与创新",被中国少先队工作学会少先队活动专业委员会授予"十五"科研成果研究报告类一等奖。

26日,由中共苏州市委宣传部、中共苏州市委农办、市农林局、共青团苏州市委、市妇联等20家单位组成的2007年苏州市"三下乡"服务团一行200多人来到吴中区横泾街道尧南村,开展文化、科技、卫生"三下乡"活动。该活动拉开2007年苏州市"三下乡"活动的序幕。

28日,苏州市青年商会副会长企业江苏星驰生物科技有限公司在共青团常熟市委"健康送温暖、迎新春"活动平台,向常熟各乡镇敬老院捐赠总价20余万元的医药保健品。

29日,苏锡常地区少先队工作座谈会在苏州高新区(虎丘区)召开。共青团苏州市委副书记、市少工委主任陈雪嵘出席座谈会,并围绕"一个核心,二个循环,三个认可,四个评价体系,五个抓手,六个问题",交流做好少先队工作的心得体会。

2月1日,苏嘉杭公司苏州城区收费站被评为江苏省交通厅、共青团江苏省委命名的江苏省"青年文明号"。

5日,共青团江苏省委、省劳动和社会保障厅联合表彰2006年江苏省"杰出青年岗位能手"和江苏省"青年岗位能手"。张家港港务集团有限公司港埠分公司电机队队长助理曹斌获2006年江苏省"杰出青年岗位能手"称号;江苏常熟发电有限公司检修分公司电气车间高压班技术员徐新达、昆山钞票纸业有限公司工艺技术员、工程师李彩霞,苏州供电公司直属输变电运行部500kV监控中心专职工程师陈斌,苏州市卫生监督所卫生监督员杨伟刚获

2006年江苏省"青年岗位能手"称号。

同日,共青团江苏省委、省安全生产监督管理局表彰一批江苏省青年安全生产示范岗。苏州供电公司直属输变电运行部城区操作队、张家港港务集团有限公司船务分公司张港12号轮、苏州尚美国际化妆品有限公司安全健康环保(SHE)小组3家单位获此殊荣。

8日,全省优秀"青少年维权岗"创建工作座谈会在南京召开。常熟市交巡警大队五星中队作为唯一的一家基层单位交流创建工作经验。

12日,苏州市少年儿童消防教育取得显著成绩,获得众多荣誉。其中,苏州工业园区星海学校、苏州平江实验学校、张家港市金港中心小学被授予全国"少年儿童消防教育示范学校"荣誉称号;苏州市消防支队、苏州市消防支队工业园区消防大队、苏州市消防支队张家港大队保税区中队被授予"少年儿童消防教育先进单位"荣誉称号;苏州工业园区星海学校顾建明等6人被授予"少年儿童消防教育先进个人"荣誉称号。

13日,共青团中央、全国少工委对"中国少年儿童平安行动"工作进行表彰。吴中区木渎实验小学、昆山国际学校、昆山市实验小学3所学校被评为"中国少年儿童平安行动示范学校",苏州市平直实验小学方芳等6人荣获"中国少年儿童平安行动贡献奖"。

15日,苏州市少工委邀请共青团区委分管领导、学少干部、优秀基层辅导员在中共吴中区委党校召开恳谈会。恳谈会就"全队抓基层、全队抓落实"有关要求,共同探求基层少先队辅导员的需求及解决方案。

3月4日—5日,应苏州市青年联合会邀请,以理事长八木圭一郎为团长的日本金泽市青年会议所代表团访问苏州。

29日,应法国总理德维尔潘之邀,前往法国访问的100名中国青年代表做客法国总理府。共青团苏州市委书记杜小刚随团前往。

4月10日,共青团苏州市委、市青年联合会、《姑苏晚报》联合举办"龙越东吴"2007苏州青年创业峰会。

11日,由共青团苏州市委、市青年联合会主办的"苏州青联国际教育园青年创业服务中心"挂牌仪式暨"华润万家"校园超市创业大赛签约仪式在国际教育园举行。该中心运作的主要项目有"华润万家"校园超市创业大赛和

"第一起点"网上创业学院试点建设等。

19日,由共青团苏州市委、市司法局、市律师协会共同推选的苏州王建华律师事务所主任王建华和苏州合展兆丰律师事务所主任肖翔经过考试选拔,当选第二届"江苏省杰出青年律师"。

26日,共青团太仓市委联合上海市黄浦区、长宁区、嘉定区团委和浙江省温州市乐清县、瑞安县团委等单位共同举办"黄浦·长宁·嘉定·乐清·瑞安·太仓"青商创业论坛。100名青商代表出席会议。

28日,由共青团苏州市委和中共苏州市委宣传部、市文明办、市城管局等6家单位联合发起的"洁美城市、尽我心力"公益行动在石路国际广场正式拉开帷幕。

5月1日,共青团苏州市委与市园林和绿化管理局在石湖景区共同举办五一大型相亲会。

9日,由共青团苏州市委、市青年联合会、市青年商会联合主办的"文化苏州、创业苏州"推介行动之苏州市青年商会走进南京大学暨"青春·创业·成才菁英论坛"在南京大学举行。苏州市青年商会与南京大学发展委员会签署合作协议。

10日,由共青团中央发起的"青春建功新农村,共建和谐家园"活动在北京人民大会堂正式启动。共青团苏州市委书记杜小刚应邀参加活动,并与共青团安顺市委书记陈天一签订合作协议,就在青年工作领域内开展一系列帮扶合作项目达成一致意见。

12日,由共青团苏州市委、中国人民银行苏州市中心支行共同主办的苏州首届青年理财专场暨社区青年和谐工程启动仪式在观前街小公园新艺广场举行。

16日,苏州市政府召开2007中国国内旅游交易会组织承办工作总结表彰大会,共青团苏州市委记集体三等功。

18日—19日,中国少年先锋队苏州市第五次代表大会在苏州饭店举行。

25日,为纪念苏州市与日本金泽市建立友好关系26周年,日本金泽市市长山出保一行13人应邀来苏进行友好访问,与苏州市青年联合会代表见面座谈。

同日,由共青团苏州市委、江苏省电信有限公司苏州分公司主办,以"享受信息新生活"为主题的第八届"青春网上行"暨青年信息服务进农村活动启动仪式在吴江鲈乡山庄会议中心举行。

29日,共青团太仓市委联合太仓市文明办、《太仓日报》社等单位联合举办"同一蓝天下、圆梦在太仓"——牵手新太仓人子女圆梦行动。活动为期1个月,获得数千种书刊、文具、生活用品捐赠及部分捐款,400名新太仓人子女受益。

5月31日—6月3日,以徐东熙为团长的韩国西全州青年会议所代表团一行来苏访问,与苏州市青年联合会就两地青少年交流、社团建设等领域的合作进行磋商。

月底,共青团苏州市委联合市劳动和社会保障局启动苏州市"千名优秀青年职工技能提升行动"。此次行动组织300名优秀青年参加第一批培训,并向市财政积极争取200万元扶持经费,为全市广大优秀青年提供一个提升技能的平台。

6月14日,共青团苏州市委"水乡青年歌手大赛"获"第九届全国乡村青年文化节优秀活动项目"称号,张家港获"全国乡村青年文化活动先进县(市)"称号,相城区的民间艺人袁中平获"全国乡村青年文化名人"称号。

17日,苏州市预防未成年人违法犯罪领导小组办公室联合苏州大学、《苏州日报》报业集团、市广电总台、苏州三人行定向拓展运动服务有限公司启动"伙伴计划'牵手'行动"。该行动着力打造"企业—大学生—民工子弟—社会"的爱心传递链,让大学生在奉献爱心、帮助其他弱势群体的过程中凭借自身的才能和劳动解决经济困难,从而达到励志助学的效果,并且通过大学生的支教解决部分外来务工人员子弟学校办学条件相对落后、师资力量相对匮乏等问题,从而达到双向助学的目的。

20日,共青团苏州市委和市公安局共同组织的"伙伴计划"交通安全自护知识竞赛在苏州交巡警支队金阊大队举行。来自外来务工人员子弟学校的9支代表队参赛。

7月14日,共青团苏州市委和苏州大学团委志愿工作相关部门联合开展志愿者选拔工作。数百名苏州大学学生报名,经学校初选,110名学生参加面试选拔,50名学生最终入选。

本月,苏州市青年联合会承办"第二届两岸青年联欢节"吴越文化行(苏州)活动。台湾青年代表团先后参观苏州大学、拙政园和苏州博物馆。

8月12日,昆山陆家镇青年中心正式揭牌成立。

22日,苏州市青年联合会旅游、商贸组在市会议中心举办市青年联合会爱心助学座谈会。24名学生接受爱心助学,资助总额为28 800元。

本月,共青团苏州市委联合中共苏州市委组织部召开全市深化"双推"工作座谈会。座谈会专题研究新形势下如何进一步加强全市"双推"工作。作为对传统"双推"工作的深化,中共苏州市委组织部、中共苏州市委非公党工委、共青团苏州市委联合出台《关于开展"双培双促"工作的意见》,要求全市各级党团组织深入开展以"把青年人才中的先进分子培养成党员,促进青年人才创一流工作业绩;把青年党员培养成业务骨干,促进党员充分发挥先锋模范作用"为主要内容的"双培双促"工作。

9月5日,由中欧国际工商学院、苏州市青年联合会和市青年商会等多家单位联合主办的高层管理论坛在苏州吴宫喜来登大酒店举行。论坛主题为"物权法与企业经营的法律环境"。

7日,共青团中央农村共青团工作专题调研组来常熟,围绕常熟农村青年创业成才行动、农村青年中心建设、农村青年文化活动、基层组织建设等展开调研。

11日,苏州市青年志愿者工作培训班正式开班。来自各市、区、高校、局(公司)有关单位的青年志愿者工作的具体负责人30余人参加培训。

26日,"展青春风采,塑城管形象"系列活动暨"大学生城管体验行"正式拉开帷幕。"苏州大学生城管社会实践基地"揭牌。

10月9日,以苏州市青年联合会副主席陈雪嵘为团长的苏州市青年联合会代表团一行,先后访问韩国西全州青年会议所和日本金泽市青年会议所。

10日,由共青团苏州市委和苏州供电公司联合举办的"伙伴计划"电力安全自护活动,走进苏州工业园区外来务工人员子弟学校——阳光学校。

11日,"我与祖国共奋进'四大行动'我争先"苏州青年群英会在苏州会议中心举行。

29日,首届"苏州市杰出(优秀)青年卫士"座谈会召开。20名"苏州市杰出(优秀)青年卫士"结合党的十七大理论和工作实际进行交流发言。

本月，苏州市被共青团中央认定为全国"12355"建设试点城市。

11月5日，共青团苏州市委、沧浪区人民政府、苏州市博仕创业教育咨询有限公司联合在苏州市会议中心举行"第一起点"网上创业学院建设试点启动仪式。

阳光家庭"父母论坛"活动

15日，由中共苏州市委宣传部、市文明办、市经贸委、共青团苏州市委、市工商局、市青年联合会等单位联合主办的2007首届"创业苏州、魅力总裁"评选活动颁奖典礼在市广电总台举行。

27日—29日，共青团苏州市第十七次代表大会在苏州市会议中心召开，正式代表310人。杜小刚代表第十六届委员会做题为《深入贯彻落实科学发展观，为苏州率先科学和谐发展贡献青春、智慧和力量》的工作报告。大会选举产生第十七届委员会委员42人、候补委员18人。杜小刚当选为书记，陈雪嵘、吴琦、蔡剑峰当选为副书记。

12月5日，由共青团苏州市委举办的"紫荆花杯"2007年苏州市青年服装设计与制作大赛在常熟紫荆花纺织股份有限公司服装园落下帷幕。此次大赛以"创新"为主线，突出展示参赛选手在服装设计与制作方面的能力，推出理论知识、定向设计、立体设计与制作3个环节的比试。来自喜登博服饰的华冬明、福博制衣的李卫、雅士达时装的陈卫芳分别获得大赛一等奖第一名、第二名和第三名。另有5名选手获得二等奖、8名选手获得三等奖。

同日，江苏省预防青少年违法犯罪工作检查组来苏，对苏州市预防青少年违法犯罪工作进行考核。

7日，第四届苏粤"4+4"青商合作联盟峰会在张家港国贸酒店开幕。

27日，应江苏省青年联合会邀请，以韩国全北地区青年会议所会长李康世为团长的韩国全北地区青年代表团一行在南京、苏州等地进行考察访问。

本月，《苏州共青团工作简报》出版，开辟团工作对外宣传新阵地。

2008

元旦、春节期间，苏州遭遇罕见大雪。共青团苏州市委举办苏州市千家"青年文明号"服务千名困难青少年活动。全市各级"青年文明号"集体集中行动，向社区困难青少年家庭伸出援助之手，为他们送去棉衣、棉被等生活用品和学习用品。

1月24日，全国首家依托党员服务中心建立的团员服务中心暨苏州市首家团员服务中心在苏州高新区（虎丘区）枫桥街道正式揭牌成立。

25日，苏州市2008年度文化科技卫生"三下乡"活动启动。青年志愿者们现场免费提供毛衣织补、青少年心理咨询等服务，共青团苏州市委向当地贫困学生捐赠书包、文具盒等学习用品。

2月22日，共青团苏州市委召开第十七届二次全体（扩大）会议。会议表彰2007年度苏州市共青团工作创新奖，审议通过《关于2007年度团费收缴、管理、使用情况的报告》。

26日，中共江苏省委研究室、共青团江苏省委组织联合调研组来苏专题调研苏州青年创新创业工作情况。

3月20日，共青团苏州市委与《苏州日报》联合推出"'江苏东吴农村商业银行杯'我与改革开放共成长"有奖征文活动。活动面向全市征选优秀稿件100篇，展现苏州改革开放的成果和青年个人成长经历。

23日，由共青团苏州市委和市水利局共同主办的苏州市2008年保护母亲河行动启动仪式暨"迎奥运 节水行"张家港市青少年千人万米长跑活动在长江岸边张家港饮用水取水口举行。

本月，共青团太仓市委开展"青春装点新农村，携手共建绿色家园"主题活动。5 000余名团员、青年参与，新添绿化近4公顷，100余名少先队员认种、认养树木500余株。

4月1日—2日，由共青团盐城市委书记张国梁带队的盐城市县团干部考察团来苏参观考察共青团工作。考察团重点考察昆山花桥、陆家的共青团特色工作。

2日，共青团杭州市委书记董悦一行来苏州访问考察，与共青团苏州市委就共青团和青年工作进行交流。

3日,共青团苏州市委书记杜小刚、市检察院副检察长张晓东共同为工业园区检察院的"12355"青少年服务台"阳光维权驿站"揭牌。"阳光维权驿站"作为市"12355"青少年服务台的基层联系点,承接市"12355"青少年服务台的部分青少年法律维权事务。

23日,由江苏省人大内司委副主任委员王肖明、共青团江苏省委副书记万闻华带队的《江苏省未成年人保护条例》立法调研组一行来苏开展立法调研。调研组研讨未成年人保护领域存在的突出问题,征求对未成年人保护地方立法的意见和建议,共青团江苏省委权益部部长郑海龙等领导参与调研。

28日,中共苏州市委副书记、市长阎立出席在苏州香格里拉大酒店举办的"'对话青商'——市长见面会"活动。市青年商会2008年度会长、星工场投资集团有限公司董事长徐玉麟和近20名市青年商会会员代表与市政府领导进行面对面交流。

5月4日,由共青团苏州市委和中共苏州市委宣传部、市文明办等单位联合主办的苏州青年"迎奥运 争率先 促和谐"大型志愿行动在工业园区独墅湖畔拉开帷幕。

8日,共青团中央书记处书记贺军科、共青团江苏省委书记练月琴一行来张家港考察调研共青团工作,参加"迎奥运全国亿万学生阳光体育运动推进会",考察江苏省梁丰高级中学。

13日,共青团苏州市委第一时间通过"12355"青少年服务台网站、"12355"热线等多种渠道,号召、组织全市广大青年为汶川地震灾区人民奉献爱心,帮助灾民渡过难关,当日收到全新衣物近3 000件。

19日,由共青团苏州市委、市卫生局组织的前往灾区开展医疗卫生救助的第一批青年志愿者出发。

昆山建设局赴地震灾区援建队出征仪式

22日，共青团苏州市委迅速与江苏省对口支援汶川地震重灾区德阳的团组织取得联系，委派两名机关干部前往德阳就相关援助事宜进行协商。共青团苏州市委通过广泛协调资源、整合社会各界力量，以多种方式向德阳青少年提供帮助，包括捐助2万元特殊团费、援建希望小学，以及支持帮扶受灾青少年等。共青团苏州市委专门招募的数批心理干预志愿者也赶赴德阳开展工作，共青团苏州市委机关干部还前往什邡看望第一批赶赴灾区提供医疗卫生救助的苏州青年志愿者。

27日，中共苏州市委、市政府召开创建全国文明城市动员大会。大会动员全市各级各部门全力以赴打好创建全国文明城市攻坚战。会上，共青团苏州市委书记杜小刚向中共苏州市委、市政府递交《苏州市2008年创建全国文明城市目标任务书》。

同日，以共青团江苏省委副书记丁纯为组长的调研组一行专程来到苏州，就苏州共青团学习实践科学发展观、构建有效的青少年舆情监测体系等进行调研。

本月，共青团昆山市委动员广大团员、青年向汶川地震灾区共捐款347.5万元，上交特殊团费26万余元，向灾区捐出价值37万元的新衣被，为昆山援助对象四川广济镇设立20万元的昆山青年人才基金。

6月15日，共青团苏州市委召开全体机关干部会议，传达中国共产主义青年团第十六次代表大会精神。出席大会并当选为共青团中央第十六届委员会委员的共青团苏州市委书记杜小刚向大家介绍团十六大的会议情况及苏州等江苏代表的参会情况，并着重从党中央领导的亲切关怀、陆昊代表团十五届中央委员会所做的工作报告、团章修改、新一届团中央领导机构的选举产生等方面，结合自己的学习体会，全面传达团十六大的精神。

上半年，苏州市青少年发展基金办公室、希望工程办公室积极筹措资金，广泛接受社会各界的捐赠，在省内外援建3所希望小学。接受市民王梅生先生33万元捐款，在对口支援城市宿迁市建立1所希望小学；出资25万元，在贵州省安顺市蔡官镇建立1所希望小学；出资20万元，在湖南省张家界市建立1所希望小学。

7月5日，2008"文化苏州、创业苏州"推介团前往中国科学院。苏州青年企业家们与中国科学院青年科学家们直接对话交流，谋求合作，以期搭建更广阔的平台，将科研成果转化为生产力。

14日，江苏省2008年大中专学生暑期社会实践出征仪式暨"我们永远在一起"文艺演出进社区活动在苏州石路银河广场举行。

27日—28日，共青团南京市委考察团一行20人由书记邢正军带队来苏州考察共青团和青年工作。

8月2日，由共青团苏州市委和市体育局共同主办的"江苏银行杯"苏州市首届青年体育文化节开幕式暨苏州市青年田径运动会在苏州大学东校区体育场举行。文化节包括青年田径运动会、团干部足球联赛、水乡青年歌手大赛等活动。

5日，共青团中央召开"全团加强基层组织建设和基层工作电视电话会议"。共青团中央书记处第一书记陆昊在会上做重要讲话。共青团苏州市委机关全体同志、各市（区）团委书记和各个条线的团组织负责人参加电视电话会议，认真学习讲话精神。

同日，由香港中联办青年工作部、香港青少年暑期活动委员会联合主办，苏州市青年联合会具体承办的香港特别行政区青少年暑期大型交流计划之"2008青春相约苏州"活动在拙政园拉开帷幕。为期两天的活动中，港、苏两地学生"一对一"结伴互动交流，活动内容包括参观苏州规划展示馆、苏州博物馆，感受姑苏城的古韵今风；参观七里山塘、盛世观前，体验苏州民俗风情。

14日，共青团苏州市委正式通过"ISO9001质量管理体系"资格认证。此举在全省共青团系统尚属首创，为共青团服务大局、服务青年、服务基层工作注入新活力，并标志着苏州共青团工作在规范化、机制化、长效化方面迈入一个新阶段。

25日，奥运会圣火在江苏首站苏州传递。青年志愿者为奥运会保驾护航。

青年志愿者为奥运会保驾护航

30日,共青团苏州市委书记、市青年联合会主席杜小刚带领一批青年企业家赴绵竹市孝德镇,开展对口帮扶送温暖活动。

9月13日,共青团苏州市委联合苏州移动通信公司在桂花公园举办苏州"移动红娘"相亲大会。全市机关、企业500余名青年(主要来自国税、地税、卫生、供电、电信、邮政等系统)参加本次活动,机关青年参与者为历年来最多。

19日,共青团焦作市委书记史本林一行来苏州进行考察交流,先后参观枫桥街道职介一条街和枫桥街道团员服务中心(共青团中央团员服务中心试点单位),以及平江区六六视觉团员服务中心。

22日,中共苏州市委党校增挂"苏州市团校"牌子,举行揭牌仪式。

25日,苏州市副市长谭颖在市会议中心姑苏厅会见应邀来访的韩国西全州青年会议所代表团一行。

10月11日,"江苏银行杯"苏州市首届团员、青年足球赛在市体育场拉开帷幕。

22日,《中国青年报》总编辑陈小川一行来苏调研,考察苏州共青团和青年工作。

23日,共青团苏州市委书记杜小刚一行赴宿迁进行访问考察,与共青团宿迁市委就共青团和希望工程工作进行交流,并对宿迁经济发展状况及相关投资环境进行实地考察。

30日,共青团天津市委副书记白凤祥带队的考察团一行来苏交流青少年维权工作。考察团参观苏州工业园区检察院,并就如何更好地开展青少年维权工作进行座谈交流。

11月2日,中共苏州市委副书记、市长阎立向市消防支队颁发"苏州卫士"荣誉奖牌。姚建良、丁茂春等10人获得第二届"苏州市十大杰出青年消防卫士"荣誉称号,共青团苏州市委书记杜小刚宣读表彰决定。

26日,"对话青商"系列活动之"走进魅力太仓——市长见面会"在太仓娄东宾馆会议厅举行。

28日,苏州市政协副主席程耀寰会见日本金泽市青年会议所代表团全体成员,双方就开展两地志愿者交流举行座谈。

12月3日,共青团苏州市委书记杜小刚一行前往中国科学院自动化研究所，就苏州青少年舆情分析的信息化发展方向与自动化研究所方面进行深入沟通。

22日，苏州市青年联合会第十三届委员会第一次会议、市学生联合会第十次代表大会开幕。市青年联合会委员、市学生联合会代表共600多人参加。大会听取和审议市学生联合会第九届委员会工作报告，通过《苏州市学生联合会章程（修正案）》，选举产生市学生联合会第十届委员会。

本年，昆山市青年志愿者协会被共青团中央授予"2008中国百个优秀志愿服务集体"称号。全年全市共登记志愿者组织43家，注册志愿者8万多人，志愿者服务品牌"鹿城风采"的知名度越来越高。

本年，中共太仓市委组织部、共青团太仓市委联合出台《关于团组织参与做好到村任职高校毕业生工作的意见》。至年底，太仓各镇100%建立到村任职高校毕业生团支部，大学生村官100%兼任村支部团委书记、副书记。

本年，平江区成立苏州第一个青少年舆情分析中心。中心分设时事政治、法律维权、文体娱乐、经济消费、社会民生、信息科技、青年社团7个小组，从党政机关、医院、学校、服务业、社团、高校等行业和系统招聘36名舆情分析员，开展广泛深入的调查研究，全面收集了解青少年的各类诉求，定期形成高质量的舆情分析报告，及时传达青少年舆情信息，为中共苏州市委、市政府科学决策提供参考。

2009

年初，苏州市反扒志愿者大队项目被共青团中央列入全国青年自组织团建试点工作项目。共青团中央书记处第一书记陆昊听取苏州市反扒志愿者大队团总支团建工作汇报，对其取得的成绩给予肯定。

1月9日，在全市政法工作会议上，共青团苏州市委申报的建立青少年舆情分析中心项目获得"苏州市社会治安综合治理和平安建设创新成果奖"三等奖。

20日,2008年度全省共青团创新创优成果奖揭晓。共青团苏州市委的3个创新工作项目,即"'12355'青少年服务台""青少年舆情监测""青年自组织孵化基地"摘得奖项,入选数量居于全省首位。

2月10日,苏州市学生联合会积极贯彻落实共青团江苏省委、省学生联合会下发的《关于开展2008年江苏省大中专学生志愿者暑期科技文化卫生"三下乡"社会实践活动的通知》精神,迅速与在苏各高校团委进行沟通,协商苏州大中专学生暑期社会实践活动的相关内容,广泛动员广大青年学子积极参与暑期社会实践活动。

11日,苏州市少工委、昆山市少工委被共青团中央、全国少工委授予"中国少年儿童平安行动优秀组织奖"。苏州市少工委是江苏省内获得此项荣誉的仅有的两家地级市少工委之一,部分单位、学校、社区及队员也获得相应的国家级荣誉。

15日,由中共苏州市委宣传部、市文明办等主办的苏州市第十七届(2008年)社会主义精神文明建设十大新人新事和苏州市第二届"做可爱的苏州人"百名文明市民标兵评选结果揭晓。共青团苏州市委推荐的王梅生荣膺"十佳新人"称号,朱襄昆获得"文明市民标兵"称号,"苏州—绵竹爱心伙伴欢度六一"获得"新事提名奖"。

17日—19日,共青团中央书记处第一书记陆昊来苏考察高新区(虎丘区)青年就业创业服务中心、吴江恒力青年就业见习中心、苏州"12355"青少年服务台、苏州青年自组织孵化基地等各项工作的情况,与苏州广大基层团干部、青年就业创业见习基地见习青年、农村小额贷款股份有限公司负责人、中介培训机构负责人、青年自组织负责人等进行深入交流探讨。25日,《中国青年报》头版报道《团中央第一书记陆昊在江苏调研时指出 顺应市场经济规律 服务青年就业创业 要用青年喜欢的沟通方式作为团建新载体》。

3月16日,共青团苏州市委深入学习实践科学发展观活动动员大会召开。

20日,共青团太仓市委、太仓市少工委在太仓市金仓湖联合举行2009保护母亲河行动暨环保夏令营活动启动仪式。200名青少年代表参加仪式。

23日—25日,全团基层组织建设和基层工作研讨会暨全团组织工作会议在北京召开。苏州恒力集团团委书记乐军作为基层团组织代表参加会议并做交流发言。

27日,全市农村工作会议召开。一批苏州市建设社会主义新农村先进集体、先进个人等受到表彰，共青团苏州市委获得苏州市"2008年度建设社会主义新农村推进奖"。

本月，共青团苏州市委对全市乡镇团的委员会建设情况进行摸底。所有61个乡镇团委班子健全，有一支较为稳定的团干部队伍。乡镇团委书记、副书记共141人，平均年龄29.3周岁，其中年龄最大的39周岁，最小的24周岁，本科以上学历占88.7%，兼职率占84.4%。

4月12日，共青团苏州市委党总支深入学习实践科学发展观青年大讲堂第一讲开讲。中共苏州市委宣传部副部长高志罡为共青团苏州市委机关党员干部授课。

17日，共青团苏州市委书记杜小刚带领相关部门先后赴昆山、张家港调研，就新时期共青团如何按照科学发展观要求进一步开展好工作广泛听取各界团干部、青年的意见和建议。杜小刚要求各级团的组织和广大团员、青年以"科学发展、青年争先"为主题，深入贯彻落实科学发展观，积极推进"青春燎原计划"，服务大局促发展，努力争当"两个率先"排头兵。

22日，共青团江苏省委书记练月琴专程来苏，围绕"青春燎原计划"，就分批分类推进团的基层组织建设开展专题调研。

本月，吴江市人才服务中心荣获2008年度全国"青年文明号"称号。

5月4日，苏州市五四运动90周年纪念表彰大会暨"我和我追逐的梦"当代苏州青年价值观报告会在苏州市会议中心举行。会上苏州青年创业代表、太仓绿润农副产品有限公司总经理郭跃，青年岗位成才代表、苏州工商局消费者权益保护处工作人员李伟光，大学生村官代表、吴中区东山镇三山村党支部书记助理宋炜，优秀青年社团代表、苏州市小红帽义工协会副理事长罗丽娟等先后做主题发言。

本月，苏州市公安局巡防大队民警王波荣获共青团中央授予的"全国优秀共青团员"称号。

6月1日，适值第60个国际儿童节，苏州市青少年活动中心新馆举行揭幕典礼。

4日，中共苏州市委副书记、市长阎立在市政府秘书长陶孙贤、市经贸委主任姚林荣等领导陪同下赴青商会部分企业调研，与部分会员代表进行交流座谈。

17日，中共苏州市委组织部、共青团苏州市委举办苏州市大学生村官联谊会成立仪式。全市共选聘大学生村官2 321人，大学生村官100%兼任所在村或社区团干部；符合条件的乡镇、街道，100%建立大学生村官团组织；建设县级市、区大学生村官联谊会11家；开通"苏州市大学生村官家园网"和"'12355'大学生村官服务热线"。

18日—19日，韩国西全州青年会议所代表团第9次来访，苏州市副市长张跃进会见代表团一行。

首届"创业姑苏"青年精英创业大赛获奖项目签约

7月11日，苏州市人才办、市科技局、《苏州日报》报业集团、共青团苏州市委、市青年联合会联合举办第一届"创业姑苏"青年精英创业大赛。

17日，共青团苏州市委召开深入学习实践科学发展观整改落实阶段动员大会。

8月26日，共青团苏州市委书记杜小刚实地走访位于相城区黄桥街道的苏州市春菊电器有限公司。

9月9日，共青团苏州市委召开深入学习实践科学发展观活动总结大会。

29日，"青春在希望的田野上闪光"苏州市大学生村官风采展示月闭幕式暨庆祝中华人民共和国成立60周年献礼演出在太仓市青少年活动中心举行。

30日，苏州青商会品牌活动——"对话青商"来到吴江，举行"对话青商"系列活动"走进吴江"市长见面会。这是"对话青商"走进县（市）、区的第5站。

10月1日，正值祖国60华诞和中秋佳节，由共青团苏州市委、市青年联合会、市青年商会联合主办的苏州市各界青年2009庆国庆迎中秋大型联欢晚会暨苏州青联舞林大会在同里湖度假村举行。

12日，"祖国发展我成长 少先队员心向党"——苏州市少先队庆祝中国少先队建队60周年纪念活动举办。中共苏州市委副书记徐建明，市关工委、市文明办、市教育局、共青团苏州市委的相关领导出席活动，为获得"少先队工作突出贡献奖"的优秀辅导员及2009年苏州"十佳少先队员"颁奖，并为苏州红领巾科学院揭牌。

15日,《中国青年报》在"共青试点"栏目,以较大篇幅对苏州团员服务中心工作开展情况进行报道。

12月5日,为庆祝"国际志愿者日",共青团苏州市委、市青年志愿者协会在市青少年活动中心隆重举行苏州"十佳青年志愿者"表彰大会暨苏州青年志愿者标识、服装发布会。共青团苏州市委积极组织志愿者服务大型赛会,先后为"圆融杯"中国乒乓球公开赛、全国和谐社区建设工作会议、第十九届世界女子手球锦标赛提供优质服务。

同日,中央电视台《新闻联播》报道苏州团组织在深入学习科学发展观活动中服务青年就业创业工作。

7日,《中国青年报》在"共青试点"栏目,以较大篇幅对苏州基层团组织直选工作开展情况进行报道。

月底,苏州"12355"青少年服务台已有25家加盟单位,为青少年提供全方位的专业服务。在青少年活动中心(新址)共享大厅中专门开辟100平方米建设"12355"服务台;服务台网站点击量已突破10万人次;服务台接到有效咨询、求助共计2 000余个,解决青少年重点个案200余例,化解来访接待30多起,其中3个案例入选《全国12355青少年服务台经典案例选编》。

本年,共青团苏州市委积极推进"青少年维权岗"创建工作。全市优秀"青少年维权岗"共有国家级岗11家、省级岗18家、市级岗316家。通过维权岗考核验收,及时掌握各县(市)、区、条线维权岗创建单位在预防青少年违法犯罪方面取得的成效和经验。

本年,共青团苏州市委推动"12355"青少年服务台不断发展,实现在学习教育、就业创业、恋爱婚姻、身心健康、困难救助、犯罪预防6大领域的广覆盖。"12355"青少年服务台在全国率先注册成为民办非企业,实现"12355"青少年服务台政府政策推动扶持、社会化运作经营、民间社团企业合作"三维"运行模式。

本年,共青团昆山市委发起首届"春风行动"送岗位活动,组织联系全市90余家企业为1.5万名青年提供1 200多个岗位,建立15个青年就业创业见习基地,联合农村商业银行发放小额贷款1 900万元。

本年，吴江开发一批"江村娃"社会实践活动基地。"江村娃自护园""江村娃广播站"等基地立足江村乡土资源，服务青少年健康成长，其中"江村娃自护园"被评为"江苏省青少年自护教育基地"。

本年，常熟市大学生村官联谊会成立。全市近300名到村任职的大学生100%担任村（社区）团委（支部）副书记或委员，为基层团组织注入新鲜血液。

2010

1月15日，共青团江苏省委副书记万闻华一行来苏调研共青团重点工作情况，同时召开全省共青团重点工作推进会。

2月3日，共青团苏州市委开展"关爱成长走进金阊"活动。共青团苏州市委书记室成员分别走访慰问留园、彩香、石路、虎丘、白洋湾街道的孤残低保青少年家庭。

9日上午，共青团苏州市委书记杜小刚一行到苏州大学东校区看望新年期间留守苏州的大学生，代表共青团苏州市委对他们致以节日的问候。

21日，共青团苏州市委书记杜小刚主持召开专题工作会议。会议及时传达市级机关作风效能建设大会精神，研究部署下阶段重点工作，号召全市各级团组织以"三区三城"建设为总目标，按照中共苏州市委书记蒋宏坤关于群团工作"三个坚持""五个新作为"的要求，牢固树立"三不"作风，着力抓好五方面工作，为全面完成全年各项任务创造良好的开端。

23日，共青团苏州市委、市青年志愿者协会与江苏省太湖渔业管理委员会办公室共同举办第二届太

第二届太湖放鱼节苏州"百
人亲水放鱼"活动

湖放鱼节苏州"百船千人亲水放鱼"大行动启动仪式。

本月,苏州市"12355"青少年服务台被江苏省精神文明建设指导委员会授予"全省未成年人思想道德建设工作先进集体"称号。

本月,苏州"两会"期间,市青年联合会委员提出的《关于财政提供民营企业家培训专项资金的提案》《关于简化老新村房改房维修基金提取手续的建议》《关于苏州轨道交通可持续发展的建议》3个提案被评为优秀提案。

3月4日,由日本金泽市青年会议所理事长田中敬人率领的日本金泽市青年会议所代表团一行12人访问苏州。苏州市青年联合会副主席陈雪嵘、吴琦、蔡剑峰陪同。

13日—14日,苏州市旅游局、共青团苏州市委共同举办世博会昆山旅游志愿者岗前培训活动。共300余名志愿者参加培训。

16日,由共青团山东省委组织的"2010年第一期处级公务员转方式、调结构专题研讨进修班"代表团一行来苏进行考察交流。

21日,"小生命大行动——放养花白鲢 呵护阳澄湖"活动在相城阳澄湖美人腿旅游集散中心码头举行。全市7城区的400多名教师、学生代表与阳澄湖沿湖8个乡镇的百余名代表共同参加放养活动。活动当天共放养花白鲢鱼苗2万公斤约28万尾(以1公斤14尾计)、螺蛳20吨、蟹苗500公斤。

23日,苏州市政协共青团、青年联合会界别组委员在苏州市政协副主席程耀寰的带领下到吴中东山镇考察调研苏州农村经济结构转型升级情况和大学生村官基层生活基本情况。

25日,共青团中央发出通知,要求各共青团和少先队组织迅速响应胡锦涛总书记和党中央号召,积极组织动员广大团员和队员投身抗旱救灾斗争。共青团苏州市委通过各级新闻媒体向全市所有青少年和社会各界人士发出倡议,号召大家迅速行动起来,帮助灾区人民共渡难关。

28日,共青团苏州市委机关及下属单位全体人员利用周末时间在苏州市青少年活动中心开展现场捐物捐款活动。

4月1日,共青团苏州市委、市青年志愿者协会联合开展"打造城市客厅,志愿服务先行"——苏州青年志愿者"333"行动计划,启动"共建有序车站,共创文明城市"大型志愿服务活动,开展以"关爱外来务工人员子女"为主题的志愿服务结对行动。全年共有近千名志愿者为各项大型赛事提供服务。

15日，以金范俊为团长的韩国西全州青年会议所代表团第10次来访。

21日，玉树地震全国哀悼日，共青团苏州市委组织机关和下属单位所有干部和工作人员开展捐款活动，向玉树受灾群众奉献爱心。同时以下半旗和默哀的方式向死难同胞致以哀悼。

27日，共青团苏州市委爱心助学基金项目暨"苏孝青少年活动中心"项目捐赠仪式在江苏省援建的绵竹市孝德中学礼堂举行。

5月4日，共青团苏州市委在市职业大学图书馆剧场举行五四运动91周年纪念表彰大会暨"江苏东吴农村商业银行杯"苏州共青团干部风采大赛决赛。

本月，共青团张家港市委打造"创业青年+大学生村官+金融机构"工作模式。大学生村官获得贷款授信8 000万元。

6月1日，共青团苏州市委、市少工委在市青少年活动中心举行"苏苏""州州"百名美德好少年颁奖仪式暨六一国际儿童节庆祝活动。

4日，共青团苏州市委实地参观走访青商会企业江苏中科智能工程有限公司，听取公司业务情况的介绍，并特别就"创业姑苏"青年精英创业大赛的项目引进、如何加强公司团建工作和推动企业青年团组织的科学发展等问题进行沟通与指导。

5日，共青团太仓市委开展"我的青春我做主——展青年风貌，扬青春梦想"系列活动。同时组织"精彩世博，我参与、我奉献、我快乐""服务世博我快乐""迎世博盛会，展行业风采"等志愿服务活动。

本月，共青团苏州市委等组织举行"迈入青春门 走好成人路"18岁成人礼活动。来自各行各业、各校的年届18周岁的500名青年代表参加活动。

7月1日，中共苏州市委和市委组织部在市青少年活动中心专题召开苏州市党建带群建工作座谈会。共青团苏州市委书记杜小刚等就苏州市党建带群建工作进行汇报。

9日，共青团江苏省委副书记张国梁一行来苏调研非公有制经济组织和社会组织团建工作，同时召开非公有制经济组织和社会组织团建工作座谈会。

22日—23日，共青团江苏省委副书记丁纯一行来苏开展"创新基层团建、服务党建全覆盖"专项调研。

8月4日—7日,共青团苏州市委书记杜小刚先后赴相城区、苏州工业园区、张家港市和常熟市调研加强基层基础工作开展情况。

本月,共青团苏州市委组织举办2010苏州大学生"三下乡"社会实践启动仪式暨"青春唱响城乡一体化"首场演出,与相关单位组织大学生志愿者在乡镇、社区持续开展政策法规宣传、社会问题调研、支教助学、科技支农、医疗服务、环境保护、扶贫帮困等服务活动。

9月13日—17日,应全国青年联合会邀请,由日本内阁府派遣,以日本早稻田大学商学院教授八卷和彦为团长的日本青年代表团一行访问苏州。

17日,"胥王杯"大学生创业实战大赛启动仪式在苏州大学红楼会议中心举行。

25日,2010年苏州各界青年"庆中秋迎国庆"大型慈善晚会在独墅湖会议中心酒店举行。

10月11日,由共青团苏州市委书记、市青年联合会主席杜小刚带队的市青商会一行赴大连、长沙开展考察学习活动。

21日,由共青团上海市委,共青团浙江省委,共青团江苏省委,江苏省侨联,中共太仓市委、市政府和《中国日报》社等单位联合主办的2010海内外杰青嘉年华暨第三届中国长三角青商论坛在太仓开幕。

同日,应共青团苏州市委、市青年联合会邀请,中国科学院青年联合会代表团来苏进行为期两天的交流访问。

同日,中共苏州市委常委、政法委书记邱岭梅一行视察市青少年活动中心。

24日,2010年苏州优秀团干部和青年人才培训班开学典礼在市委党校举行。

同日,由共青团苏州市委、交通银行苏州分行、市青年商会共同主办的"对话青商"走进交行暨交通银行·商会合作论坛在南林饭店举办。

本月,共青团苏州市委与市轨道交通有限公司联合举办"青春在创先争优中闪光"——苏州轨道工程青年建设者集体婚礼。

11月2日,共青团苏州市委联合市政协共青团、青年联合会界别组委员在市职业大学开展共青团与政协委员面对面活动,共同探讨新苏州人的社会融入问题，并调研吴文化基地建设情况。

12日—19日，以苏州市青年联合会副主席吴琦为团长的市青年访问团一行对日本、韩国进行友好访问。

17日，由苏州科技学院、共青团苏州市委、市青年商会共同主办的"苏州青商校园行百千筑梦计划"暨苏州科技学院大型校园招聘会在苏州科技学院江枫校区图书馆举行。

24日，共青团苏州市委、中国移动苏州分公司共同启动"行动创造未来——MM百万青年创业计划"苏州地区活动。该计划拟以中国移动开发者社区和Mobile Market平台为核心，打造一套基于移动互联网开展自主创业的环境和机制，帮助大学生增加就业、创业机会并最终实现创业梦想。

24日—25日，共青团江苏省委学校部部长俞锋专程到苏州技师学院、木渎中学调研，并召开中职、中学共青团工作座谈会，分析研究新形势下中职、中学共青团工作的现状及存在的问题，深入探讨切实可行的对策和建议。

26日，苏州市青少年法制教育基地（市法制宣传教育中心）揭牌暨2010年12月4日法制宣传日系列活动启动仪式在市青少年活动中心举行。

本月，共青团苏州市委与苏州移动电视频道共同举办"相亲才会赢，结缘在万千"大型相亲活动，为青年群体提供服务，搭建沟通交流的平台，得到广大青年的热情关注，有600多名单身青年参与活动。

12月29日，由共青团苏州市委、市青年商会联合各方面资源组建的市青商服务联盟正式成立。市青商投资基金同时揭牌，旨在搭建更多金融平台和载体，为企业转型发展提供优质服务，创造更好的政策投资环境和条件。

本年，共青团苏州市委与苏州创业投资集团合作，成立规模5亿元的市青商投资基金，扶持青年创业；建立青年创业典型的回访制度并成立"创业姑苏"俱乐部，为创业青年和企业牵线搭桥。

2011

1月10日,"胥王杯"大学生创业实战大赛文案阶段颁奖典礼在苏州市青少年活动中心举行。大赛自2010年9月启动以来,共吸引《时间超市》《追忆童年计划》《悠远热气球》《"客粥求健"连锁食疗药膳馆》《农耕田园》等99个项目参与,35个创业项目获得奖励。创业项目内容紧扣现代服务业主题,其中旅游开发类占45%,市场营销类占40%,科技创意类占15%。苏州高校参赛团队数量超过总数的80%。

24日,"创先争优我先行,青春火热暖人心"大型公益活动暨"爱心年夜饭,幸福拎回家"送温暖活动启动仪式在苏州市青少年活动中心举行。

2月11日,苏州高校团干部到县级团委挂职工作会议召开。来自苏州大学、苏州科技学院等高校的11名挂职团干部出席会议。

本月,共青团太仓市委举办专场招聘会,帮助近百名青年实现就业;举办青年创业咨询暨项目推介会,提供创业项目40余个,300名青年参加,70多人达成就业意向;新建青年就业创业基地23家,推荐150名青年上岗见习;推进青年创业小额贷款工作,帮助30名创业青年争取无息小额贷款300万元。

3月11日—12日,以浅野哲洋理事长为团长的日本金泽市青年会议所代表团一行应苏州市青年联合会邀请来苏访问交流。双方就商务、青少年教育等领域的合作进行磋商。

31日,由共青团苏州市委和市作风效能办主办的"汇聚青春力量,建设三区三城——苏州市青年干部服务力提升行动"启动仪式在市会议中心举行。

4月11日,苏州市副市长王鸿声接见韩国西全州青年会议所代表团一行。王鸿声表示苏州市政府欢迎、支持两市青年组织之间的友好往来。

18日,"对话青商 走进地税"——苏州地税"税企心桥"服务活动在苏州市地税局举行。市地税局被聘为青商服

"服务青商发展 促进青年就业"专场招聘会

务联盟特聘顾问。

本月,吴江市人才服务中心荣获2009—2010年度全国"青年文明号"称号。

5月4日,共青团苏州市委书记杜小刚、副书记吴琦一行赴昆山调研,考察昆仑重工、昆山市城市管理局、小核酸产业基地等单位共青团工作,并看望基层团员、青年。

29日,"苏州市团干部大讲堂"之张家港精神专场报告会在苏州市人民大会堂举行。江苏省政协原常委、苏州市人大常委会原副主任、中共张家港市委原书记秦振华应邀为苏州全市团员、青年做专题报告。秦振华在报告中结合自身的经历和张家港的成功实践,用生动的事例精辟地阐述"团结拼搏、负重奋进、自我加压、敢于争先"的"张家港精神"的实质和深刻内涵。

6月1日,由共青团苏州市委、市少工委主办的题为"纪念建党90周年——红领巾唱响三区三城"六一庆祝活动在市青少年活动中心举行。

7月9日—11日,共青团中央书记处书记汪鸿雁来苏参加2011年苏州国际精英创业周相关活动,同时就苏州农村共青团工作和青少年维权工作开展专题考察调研。

8月12日,共青团苏州市委在张家港冶金工业园(锦丰镇)沙钢体育馆举办2011苏州大学生"三下乡"社会实践启动仪式。

9月9日,由共青团苏州市委、市青年联合会主办,江苏银行苏州分行冠名,市青年商会、市青少年发展基金、《东吴菁英》杂志联合承办的"庆中秋,迎国庆"江苏银行之夜慈善晚会举行。

21日—23日,来自江苏、广东两省8地的近400名青年企业家齐聚昆山,参加苏粤"4+4"青商合作联盟2011昆山峰会,探寻在当前国际国内复杂的经济形势下,企业如何把握机遇,应对挑战,实现经济结构转型升级。

25日,2011年苏州市优秀团干部和青年人才培训班开学典礼在市委党校举行。各市、区团委,各局(公司)、直属单位、大专院校和金融系统团组织的70多名优秀团干部和青年人才参加培训。

27日,2011年江苏省青年职业技能大赛决赛开幕式暨苏州青工技能月启动仪式在太仓举行。

本月，李朝阳任共青团苏州市委书记。

10月初，共青团苏州市委书记李朝阳一行先后赴沧浪、昆山、张家港、吴江，围绕"如何实现覆盖两个全体青年，如何加强团的组织格局创新及其工作机制建设，共青团如何参与社会管理创新"等课题展开调研。

17日—20日，共青团"12355"青少年服务台（第一片区）心理培训在苏州举办。来自上海、江苏、浙江、山东、安徽5个省（直辖市）的团委权益部负责人、"12355"青少年服务台负责人及"12355"青少年服务台骨干心理咨询师等共计90余人参加本次培训。

11月6日—7日，江苏省创业务工青年团建现场推进会在苏州召开。共青团苏州市委探索在创业务工青年群体中扩大团组织覆盖面的有效方式，形成依托龙头型职介公司建团、依托青年能人建团、依托集宿区建团3条创业务工青年团建的新路径；推动安徽、河南等9省（市、自治区）建立26个驻苏团工委，与多家外省、市团组织签订驻苏团工委的共建协议，扩大共青团组织在创业务工青年群体中的影响力。

7日—14日，以苏州市青年联合会常委、市青商会副会长、恒丰进出口有限公司董事长徐钊为团长的市青年联合会访问团一行对日本、韩国进行友好访问。

10日，苏州市青年联合会第十三届三次常委会会议在工业园区召开。李朝阳当选为市青年联合会第十三届委员会主席。

17日，中共苏州市委常委、常务副市长曹福龙一行到市青年公益组织孵化园视察。

23日，共青团新疆维吾尔自治区委员会书记阿依努尔·买合赛提一行来苏州高新区第一中学，看望在此学习生活的新疆班学生，并为大家做形势政策宣讲。

23日—25日，共青团苏州市委书记李朝阳带领团市委机关各部门负责人及各市、区团组织负责人一行专程前往上海、深圳深入考察，同时学习当地共青团相关工作经验。

本月，共青团昆山市委的《"阳光辅导员"专业成长实践研究》和《关于"阳光少年"培养的实践》专项课题通过中国少先队工作学会专家的论证，分别被评为中国少先队工作学会少先队辅导员专业委员会"十一五"科研成果特等奖和一等奖。共青团昆山市委、昆山市少工委被评为中国少先队工作学会少先队辅导员专业委员会"十一五"科研先进集体。

12月5日,第26个国际志愿者日,苏州市青年志愿者表彰大会暨关爱行动"七彩小屋"启用仪式在大光明影城举行。

本年,共青团太仓市委启动全市非公企业团建服务党建系列活动。通过发行"青年卡",举办青工赛、红歌展演、党团知识短信竞答等活动,吸引全市200多家非公企业的近万名团员、青年参与。

本年,共青团吴中区委在全区开展"青春加油站——青年素质提升工程",计划用3年时间对全区学生、机关人员、社会闲散人员、企业职工等青年群体进行综合素质提升培训。

本年,共青团苏州市委开展"千名团干部访千家万户"活动。活动包括动员全市1 153名团干部深入基层,访民情、解民困,为贫困青少年家庭提供22万元帮扶资金;与县级市、区团委结对共建,做好11名高校团干部到各县级市、区团委挂职的服务工作。

本年,共青团苏州市委积极为青年就业创业服务。主要行动有:联合相关部门签署《优秀青年技能提升行动五年计划》,计划在未来5年投入500万元培训5 000名青年技能人才;积极推荐项目参加全省农村青年创业大赛,相城区"实施草莓—水稻水旱轮作生态种植项目"获全省第一名;相城区出台《鼓励和扶持青年就业创业的若干意见》,扩大青年创业小额贷款受益面。截至年底,全市共发放青年创业小额贷款441笔,总额近1亿元。

本年,全市"12355"青少年服务台网站点击量突破20万人次,接到各类咨询、求助共计21 000余个,解决重点个案300余例。在全省率先开通苏州"12355"同名维权服务微博,每日更新青年服务信息,积极聚焦社会热点,适时推出专题微博,取得良好的社会反响。

本年,苏州市共有团员531 461人,建有基层团委和团工委809个、团总支728个、团支部11 579个。全市共有各级专职团干部506人、兼职团干部7 522人。

2012

1月3日，共青团苏州市委书记李朝阳、副书记蔡剑峰深入轨道交通1号线桐泾北路站的施工现场，实地走访慰问轨道交通1号线的青年员工们。

6日，由共青团苏州市委、苏州大学招生就业处、苏州大学团委、市青商会共同主办的"苏州青商校园行——'十百千'筑梦计划走进苏州大学大型校园招聘活动"在苏州大学独墅湖校区举行。

30日，共青团苏州市委召开专题会议，及时学习传达全市作风效能建设大会精神。同时号召全市各级团组织和广大团干部按照"提振精气神，争先再进位"的总目标，着力抓好作风效能和队伍建设。

2月17日，共青团苏州市委书记、市青年联合会主席李朝阳会见中国国民党中央委员、中国国民党高雄市党部副主任委员、台湾青年菁英协会创会理事长施明豪并进行交流会谈。

29日，共青团苏州市委在吴江举行党组中心组（扩大）学习会暨苏州市各市、区团委书记联合支部第二次会议，研究部署共青团青年文化建设相关工作。

本月，共青团张家港市委启动全市动迁安置小区团建工作——"青春家园计划"。该计划针对动迁安置小区内创业就业青年、贫困学生、新市民子女、普通青少年等5类群众，分别设立"家园·创智""家园·圆梦""家园·助苗""家园·友伴""家园·乐居"5个项目，服务10余万名青少年。

3月6日，江苏省民政厅副厅长张宝娟率调研组一行来苏进行为期两天的"苏南地区社会管理现代化研究"专题调研，考察苏州市青年公益组织孵化园等。

14日，共青团苏州市委书记李朝阳带队深入基层赴牧田中国有限公司昆山分公司走访调研。此次调研揭开全年基层团干部大走访活动的序幕。

17日，苏州市青少年活动中心举行青少年健康人格工程启动暨"青苹果之家"启用仪式。

18日—19日，以柴田刚介理事长为团长的日本金泽市青年会议所代表团一行应苏州市青年联合会邀请来苏访问交流。双方就商务、青少年教育等领域的合作进行磋商。

27日,太仓市共青团组织参与社会管理创新动员大会召开,近百名团员、青年参加会议。会议确定流动青年青春驿站、社区青少年综合事务服务中心、客运中心、沙溪古镇志愿服务站4个共青团组织参与社会管理创新。至年底,流动青年青春驿站覆盖33家非公企业的1 200余名流动青年。

本日,共青团中央权益部副部长王锋一行来苏考察"12355"青少年服务台工作。

4月1日,共青团中央2012年非公企业团建工作江苏片区推进会在太仓召开。

12日—15日,应苏州市青年联合会的邀请,由韩明玉会长率领的韩国西全州青年会议所代表团一行对苏州进行为期4天的友好访问。双方就两地青少年交流、社团建设等领域的合作进行磋商。

18日,苏州独墅湖高教区学生服务中心、工业园区独墅湖青年事务中心和高校团委联合工作站举行揭牌启用仪式。

同日,共青团苏州市委、中国农业银行苏州分行战略合作签约仪式在独墅湖会议酒店举办。

18日—19日,共青团苏州市委召开专题汇报会,向来苏视察指导的共青团江苏省委书记万闻华一行汇报共青团青年工作情况。

28日,共青团苏州市委以志愿服务"V站"的形式打造城市公共服务新平台。

本月,团工委联合苏州大学社会学院组建一支由12名成员组成的调研团队,对苏州工业园区部分非公企业35周岁以下的员工进行抽样调查,并了解其所在企业团组织的发展情况。

本月,共青团苏州市委发起"新时期苏州青年精神"征集活动。发放调查问卷8 000余份,举办"新时期苏州青年精神"大讨论主题团日活动50多场;通过专题网站征集社会意见,经过近万个样本征选,最终确定"乐文尚水、求实开先"为"新时期苏州青年精神",并于11月27日正式对外发布。

5月4日,苏州举行庆祝中国共产主义青年团成立90周年暨纪念五四运动93周年大会。会上,举行"新时期苏州青年精神"报告会,表彰一批获得"苏州市五四红旗团委""苏州市五四红旗团支部(团总支)""苏州市优秀共青团员""苏州市优秀共青团干部""我身边的好青年"称号的集体和个人。中共苏州市委、市政府、市人大常委会、市政协主要领导共同启动"我爱苏州、苏州有i"苏州青年文化旗舰活动。

6日，苏州大学举行新媒介与青年文化研究中心揭牌仪式。全国各地的媒介文化研究学者和传媒业界专家参加"新媒介·新青年·新文化"高峰论坛和"新时期苏州青年精神的内涵"圆桌会议。

29日—30日，中国少年先锋队苏州市第六次代表大会召开。大会审议并通过少先队苏州市第五届委员会所做的题为《童心向党 争当"四好" 为苏州率先基本实现现代化做好全面准备》的工作报告。大会选举产生少先队苏州市第六届委员会。会议共有正式代表184人，其中少先队员代表110人，约占代表总数的60%。大会共收到提案184份，涉及少先队活动、少先队阵地等6大方面。会上颁发"苏州市优秀少先队员标兵""苏州市少先队辅导员五年贡献奖""苏州市优秀志愿辅导员"等荣誉证书。

6月1日，由共青团苏州市委、市少工委主办的"快乐·成长·感恩"2012年欢庆六一国际儿童节系列活动在市青少年活动中心举行。

5日，共青团苏州市委举办"对话青商——走进常熟"市长与青商见面会。此次见面会拉开2012年"对话青商"活动的序幕。

6日，共青团深圳市委书记张志华一行来到苏州高新区（虎丘区）枫桥劳务职介一条街考察指导。

17日，第四届"创业姑苏"青年精英创业大赛终审答辩会在苏州市青少年活动中心举行。来自全国各地的40余支参赛项目团队入围终审环节。

7月17日，"对话青商"走进吴中区，在东太湖科技金融城开展区长与青商见面活动。

17日—21日，来自全国各地的40余名少数民族大学生来太仓参加2012年"少数民族大学生骨干暑期实践锻炼计划"活动。

8月2日，由共青团苏州市委、中

"少数民族大学生骨干暑期实践锻炼计划"活动

共苏州市委宣传部、市文明办、《苏州日报》报业集团共同主办的"家在苏州 V站有我 携手志愿"——大型志愿服务体验活动启动仪式在轨道交通1号线东方之门站站厅举行。

8日—10日，共青团苏州市委书记李朝阳、市青年商会会长汪妹玲率市青年商会考察团一行赴徐州、宿迁、淮安、盐城等地考察交流。

14日，共青团吴中区委在穹窿山孙武书院组织开展吴中区团干部、青年联合会活力训练营活动。

17日，共青团相城区委、相城区地税局联合举办非公团建绿色通道启动仪式。

21日，苏州市青年创业大赛决赛在市青少年活动中心拉开序幕。决赛采取现场答辩的形式，对参赛选手的表达能力、文案策划能力及参赛项目的可行性进行综合评审，并现场公布成绩和排名。

23日—28日，共青团苏州市委权益部、"12355"青少年服务台及相关公益项目负责人一行赴深圳、上海两地参观交流，学习先进的共青团工作经验。

27日，共青团长春市委书记赵心锐一行来苏考察交流。苏州、长春两地青年企业家交流座谈会同时召开。

29日，共青团苏州市委和市地税局召开"双联双强双活"助推非公团建推进会。推进会总结上半年共青团苏州市委与市地税局联合推进非公团建的经验成果，并部署下半年的非公团建工作。

9月12日，中共苏州市委副书记陈振一带队调研市青年商会工作，并召开座谈会。

14日—16日，"爱@梦想 爱@环保——青年公益创业会展"在苏州市体育中心举行。

17日，共青团苏州市委书记李朝阳赴西安交通大学苏州附属中学调研中学共青团工作。

18日，共青团苏州市委在市青少年活动中心举行苏州青年纪念"九一八事变"81周年活动。活动以"牢记历史、勿忘国耻、捍卫主权、成才报国"为主题，发出全市广大青年的爱国呼声，引导青年将满腔热情转化为建功立业的实际行动。

27日，苏州市青年商会10周年庆典暨市青少年发展基金会揭牌仪式举行，

300余名代表参加。活动现场，"苏州青商10年成长企业'TOP 10'""苏州青商10年优秀成长企业"单位受到表彰。市青年商会服务"直通车"开通，通过常态化对接交流，帮助青年企业家成长发展。活动通过公益项目"爱心认购墙"等方式筹得善款6万余元。

  同日，苏州市青少年发展基金会正式成立并召开基金会一届一次理事会。会议通过基金会章程及相关事项。该基金会由共青团苏州市委、市青年联合会、市青年商会、工商银行苏州分行、中利集团共同发起成立，是全省首个地级市团属青少年发展基金会。基金会原始基金670万元，旨在更好地动员社会各界力量关心、扶持青少年事业，改善青少年成长环境，促进青年志愿者事业，扶持青年创业就业，构建稳定、长效的青少年发展支撑保障体系。

  29日，共青团苏州市委创先争优活动总结大会召开。大会传达学习苏州市级机关创先争优活动总结大会精神，研究部署巩固扩大共青团苏州市委创先争优活动成果，推动创先争优活动常态化、制度化开展。

  10月22日，共青团江苏省委书记万闻华一行来苏调研乡镇实体化"大团委"建设工作。

  25日，由共青团吴中区委、区文化体育局、区文学艺术界联合会主办，区文化馆、区音舞家协会承办的"声动太湖 唱响吴中"2012吴中区青年歌手大奖赛暨吴中区合唱团精英选拔赛复赛举行。

  28日，苏沪两地青年公益组织的50多名负责人相聚太仓，举行"融汇的力量——苏沪两地社会组织领袖沙龙"。两地建立"苏沪社会组织资源共享中心"，并签署合作备忘录。

  11月27日—29日，共青团苏州市第十八次代表大会召开。大会正式代表310人，平均年龄27.2岁。会议听取和审议共青团苏州市第十七届委员会所做的题为《科学发展，创新发展，率先发展——团结带领团员、青年为率先基本实现现代化而努力奋斗》的工作报告。会议选举产生共青团苏州市第十八届委员会，李朝阳当选为书记，万利、李兆玮当选为副书记。中共江苏省委常委、中共苏州市委书记蒋宏坤和共青团江苏省委书记万闻华共同为"新时期苏州青年精神"揭牌。

  本年，共青团苏州市委建立非公企业团建"四级分层、双重管理"工作模式，编印《苏州市非公有制经济组织和新社会组织团建工作探索与实践》；发挥地税系统职能优势，助推非公企业团建工作，开展"活力双千"助力非公企业团建实践行动，地税系统帮助建立非公企业团组织1 456个。至年底，全市共建立非公企业团组织3 385个。

本年，共青团苏州市委实施"595"计划。推进基层团委班子建设，加强95个乡镇（街道）团组织"桥头堡"作用；打造不少于950个团工作项目；落实一批团建项目，"建活、建优、建强"不少于9 500个各类基层团组织；发掘不少于95 000名好青年，使之成为乡镇（街道）团工作重要力量；通过每名好青年各联系10名普通青年，共覆盖不少于950 000名普通青年；联系基层团组织4 400余个，访谈超22 000人次，建立好青年档案61 340个。

本年，共青团苏州市委开展青年商会校园行——"十百千"筑梦计划。120多家企业提供2 000多个就业岗位。免费提供各类讲座培训，共举办各类讲座12场，惠及1 800余人次；成立全省首家地级市农村青年创业致富带头人协会——苏州市农村青年创业致富带头人协会，为农村青年搭建合作服务和创业发展平台。全年建成市级青年就业创业见习基地348家，提供见习岗位878个。

本年，共青团苏州市委围绕"新生代农民工精神文化需求"主题，形成8篇调研报告，其中《苏州新生代农民工精神文化需求调研》获共青团中央主题调研成果二等奖；开展调研、座谈等活动63场，参加活动的人大代表、政协委员有157人次，直接参与活动的青少年有9 558人次，形成提案、建议5件，《关注新生代农民工心理状况的建议》获评市政协优秀提案；围绕"社会教育与青少年全面发展"主题，形成20篇调研报告，开展调研、座谈等活动80场，参加活动的人大代表、政协委员有339人次，直接参与活动的青少年有4 154人次，形成提案、建议21件。重点青少年群体服务管理工作试点入选"2012年苏州市社会管理创新项目"。"候鸟行动——新生代农民工城市融入""彩虹计划——特殊家庭青少年群体积极心理引导"等公益创投项目，获项目资金60余万元，直接服务5 830人，12 360人间接受益。

本年，新建的青年就业创业见习基地有5家，总数达到41家。共青团苏州市委以"暑期入岗对接计划""总经理助理见习计划"等活动为载体，推出

100余个见习岗位,推荐上岗见习者233人,正式聘用189人。

本年,苏州市共有团员55.7万人、团干部17 664人,其中专职团干部1 346人。共青团苏州市委领导班子成员的平均年龄为32.7周岁,团县(市、区)委领导班子成员的平均年龄为33.3周岁。建有基层团委和团工委1 155个、团总支696个、团支部12 335个。

2013

1月14日,共青团苏州市委、市预防办、市未成年人保护办将市中级人民法院少年庭等单位定为2012年"12355"青少年服务台突出贡献奖合作单位。

28日,共青团苏州市委书记李朝阳,副书记蔡剑峰、万利、李兆玮带领机关各部门及下属单位相关人员分别走访苏州大学、苏州科技学院、苏州市职业大学和苏州经贸职业技术学院。

2月5日,2012—2013年度第四届新加坡—中国青少年双语演讲比赛复赛

2012—2013年度第四届新加坡—中国青少年双语演讲比赛复赛及总决赛

及总决赛在新加坡举行。苏州市170余名中小学生前往参赛,有26名选手成功晋级,与新加坡选手结对,共同参与决赛,最终来自星湾学校的杨星楷等6名学生获得不同组别的一等奖。

17日,共青团苏州市委书记李朝阳主持召开专题会议。会上及时传达中共中央政治局委员李源潮在昆山考察时的重要讲话精神和全市作风效能建设大会精神,研究部署贯彻落实的相关工作举措,并号召全市各级团组织和广大团干部按照讲话和会议要求,以党的十八大精神为指引,切实履行团的四项基本职能,着力抓好作风效能和队伍建设,为全面完成当年各项工作任务开好头、起好步。

本月,共青团太仓市委以"相信爱、汇聚爱、传递爱"为主题,开展"暖冬行动"。为青年外来务工人员及其子女开展志愿服务12场次,参与人数达286人次,各类捐资达4.42万元;举办活动100多场次,直接参与"暖冬行动"的团员、青年有3 526人次,帮扶物资达20余万元,受助对象达6 436人次;开展团干部"聆听青春"基层大走访活动,向困难青少年群体送上慰问金235 850元,受助对象达5 994人次。

3月5日,第50个学雷锋纪念日,共青团苏州市委与市容市政管理局依托新城花园邻里中心等10个公共自行车站,开通"青年志愿服务V站"。同时组织青年志愿者开展"到V站学雷锋去"的活动,正式启动"学习雷锋,日行V善"主题实践活动,通过项目化的方式促进学雷锋志愿服务的常态化和长效化。

11日,共青团苏州市委举行机关干部学习交流会。交流会专题培训研讨微博、微信等新媒体公众平台的运用问题,提升机关干部运用新媒体的能力和水平,推动共青团事业发展紧跟信息时代发展步伐。

同日,共青团太仓市委开展以"共建现代田园城市、共享幸福美好生活"为主题的植树活动。24个基层团组织开展植绿护绿活动近30场,参与团员、青年400余人,植绿总面积近20亩。

15日,"农行之约"青商联谊慈善拍卖会在独墅湖世尊酒店举行。在苏友好商会代表、苏州市(区)青商会代表及青商会会员共150余人参加活动,共筹集善款182.2万余元,由共青团苏州市委统一提交至市青少年发展基金会,用于失学儿童和弱势群体的救助。

21日,共青团苏州市委追授市消防支队全沾蓉"苏州市新长征突击手"称号。

26日,中国青少年宫协会科技信息专业委员会区域现场工作会在苏州召开,来自中国青少年宫协会的近30名代表参加。

4月10日,苏州各市(区)青商会会长联席会议在张家港召开。张家港青商会会长李兴华向大家介绍张家港青商会的发展历程,张家港青商会一直秉承"合作、共赢、发展"的办会宗旨,大力弘扬"张家港精神",通过苏粤"4+4"青商合作联盟峰会、"市长与青商见面会"等品牌活动,与会员抱团发展,互利共赢,保持蓬勃的发展势头。

12日,苏州青商会浙江大学高级研修班开班。

15日,苏州市"12355"青少年服务台与光大银行苏州分行签署合作项目"EAP企业员工心理帮助计划"。

本月,苏州沙家浜旅游发展有限公司荣获2011—2012年度全国"青年文明号"称号。

5月2日,苏州举行纪念五四运动94周年大会。各市、区、局、公司、大专院校和直属单位团组织负责人,全市先进团组织代表,先进团员、团干部代表,以及各界青年代表近300人参加大会。会上2012年度"苏州市五四红旗团委""苏州市五四红旗团支部(团总支)"及市非公企业青年岗位能手和团建带头人受到表彰。王晶燕等100人被授予"苏州市非公企业百名青年岗位能手"称号,徐正贤等100人被授予"苏州市非公企业百名团建带头人"称号,大会为非公团建指导员代表颁发聘书。中共苏州市委副书记陈振一为"我爱苏州·苏州有i"青年文化旗舰活动的子活动"iMap——手绘美丽苏州"活动揭幕。

9日—12日,应苏州市青年联合会的邀请,由金勋会长率领的韩国西全州青年会议所代表团一行来苏进行为期4天的友好访问。双方就两地青少年交流、投资建设、人文历史等领域的合作进行磋商。

17日,共青团苏州市委举办全市共青团新媒体知识专题讲座。《中国青年报》社评部主任、首席评论员曹林应邀为团干部代表们做题为《新媒体冲击下的微博素养与媒介素养》的讲座，共同探讨共青团新媒体文化建设、青年思想引领等问题，提升团干部运用新媒体的能力和水平，推动共青团事业发展紧跟信息时代发展步伐。

22日—25日，共青团苏州市委书记李朝阳、副书记李兆玮带领机关各部门负责人及各市（区）团组织负责人一行赴广州、福州两地考察学习青少年事务社会工作。

31日，苏州市"庆六一·红领巾相约中国梦"主题队日活动在市青少年活动中心举行。苏州市副市长王鸿声到会并讲话，向全市的少年儿童献上最真挚的节日祝福，向为红领巾事业付出辛勤劳动的广大辅导员和少年儿童工作者表示亲

苏州市"庆六一·红领巾相约中国梦"主题队日活动在市青少年活动中心举行

切的慰问和崇高的敬意，并高度肯定"美丽苏州我的家"远足活动和"红领巾相约中国梦"主题教育活动，希望全市少年儿童志存高远，增长知识，锤炼意志，乐观向上，从现在做起，为实现"中国梦"做好全面准备。全市112所学校47 750名学生参加活动。

5月31日—6月1日，共青团江苏省委书记万闻华一行来苏调研共青团工作，先后视察工业园区独墅湖青年事务中心、英格玛人力资源集团、市"12355"青少年服务台、市青年公益组织孵化园，重点了解共青团在培育社工人才、开展青少年事务社会工作方面的探索。

6月3日，由共青团苏州市委、市科技局、市青商会共同举办的"对话青商"走进科技局活动在自主创新广场举行。为鼓励青年参与创新发展、转型升级，全年各级青商会开展"对话青商"活动26场次，积极开展青商会企业转型升级调研，召开青商会企业转型升级推进会，形成《苏州市青年商会企业转型升级调研报告》。

13日，共青团苏州市委召开各市（区）团委书记联合团支部第七次会议。

共青团苏州市委机关各部门主要负责人及各市（区）团（工）委负责人交流前期赴广州、福州两地考察学习青少年事务社会工作的心得体会，并深入探讨《关于在全市非公经济团组织中开展"百企百公益"活动的通知》及《关于进一步加强全市共青团组织服务城乡一体化改革发展的指导意见》。

14日，苏州市少先队活动教研中心成立大会暨"红领巾相约中国梦"少先队主题教研活动在工业园区方洲小学举行。共青团江苏省委副书记司勇为市少先队活动教研中心揭牌并讲话，对少先队活动课程建设、辅导员职业技能提升等方面的工作给予肯定，并希望苏州准确把握全省少先队大力推进"一项任务、三项建设"的工作思路，大力推进少先队活动课程建设，为全省少先队活动课程建设探索新路、提供示范。

28日，"聆听青春心声 同筑美好梦想"——江苏共青团"倾听日"活动在苏州市田家炳实验初级中学举行。

本月，共青团中央书记处第一书记秦宜智考察张家港市南丰镇青少年社工站，指导预防青少年违法犯罪工作。

7月3日，共青团苏州市委召开十八届三次全体（扩大）会议。会议深入学习贯彻团的十七大精神，落实上级团组织的各项工作部署，总结回顾上半年工作，研究部署下半年任务。会议将参会人员划分成3组，由共青团苏州市委书记室成员分别带领各自组员就重点工作及下阶段工作部署展开小组讨论。各组代表围绕团十七大精神和全委会工作报告，结合苏州经济社会发展形势和当代青年的特点，结合自己的实际工作，进行交流讨论。共青团昆山市委书记孙道寻、创元集团团委副书记丁雯烨、苏州科技学院团委副书记崔雪丽代表各组向大会做交流发言。

10日，由共青团苏州市委等单位共同主办的2013年苏州国际精英创业周在苏州国际博览中心拉开帷幕。本次创业周活动共吸引来自20多个国家和地区的2 224名高层次创新创业人才参加。他们携带2 274个电子信息、生物医药、智能电网、纳米技术、新材料和新能源等方面的创业项目前来对接洽谈。

同日，共青团苏州市委在三星电子（苏州）半导体有限公司第二课堂举行"中国梦·青春路"青春微聚会。青春微聚会以"线上线下"相结合的形式开展新媒体青年文化活动，转变团组织活动方式，创新引导青年形式，形成共青团网聚青年新合力。活动通过官方微博、微信线上发动，吸引凝聚公益青年、追梦青年、励志青年、创业青年、志愿青年等不同青年群体的多名"粉丝"代表前来参与。共青团中央书记处书记周长奎参与本次活动。

25日，由共青团中央组织部部长万速成等组成的调研组在吴江开展为期两周的"走进青年、转变作风、改进工作"大调研活动。万速成肯定吴江的共青团工作基础扎实、氛围活跃，团干部和团员、青年精神面貌好，团的活动开展思路新颖，"一团干一项目""一村一村官品牌"等考核机制和"江村娃"品牌建设卓有成效。

8月12日，苏州、铜仁两地共青团工作交流座谈会在苏州市青少年活动中心举行。

14日—16日，共青团苏州市委书记李朝阳一行以青春微聚会的形式，围绕"提高团的吸引力和凝聚力""扩大团的工作有效覆盖面"两大重点课题，赴昆山开展"青春邀约走基层 千名团干进万企 服务青年听转办"大调研活动。活动集中力量掌握情况、查摆问题、分析原因、提出对策。调研组分为两个小队，分别走访昆山8个乡镇的14家非公企业，召开针对非公企业青年、新社会组织、网络青年、大学生村官、创业青年等各类座谈会10次。

15日—16日，共青团苏州市委副书记李兆玮一行赴高新区（虎丘区）开展"青春邀约走基层 千名团干进万企 服务青年听转办"调研走访。围绕"如何提高团的吸引力和凝聚力"和"如何扩大团的工作有效覆盖面"，重点就共青团开展思想引导工作、开展新兴领域和青年群体工作及团干部队伍作风建设等方面进行深入调研，并走进非公企业、街道社区进行实地座谈。

21日—22日，共青团苏州市委书记李朝阳一行赴张家港开展"青春邀约走基层 千名团干进万企 服务青年听转办"调研活动。围绕"进一步加强基层团组织建设力量和水平，进一步加强和改进新形势下青年群众工作，进一步锤炼团干部工作作风，进一步密切团组织与青年的关系"工作主题，就城市社区共青团工作现况、基层青年实际需求、基层组织建设水平、新兴领域和青年群体工作及团干部队伍作风建设等方面进行深入调研。

21日—23日，共青团苏州市委副书记万利带领组织部、基层工作部、学少部、志愿者行动指导中心相关人员赴吴中开展调研。围绕"如何提高团的吸引力和凝聚力"和"如何扩大团的工作有效覆盖面",重点就"595"计划、大团委建设、非公团建、农村青年创业等重点工作展开调研,并与基层团组织、非公企业、农村专业合作社等领域的青年深入座谈。

28日—30日,共青团苏州市委副书记李兆玮一行赴常熟开展"青春邀约 走基层 千名团干进万企 服务青年听转办"调研活动。围绕"提高团的吸引力和凝聚力""扩大团的工作有效覆盖面"两大课题,重点就"595"计划、大团委建设、非公团建、青年诉求等方面开展集中调研,先后走访常熟10个乡镇和波司登、通润机械、创美工艺等8家非公企业,并与乡镇专、兼职团干部代表,非公企业青年代表和优秀大学生村官代表等进行座谈。

29日,昆山市首届"十佳"大学生村官表彰仪式暨风采展示会演活动举行。李立华等10名大学生村官受到表彰。

9月10日,江苏省政协副主席朱晓进率苏南片区政协委员代表一行莅临苏州市"12355"青少年服务台参观调研青少年心理健康服务工作。共青团苏州市委不断完善苏州市"12355"青少年服务台功能,开展"梦立方——彩虹计划""12355微公益"活动。"12355"青少年服务台获得2013年度"全国青少年维权岗"称号。苏州市被确定为全国青少年权益工作创新试点城市。

16日,由共青团苏州市委、市青年联合会共同举办的"中国梦·青春路"纪念苏州市青年联合会成立60周年暨"庆中秋 迎国庆"苏州市各界青年绿色行活动在阳澄湖畔举行。

18日,《中国青年报》编委、共青团新闻中心主任黄勇,共青团江苏省委副书记司勇及《中国青年报》采访组一行莅临苏州,参加由共青团苏州市委举办的"圆梦课堂"——第5期"中国梦·青春路"青春微聚会活动,重点就苏州各级团组织在"青春邀约走基层 千名团干进万企 服务青年听转办"活动中所获得的先进理念和特色成效开展调研、采访。

10月22日,共青团苏州市委在张家港召开全市共青团组织服务城乡一体化改革发展工作推进会。会上出台《关于进一步加强全市共青团服务城乡一体化改革发展的指导意见》,完善工作机制和工作体系。为加强农村青年致富带头人协会建设,共青团苏州市委在常熟率先开展青年职业农场建设试点,加强对青年职业农民的培养。张家港动迁安置小区"青春家园计划"在全市得到推广。苏州市青年创业大赛成功举办，其中两个项目参加省级比赛，分别获得二等奖和优胜奖。

24日，由中共苏州市委宣传部、市人力资源和社会保障局、共青团苏州市委、市青年联合会、《苏州日报》报业集团、市广电总台联合主办的第十一届"苏州市十大杰出青年"评选活动面试评审会在市青少年活动中心举行。活动旨在进一步推出和宣传一批具有时代特征的优秀青年代表人物，大力弘扬"乐文尚水、求实开先"的新时期苏州青年精神，更广泛地引导和激励广大青年奋发成才、建功立业。王斌等10名来自各行各业的青年当选"苏州市十大杰出青年"。

11月16日，新疆伊犁哈萨克自治州团委书记阿勒泰古丽·居马率伊犁州县市区团委负责人一行来苏州考察共青团工作。

26日，苏州市青年联合会第十四届委员会全体会议召开。来自不同界别组的委员共360人，文化程度高，平均年龄为34.6岁，其中，中共党员214人，民主党派成员53人，台胞台属和侨界、少数民族、宗教人士等21人，女性108人；硕士研究生142人，博士研究生32人。会议选举产生了市青年联合会新一届领导机构，李朝阳当选为市青年联合会第十四届委员会主席，万利、王牟、刘加旺、李兆玮、吴妤、邹贵付、沈彬、单绍勇、觉智、徐志明、韩卫当选为市青年联合会第十四届委员会副主席。

26日—27日，苏州市学生联合会第十一次代表大会举行。正式代表188人，其中，高校学生会代表113人，中等学校学生会代表75人；男性代表100人，女性代表88人；党员（含预备党员）29人，团员152人；少数民族代表3人。经过选举，苏州大学、苏州科技学院等54家单位当选为市学生联合会第十一届委员会成员单位。

12月5日，为纪念第28个国际志愿者日和青年志愿者行动实施20周年，共青团苏州市委、市文明办在市青少年活动中心举行"家在苏州 公益筑梦"——2013年度"国际志愿者日"活动暨"青春志愿行·共筑中国梦"社区服务启动仪式。苏州工艺美术职业技术学院王实等10人被授予2013年度苏州市"十佳青年志愿者"称号，张家港爱心义工协会马杰等20人被授予2013年度苏州市"优秀青年志愿者"称号。全年，苏州市青年志愿者服务团体承接大型赛会志愿服务46场,参与志愿服务3 000余人次;建成39个"七彩小屋""希望来吧"、72个各类关爱行动阵地;建成10个青年志愿服务V站,30 000余人次参与志愿服务体验活动。

17日,共青团苏州市委、市教育局、市少工委授予瞿海燕、李艳萍等11人2013年"苏州市十佳少先队辅导员"荣誉称号,授予顾海红、张艳华等56人2013年"苏州市优秀少先队辅导员"荣誉称号。

本月,在南京召开的江苏省青年商会第三次会员大会上,恒力集团有限公司董事长、总裁陈建华荣获江苏省青年商会、新华报业传媒集团、江苏广电总台联合授予的"江苏省十大杰出青年企业家"称号。陈建华是此次苏州地区唯一入选的青年企业家。

本年,共青团苏州市委充分运用新媒体加强宣传,完善市、县、乡三级共青团微博联动机制。共青团苏州市委开通官方微信号"我爱苏州·苏州有i",创建全市共青团微信集群。全市共开设"团字号"微博575个,"粉丝"达19万人;建立"团字号"微信195个,"粉丝"达44 742人。共青团苏州市委发布微信推文226期,"粉丝"达18 412人。依托新媒体平台,采取线上线下相结合的方式,全市举办青春微聚会77场,动员官方微博、微信"粉丝"从线上走到线下。

本年,共青团苏州市委继续推行"595"计划,在全市推进开发区、动迁安置小区、集体宿舍区、农业经营企业团建工作,新建"两新"团组织2 704家。开展"百企百公益""好青年,微公益"等活动,增强非公企业活力;开展"金穗有爱——寻访好青年,分享微故事"活动,共建立"好青年"档案76 075份,推选7人入围江苏省"我们身边的好青年百人榜"。全省首家地级市少先队活动教研中心在苏州成立。"595"计划获江苏共青团工作创新创优成果奖一等奖。

本年,共青团苏州市委组织"苏州市十大青年创业先锋"评选、安全生产示范岗评选、青年文明号"五个一"评选等各类评选创建活动1 984次,引导青年岗位建功;开展农村青年就业创业培训工作,全年共培训4 635人次,落实培训资金144.1万元。

本年,共青团苏州市委用项目化运作方式,推进对重点青少年群体的服务工作。"春雨计划"等6个共青团苏州市委直接参与的项目共获得项目资金90余万元,共青团苏州市委直接参与和孵化联系的14个项目占全市立项项目的18%；开展青少年法制宣传教育、"青苹果之家"开放日等活动，加强青少年思想道德和自我保护教育。全年各级团干部走进非公企业7 029家，召开座谈会727场，联系访谈青年7 392人，走访团员、青年95 709人次，征集微心愿1 009个，实现微心愿1 005个。"聆听青春"党建工作品牌获2013年度苏州市级机关党建工作创新创优项目奖。

2014

1月6日，共青团苏州市委授予共青团常熟市委"绿色江南岸红色共青田——探索'青年职业农民'培育新模式"等11个项目"2013年度苏州共青团工作创新奖"。

16日，共青团苏州市委对2013年度苏州市共青团系统宣传思想文化工作先进集体和先进个人进行通报表彰。共青团吴江区委等10个组织获先进集体荣誉称号，邵帅等23人获先进个人荣誉称号。

18日，迎新年"农行杯""携手同心 走读姑苏"青年志愿公益文化大巡游在相门举行。活动由共青团苏州市委、中国农业银行苏州分行主办，苏州市志愿者行动指导中心、市文旅集团团委承办，活动紧扣"公益、志愿、文化"主题，以促进新市民子女融入为目标，以"大手拉小手"的方式，让外来务工人员子女了解和传承苏州文化，融入苏州、感受城市，增强对苏州本土文化的归属感。同时通过活动彰显青年志愿者组织的活力和风采，让市民感受青春公益的力量。

24日，经基层组织评选推荐，共青团苏州市委、市教育局、市少工委联合表彰3所学校为"苏州市少先队工作示范学校"，16所学校为"苏州市少先队工作先进学校"，15所学校为"苏州市少先队工作达标学校"。

2月7日，全市作风效能建设大会召开。共青团苏州市委获得"作风效能建设工作优胜单位"荣誉称号。

14日,共青团苏州市委书记李朝阳一行到相城区元和街道文灵社区就苏州市"笑果"青少年社区服务相城1号店运行和建设情况进行考察指导。

26日,共青团苏州市委、市青商会、市就业管理处联合举办"服务企业发展,促进青年就业"团员、青年专场招聘会。招聘会上41家企业提供670个优质岗位,共有1 403名青年应聘,其中142人与用人单位达成就业意向。

27日,"聆听青春在基层,'笑果'伴你共成长"——江苏共青团"倾听日"活动走进苏州在太仓举办。共青团江苏省委副书记蒋敏出席活动。

苏州市"笑果"青少年社区服务相城1号店

28日,苏州市综治委预防青少年违法犯罪工作领导小组(扩大)会议暨重点青少年群体服务管理推进会在太仓召开。会议回顾总结全市预防青少年违法犯罪工作取得的成绩,部署下一步全面推进重点青少年群体服务管理工作。

3月4日,由共青团苏州市委、中国农业银行苏州分行主办的"携手农行·益起行动"——3月5日学雷锋"邻里守望"主题实践活动在狮山街道新狮社区居委会广场举行。共青团苏州市委集中开展"公益大篷车"进村进社区活动,并开启助残青年志愿者和青年志愿者培训学院活动,以培育专业志愿服务队伍,展示苏州青年志愿服务组织的风采。

5日,共青团苏州市委召开党的群众路线教育实践活动动员大会。中共苏州市委第五督导组全体成员、共青团苏州市委机关及下属单位全体工作人员参加会议。

13—16日,应苏州市青年联合会的邀请,由文明喆会长率领的韩国西全州青年会议所代表团一行8人来苏州进行为期4天的友好访问,就两地青少年交流、人文历史等领域的合作进行磋商。

4月2日,由共青团苏州市委、市人才办、市教育局、市科技局、市青年联合会、市学生联合会共同主办的2014年"创新梦立方"校园创新创业周开幕式在苏州大学举行。

24日,为继续推进苏州、铜仁两市共青团工作深层次、宽领域、全方位合作,共青团铜仁市委书记杨云一行来苏深入交流共青团工作和对口帮扶合作相关事宜。

24日—25日,应苏州市青年联合会的邀请,由浦崇典理事长率领的日本金泽市青年会议所代表团一行来苏州进行为期两天的友好访问,就两地青少年交流、人文历史等领域的合作进行磋商。苏州市副市长盛蕾向代表团简要介绍苏州对外发展情况及与日本的贸易、旅游往来情况。浦崇典理事长代读金泽市山野之义市长的亲笔信,希望通过金泽市青年会议所和苏州市青年联合会的紧密合作,增进两市青年企业家相互了解,努力寻找、创造合作商机。

25日,苏州市青商会2014年度会员大会暨"青商正能量,公益润我心"慈善拍卖会举行,130余名会员参加。会上公布共青团苏州市委"笑果"青少年社区服务体系的10家"笑果"社区服务1号店。市青商会会员提供的17件拍品现场拍得善款223.3万元,全部捐给市青少年发展基金会,用于救助贫困失学儿童和弱势青少年群体,其中,100万元用于专项扶持"笑果"社区服务体系。会上市青商会还与江苏钟山国际知识产权及技术转移中心签约合作,推动青商企业更好转型升级。

25日—28日,共青团中央书记处第一书记秦宜智在镇江出席全国农村合作组织共青团工作暨共青团农村工作会议。会后到苏州考察"12355"青少年综合服务台、青年公益组织孵化园、西庄花苑"青春创益客厅"等青少年权益保护试点,以及张家港永联村城乡一体化建设情况。

本月,国网江苏省电力公司苏州供电公司城区变电运维班获评2013年度全国青年安全生产示范岗。

本月,中核苏阀科技实业股份有限公司核电阀门事业部数控一组组长朱夏军荣获2012—2013年度"全国青年岗位能手"称号。

5月4日,共青团苏州市委召开苏州市纪念五四运动95周年大会暨"火红的青春献给谁"青春诗会。《共青团,向前,向前!》《把青春献给无悔的事业》等主题配乐诗朗诵,充分展现共青团干部、大学生村官、非公企业团员、青年志愿者、"青年文明号"集体、大学生等的青春风采和精神面貌,弘扬"乐文尚水,求实开先"的新时期苏州青年精神,鼓励全市广大团员、青年向先进典型学习,立足本职岗位,为苏州经济社会发展做出更大贡献。会上团干部和优秀青年代表朗诵《青春的承诺》,号召全市广大团员、青年坚定理想信念,坚持为民、务实、清廉,以"困难面前有青年,青年面前没困难"的决心和勇气,青春建功现代化,努力实现"中国梦"。大会进行表彰,授予张家港经济技术开发区(杨舍镇)团委等30家团组织2013年度"苏州市五四红旗团委"荣誉称号,授予张家港鹿苑志愿者协会团支部等50家团组织2013年度"苏州市五四红旗团支部(团总支)"荣誉称号,授予王薇等100人2013年度"苏州市优秀共青团员"荣誉称号,授予陆吟远等51人2013年度"苏州市优秀共青团干部"荣誉称号。

6日,苏州市中学生"青春礼"暨"家在苏州——悦读城市·快乐成长"公益活动启动仪式在苏州市景范中学举行。

7日,共青团江苏省委党组成员、省少先队总辅导员姜东一行来苏调研中学共青团工作,先后走访吴江高级中学和吴江区实验初级中学两所学校,实地查看了解学校共青团的基础建设、阵地建设、活动建设及品牌文化建设,全面了解共青团吴江区委"全国学校共青团重点工作创新试点"工作情况。

15日,常熟市滨江"笑果"青少年社区服务店集中回访日活动在碧溪街道启动。

6月3日,苏州市青年志愿服务V站总站正式开站。共青团江苏省委志愿者工作部副部长施静芝、共青团苏州市委书记李朝阳、共青团苏州市委副书记李兆玮等出席开站仪式。

23日,全国国家级经济技术开发区团组织负责人示范培训班在昆山开班。共青团中央城市青年工作部、商务部机关党委和外

苏州市青年志愿服务V站总站正式开站

资司有关负责人，以及来自全国112家经济体量较大的国家级经济技术开发区的团组织负责人共同参加培训。

24日—25日，共青团中央书记处书记汪鸿雁来苏州考察非公企业团建、区域化团建等重点工作的推进部署情况。

25日，全国非公企业团建"活力工程"推进会在昆山召开。共青团中央书记处书记汪鸿雁出席会议并讲话，全国31个省、自治区、直辖市和新疆生产建设兵团的城市部长，15个副省级城市的团委副书记参加会议，来自全国112家经济体量较大的国家级经济技术开发区团组织负责人列席会议。

30日，由共青团苏州市委、市文明办、市教育局、市学生联合会联合主办的"看我72辩"中学生辩论赛总决赛在立达中学落下帷幕。江苏省常熟中学获得冠军，苏州市第一中学获得亚军。

"看我72辩"中学生辩论赛

7月10日—11日，共青团中央书记处书记徐晓来苏州考察农村共青团、青年就业创业等重点工作推进情况。

11日，第六届"创业姑苏"青年精英创业大赛颁奖典礼举行。共青团中央书记处书记徐晓、共青团江苏省委书记万闻华、中共苏州市委副书记陈振一，以及大赛主办单位领导出席颁奖典礼。苏州市相关创投公司和创业园、创业孵化基地负责人，市青年创业导师团成员，各相关团组织负责人，市青年联合会代表，市青年商会代表等180余人参加该项活动。28个创业团队组项目和13个初创企业组项目获奖。

25日，由太仓市人民政府、共青团苏州市委、苏州市青年商会共同主办的"对话青商 走进太仓"活动举行。

29日，苏州各市、区团委书记联合团支部第八次会议在吴江召开。会议旨在深入推进社会主义核心价值观的培育和践行工作。与会人员实地调研吴江高级中学共青团工作和"江村娃"七色花校际广播互动平台，详细了解共青团吴江区委在培育和践行社会主义核心价值观上的经验做法。

8月21日—22日，共青团苏州市委、市教育局、市少工委联合举办2014年苏州市少先队辅导员骨干培训班。

30日，由共青团苏州市委、市青年志愿者协会主办，苏州工业园区社会管理局、共青团苏州工业园区工委协办的"苏州市百强青年自组织评选——益动展示周"活动在东沙湖邻里中心举行。

31日，共青团姑苏区委在桂花公益坊举行姑苏区青春公益嘉年华暨青年社会组织联合团工委成立仪式。

9月10日—14日，共青团苏州市委副书记万利，市青少年发展基金会副理事长、青商会会长曹建强，市青少年发展基金会理事及爱心企业家一行赴贵州铜仁开展"爱立方·铜仁希望行"爱心助学活动，先后实地走访当地山区4所希望小学。苏州的企事业单位自2013年开始援建当地希望小学，至2014年4月资金到位78万元后，又为当地学校基建捐赠40万元，给50名贫困学生每人捐赠500元的爱心助学款，并出资10万元用于开展"快乐起跑线"活动，给山区孩子送上跑鞋。

25日，共青团苏州市委、市教育局、市综治办等单位共同举办苏州市第三届中小学生自我保护情景剧大赛。相城区蠡口实验小学等学校选送的9件作品获奖。

同日，共青团苏州市委、市教育局、市司法局等单位联合举办第二届苏州市中等职业学校在校生模拟法庭大赛，表彰8所获奖学校和8个获优秀指导奖的集体。

25日—26日，首届中国青年志愿服务项目大赛江苏省赛在苏州吴中举办。108个志愿服务项目入围，最终评选出54个项目代表江苏省参加全国比赛，其中阳光助残类11个，关爱行动类11个，其他文化、环保、应急等志愿服务类32个。苏州唯一代表项目"携手美好青春，守护绿色太湖"获得共青团中央、民政部中国青年志愿者联合会颁发的首届中国青年志愿服务项目大赛银奖。

26日，共青团苏州市委、市文明办、市教育局、市学生联合会联合开展苏州市"学子之星""社团之星"评选活动。活动授予周雨楠等41名学生苏州市"学子之星"称号,授予"青春飞扬广播站"等25个社团"社团之星"称号。

28日,共青团苏州市委、市青年联合会共同举行"中国梦 青春路"——庆祝祖国65华诞苏州市青年联合会公益项目发布会。

29日,共青团苏州市委书记李朝阳赴观前街道开展"微调研、微聚会、微服务"团干部大走访活动。通过座谈讨论、实地调研、发放调查问卷等形式,倾听青年声音,了解青年诉求,努力帮助青年解决突出问题。

10月12日,苏州市第三届"百名美德好少年"暨第六届苏州市少先队员形象大使"苏苏""州州"颁奖典礼在市青少年活动中心举行,同时欢庆第65个建队节。李佳翰等100名学生入选苏州市第三届"百名美德好少年",马沁宜、汪浩天被评为第六届苏州市少先队员形象大使"苏苏""州州"。

18日—20日,共青团重庆市委书记周波、副书记任丽娟率重庆市青年商会20余名青年企业家来苏考察交流青年商会工作。重庆、苏州两地青年企业家座谈会同时召开。

22日,共青团苏州市委与中国农业银行苏州分行联合表彰"淘太仓本地社区电子商务平台"等12个项目荣获2014年度苏州市青年创业大赛暨中国青年涉农产业创业创富大赛苏州地区赛优秀项目。

29日,共青团苏州市委决定授予苏州市田径队等9个集体苏州市"新长征突击队"荣誉称号,授予李阮恒等41人苏州市"新长征突击手"荣誉称号。

30日—31日,全国青少年权益工作创新试点城市(第三组)培训会在苏州举办。共青团中央权益部副部长王锋、共青团江苏省委副书记蒋敏出席培训会,来自全国9个省、自治区的11个试点城市的团委负责人,权益部负责人,所在省、自治区团委权益部负责人参加培训。

全国青少年权益工作创新试点城市(第三组)培训会

11月7日,苏州市"青商会纳税人之家"暨市青年联合会"财税金融,助力创业创新梦想"活动举行。

12月2日，共青团苏州市委决定授予"永利优质果品示范项目"等10个项目2014年苏州市"大学生村官十佳创业项目"称号，授予"张家港市南丰东港蓝莓专业合作社"等10个项目2014年苏州市"大学生村官优秀创业项目"称号。

9日，为深入贯彻落实共青团江苏省委新型青年职业农民"星火培育计划"和中共苏州市委关于深化改革发展的重要精神，进一步推进全市共青团服务农村青年、大学生村官创新创业工作，共青团苏州市委在相城成功举办苏州市农村青年、大学生村官创新创业推进会。

苏州市农村青年、大学生村官创新创业推进会

19日，由共青团苏州市委主办，共青团常熟市委承办的"我为核心价值观代言""苏州好青年"分享会在常熟市"少年之家"演艺厅举行。参加活动的有"苏州好青年"代表，各市、区团组织负责人和宣传部部长，以及普通青年代表等300余人。活动采取视频呈现、现场访谈、节目穿插等多种方式，全方位、多层次、立体化展现"苏州好青年"们的奋斗历程和追梦故事，为广大青年献上青春励志大餐。

20日，江苏省青年联合会工业界别、省金融青年联合会"青春新视野——委员思想分享会"在江苏沙钢集团举行。以"资源整合与转型发展中的行业"为主题，30名行业精英与会交流。

本月，昆山花桥经济开发区志愿者协会唐春弟荣获第十届中国青年志愿者优秀个人奖，共青团苏州市委荣获第十届中国青年志愿者优秀组织奖。

本年，苏州市全面开展全国"青少年权益工作创新"试点工作，打造"笑果"青少年社区服务体系，建立14家"笑果"青少年社区服务店。整合资源设立"笑果"课程研发中心、"笑果"服务培训中心和"笑果"青少年事务中心，同步建立5家县（市）、区级青少年事务中心，逐步形成事务中心开展重点青少年群体个案帮扶的工作格局，引进专业社工机构26家，开展7大类核心课程181节次。太仓市创新打造"启航+笑果"服务模式，点面结合，实现对辖区重点青少年群体全覆盖帮扶，该项目与苏州"笑果"青少年社区服务体系都获得全省共青团创新创优成果奖一等奖。相城区"澄光"青少年事务中心被共青团中央确定为全国首批青少年综合服务平台建设项目。

本年，共青团高新区（虎丘区）委举办首届高新区（虎丘区）青年社区公益项目评比。报送的13个项目获评"市百强青年公益自组织"，其中，"快乐安全岛"——石湖社区"四点半学校"项目作为苏州唯一代表入围中国青年志愿服务项目大赛全国决赛。

2015

1月9日—10日，江苏省少年儿童研究会中学少先队专业委员会在苏州召开第五次年会。江苏省少先队总辅导员姜东，中国少先队工作学会副会长、中国少先队工作学会少先队活动专业委员会主任华耀国，共青团苏州市委书记李朝阳等领导，以及来自全省各地的170多名新老会员参加年会。

2月2日，"创业姑苏"青年精英创业大赛组委会对历届大赛部分获奖落户项目进行集中回访。共青团苏州市委书记、市青年联合会主席李朝阳，市科技局副局长陶冠红，共青团苏州市委副书记、市青年联合会副主席李兆玮先后到苏州易康萌思电子商务信息咨询有限公司、苏州国云数据科技有限公司和苏州斯威高科信息技术有限公司，详细了解企业落户苏州后的生存状态和发展情况，并就企业成长过程中面临的困难和挑战与企业负责人进行互动交流。

5日，由共青团苏州市委、市青年联合会等单位联合主办的"微爱使者益起行动，为爱升温共暖全城"大型网络公益活动线下部分在市青少年活动中心举行。三辆公益大篷车满载着1 000份"暖冬福袋"，带着200多位"微爱使者"的关爱驶往8所受助学校，慰问弱势青少年群体。活动通过共青团苏州市委官方微信号"青春苏州"线上发动与广大青年网友们线下行动相结合的方式,让"粉丝"们在线上"升温点赞",争当"微爱使者"。

17日,共青团中央在北京举行2015年"共青团与全国人大代表、全国政协委员面对面"活动座谈会。苏州市人大常委会委员、共青团苏州市委书记李朝阳作为3名基层参会代表之一,介绍苏州共青团组织如何充分整合资源、依托专业力量开展青少年社会化服务工作。

3月5日,为纪念3月5日学雷锋日,进一步传承雷锋精神,深化青年志愿者行动,由共青团苏州市委、市青年志愿者协会、苏州轨道交通集团有限公司运营分公司主办的"我的乒乓梦 青春志愿行"主题活动在轨道交通1号线文化博览中心站站厅举行。活动旨在呼吁广大青少年争做世乒志愿者,争当"苏州好青年"。

10日—11日,共青团泰州市委书记孙靓靓一行来苏学习交流区域化团建及青少年社会化服务体系建设工作。

30日,苏州市青年商会2015年度会员大会暨"公益梦 青商行"微爱众筹活动举行。市青年商会会员,各县(市)、区青年企业家代表,在苏友好商会代表等共150余人参加活动。会议选举产生市青年商会第十二届理事会会长和副会长。苏州金枪新材料股份有限公司董事长曹建强经大会选举连任市青年商会第十二届理事会会长。

4月9日—12日,以芬兰教育与文化部青年政策处处长乔治·亨瑞克·伍瑞德为团长的芬兰青年工作者代表团一行6人来苏进行为期4天的交流访问。

11日,苏州大学炳麟图书馆学术报告厅举行主题为"我的乒乓梦 青春志愿行"的志愿者交流座谈会。世界冠军、第53届世乒赛志愿者形象大使吴静钰应邀参会,与青年志愿者进行交流。

本月,太仓市社会保险基金管理结算中心等2个集体荣获2013—2014年度全国"青年文明号"称号。

5月4日,共青团苏州市委召开苏州市纪念五四运动96周年表彰大会暨"好青年你最美"事迹分享会。中共苏州市委副书记陈振一出席大会并讲话。

同日,由共青团苏州市委和共青团吴中区委联合主办的第二届"共青团之夜"青春嘉年华文化活动,在永旺梦乐城苏州吴中购物中心举行。

"共青团之夜"青春嘉年华文化活动

8日,共青团苏州市委、市未成年人保护办在市会议中心举行"笑果"2.0青少年社工服务产品发布会。面向全市发布全新的"笑果"青少年正面成长社工服务课程,将专业化、体系化、标准化的服务内容推向社区、学校、企业和商圈,让更多的青少年享受到便利的成长服务。

19日,共青团江苏省委书记万闻华一行来苏调研青年社会组织、青年创新创业工作。

26日,共青团苏州市委召开"三严三实"专题教育和"团干部如何健康成长"大讨论部署会议。共青团苏州市委书记、党组书记李朝阳结合"三严三实""团干部如何健康成长"和自身经历与思考,为共青团苏州市委机关及下属事业单位全体党员干部上专题党课,并对专题教育和大讨论活动做动员部署。

6月1日,"立德修身·相伴成长"2015苏州市庆六一红领巾主题教育活动在市青少年活动中心举行。200多名少先队员代表一起欢庆节日,参观市青少年活动中心大厅内展示的学生科技发明。六一期间,苏州市"百名美德好少年"充分发挥榜样示范作用,在"青春苏州"微信平台发布"美德宣言"、开展"美德之旅",向全市少先队员发出"践行美德,与我同行"的邀请,在全市少年儿童中掀起学习美德、践行美德、弘扬美德的热潮。

10日,由共青团苏州市委、市教育局、市学生联合会联合举办的苏州市第二届"看我72辩"中学生辩论赛总决赛在苏州市草桥中学圣陶讲堂举行。正方苏州市第一中学与反方江苏省震泽中学围绕"社会诚信缺失主要是法律威严问题还是道德信仰问题"展开激烈交锋,苏州市第一中学夺得冠军。

14日—18日,应日本金泽市青年会议所的邀请,以共青团苏州市委副书记、市青年联合会副主席万利为团长的苏州市青年联合会访问团一行对日本进行友好访问。访问团拜访当地政府,参观当地企业、社区、文化古迹,并与日本金泽市青年会议所举行座谈,开展联谊交流活动。

7月1日,为了解长三角地区青年工作,借鉴青年工作经验,推动北京市"十三五"时期青少年事业发展规划编制,共青团北京市委副书记郭文杰一行来苏进行专题调研。北京大学专家随行调研。

3日,按照全市"三严三实"专题教育统一部署,共青团苏州市委召开"三严三实"专题教育党章学习会。

8月12日,共青团苏州市委书记李朝阳一行到太仓调研,了解大学科技园青年创新创业工作,走访科教新城长丰社区社工工作站,并召开镇区、机关、教育系统团干部代表座谈会。

15日,为深入贯彻落实中央党的群团工作会议和《中共中央关于加强和改进党的群团工作的意见》精神,共青团苏州市委召开各市区团委书记联合团支部第十次会议。

17日—18日,共青团苏州市委书记李朝阳赴昆山开展"三联系、三服务、三密切"团干部大走访活动。

30日,共青团常熟市委开展"铭记抗战史 同圆中国梦"——纪念中国人民抗日战争暨世界反法西斯战争胜利70周年主题纪念活动。常熟市青年代表、中小学生、共青团苏州市委干部等100人与会。共青团常熟市委号召广大青年缅怀先烈,牢记责任,以"勤勉务实"的工作作风为常熟市各项建设做贡献。

9月17日,由江苏省法院少年法庭指导办公室主任吴万江带队的省"成长护航工程"督查组来苏检查指导预防青少年违法犯罪工作,对吴江区和吴中区的"成长护航工程"的工作成效、典型经验和存在问题等开展综合考评。

18日,共青团苏州市委联合市青年联合会、市学生联合会、市少工委在沙家浜革命历史纪念馆共同举办"牢记历史、勿忘国耻、矢志奋斗、振兴中华"

苏州青少年纪念"九一八事变"84周年百人宣誓活动。宣誓活动在少先队员们《英雄赞歌》的诗朗诵中拉开序幕，全体人员整齐列队，合唱国歌。共青团苏州市委书记、市青年联合会主席李朝阳发表以《牢记历史、勿忘国耻、矢志奋斗、振兴中华》为题的讲话。全体人员共同庄严宣誓："牢记历史，勿忘国耻；缅怀先烈，珍爱和平；报效祖国，成长成才；矢志奋斗，开创未来；弘扬伟大民族精神和抗战精神，为实现中华民族伟大复兴而努力奋斗！"并参观"热血青春致敬红色荣光"纪念抗战胜利70周年主题活动展和革命历史纪念馆。

19日，为进一步推进苏州市重点青少年群体"成长护航工程"，总结推广成熟经验，发现梳理存在问题，把握下一阶段工作重点，苏州市预防办、市综治办组织相关成员单位分成3组，赴各市、区开展2015年度苏州市重点青少年群体"成长护航工程"专项督查。

19日—23日，共青团太仓市委与太仓市台办共同组织开展"源圆两岸交流汇"活动。活动邀请中国国民党青年部副主任、两岸青年交流推动小组副召集人刘灯钟及近20位台湾青年来太仓进行交流。同时举办"源圆两岸交流汇"合作意向书签约仪式暨"共寻愿景"——两岸青年学子论坛。

29日，共青团苏州市委、市青年联合会共同举办"向梦想出发"苏州各界青年"庆中秋·迎国庆"公益跑活动。

10月17日，由共青团苏州市委主办，市体育局团委、市篮球协会承办的"我有一个篮球梦"——苏州市非公企业青年篮球赛，在吴中区现代文体中心举行。

"向梦想出发"苏州各界青年"庆中秋·迎国庆"公益跑活

26日—27日，《中国青年报》记者围绕苏州共青团推进"5G服务"品牌建设，积极打造"可以触摸的苏州共青团"的特色工作进行为期两天的调研、采访。记者先后赴张家港、吴中、相城、工业园区等地进行采访，并实地参加"5G服务"亮品牌，"可以触摸"大家谈——"思想大解放、青年大讨论"活动。

本月，苏州市"12355"青少年服务中心"笑果伴成长"特殊家庭青少年正面成长计划被共青团中央、民政部评为全国首批青少年事务社会工作示范项目。

11月6日，由全国台企联主办，以"慧聚两岸，启航昆山"为主题的2015两岸青年创新创业论坛在昆山开幕。200多名两岸青年才俊和各界嘉宾出席论坛。

28日，由共青团苏州市委、市水利（水务）局、市农水办等单位主办的农村生活污水治理志愿服务活动启动仪式在太湖之滨举行。中共苏州市委、市政府领导，各县（市）、区农水办负责人，各县（市）、区团委书记，相关乡镇团委负责人，以及苏州科技学院大学生志愿者等200余人参与活动。基层团委书记们作为代表倡议广大青年志愿者们投身到农村生活污水治理的公益事业当中；苏州科技学院的大学生志愿者代表在活动现场诵读诗歌《漫步在美丽乡村建设的田野上》。

本月，共青团苏州市委、共青团苏州高新区（虎丘区）委与苏州福丰科技有限公司联合建立苏州市青年创新创业孵化中心。中共江苏省委常委、中共苏州市委书记石泰峰为中心揭牌。

12月5日，共青团苏州市委联合中共苏州市委宣传部、市文明办、市广电总台共同主办"志愿有我·一起成长"——12月5日国际志愿者日主题纪念活动，200余人参加活动。活动仪式上与会领导回顾苏州市志愿服务事业的发展情况，为"家在苏州，志愿有我"微视频大赛进行颁奖，表彰2015年度苏州市"十佳青年志愿者"、2014—2015年度苏州市"优秀星级志愿者"。

12日—16日，应台湾两岸青年交流服务中心的邀请，以共青团苏州市委书记、市青年联合会主席李朝阳为团长的市青年联合会代表团一行赴台湾开展为期5天的交流访问。在台期间，代表团一行深入台湾各创业园区，学习青年人才培养和小微企业孵化经验；考察优秀青年创业企业，与台湾青年创业者交流经验、分享感悟；召开"2015苏州台湾青年圆桌会议"，探索两地青年携手并肩、对接合作的路径和机会。

25日，为深入学习贯彻中央和省、市委群团工作会议精神，凝聚共识、推动工作落实，共青团苏州市委举办全市团干部深入学习贯彻党的群团工作会议精神主题读书班暨"思想大解放、青年大讨论"活动总结大会。

28日，共青团江苏省委副书记司勇一行来苏，对苏州共青团2015年工作情况进行考核,并就2016年共青团重点工作推进提出指导意见。调研组一行先后实地考察走访工业园区金鸡湖创业长廊、昆山花桥经济开发区徐公桥青年驿站、"笑果"青少年社区服务相城1号店等地,并召开座谈会听取苏州共青团2015年工作情况汇报。

31日,共青团中央书记处书记傅振邦向江苏省常熟中等专业学校发来贺信,肯定该校2015年以来为学校共青团工作做出的努力。

本月,共青团中央权益部巡视员袁民一行来苏就青少年权益工作进行专题调研。先后考察苏州"12355"青少年服务台、"笑果"青少年社区服务相城1号店和昆山淀山湖"青少年之家"等青少年维权工作阵地,并召开座谈会听取江苏及苏州青少年权益工作的专题汇报。

本年,共青团苏州市委举办2015年苏州市青年涉农产业创新创业大赛。全面推进城乡发展一体化迈上新台阶和市政府关于进一步加强新型职业农民培育的总体部署,以及共青团江苏省委青农电商扶持"青翼"计划、大学生返乡涉农创业"青苗"计划,发现和扶持一批涉农产业创业优秀项目,进一步引导苏州广大青年投身于涉农产业、自主创业。

本年,苏州市地方税务局第一税务分局团支部荣获"全国五四红旗团支部(团总支)"称号;苏州市立达中学团委荣获"全国五四红旗团委"称号;太仓市实验中学初三(4)班学生陆珂荣获"全国优秀团员"称号。

本年,《共青团承接政府青少年事务的实践探索与基本路径》获评共青团中央"共青团与人大代表、政协委员面对面"主题调研活动"全国地市级一类调研报告"。

2016

1月5日,共青团中央书记处书记傅振邦对吴江学校共青团上报的《三层联动内外均衡深入推进吴江学校共青团工作》做出批示,高度肯定吴江学校共青团工作，认为共青团吴江区委在学校共青团工作中的有益探索值得深入总结推广。

6日，共青团苏州市委、市教育局、市少工委授予陆玲、孙文霞等11人"苏州市十佳少先队辅导员"荣誉称号，授予徐小燕、黄玲等55人"苏州市优秀少先队辅导员"荣誉称号。

22日，共青团苏州市委、市青年志愿者协会举办"我有一个公益梦"——第三届苏州市青少年公益项目创意创业大赛决赛。自上年12月开赛以来，通过市各级团组织、青年社会组织的积极申报，共计收到公益创意活动文案76个、公益创业项目文案33个，最终有6个公益创意活动获奖，有10个公益创业项目进入决赛。

2月24日，共青团苏州市委、市教育局、少先队苏州市工委表彰一批少先队工作先进单位。授予常熟市福山中心小学等3所学校"苏州市少先队工作示范学校"称号，授予常熟市徐市中心小学等10所学校"苏州市少先队工作先进学校"称号，授予张家港市福前实验小学等19所学校"苏州市少先队工作达标学校"称号。

3月8日，为引导全市广大青少年增强爱绿植绿护绿意识，积极参与植树造林和生态文明建设，共青团苏州市委与第九届江苏省园艺博览会组委会联合举办"绿动青春·美丽苏城"生态环保行动。本次活动分为线上微信植树和线下公益植树、寄语共青林、园博大讲堂等环节。

3月—4月，共青团苏州市委开展"我为核心价值观代言——'好青年你最美'寻访"活动。全市3 433家团组织5 423名兼职团干部，深入5 899家基层团组织进行寻访，召开座谈会1 991场，共寻访各行各业各类青年12 830人，推选李蒙等200名青年为"苏州好青年"。

4月，苏州市农产品质量安全监测中心业务科科长杨扬荣获2014—2015年度"全国青年岗位能手"称号。

5月3日，共青团苏州市委、中共相城区委宣传部、区文明办、共青团相城区委、区文体局、区文联共同主办的第三届"共青团之夜"暨"惠聚青春 唱响相城"第四届相城区青年歌手大赛总决赛在繁花中心举行。

4日，共青团苏州市委举行苏州市纪念五四运动97周年表彰大会暨"奋进

'十三五'、青春建新功"梦想公开课。中共苏州市委书记周乃翔出席大会并讲话,共青团江苏省委书记万闻华出席大会并启动苏州共青团"青享惠——青春VIP特惠日"品牌活动。大会进行一系列表彰,授予张家港市第一人民医院团委等30家团组织2015年度"苏州市五四红旗团委"荣誉称号,授予张家港市公安局交通警察大队团总支等50家团组织2015年度"苏州市五四红旗团支部(团总支)"荣誉称号,授予郭仕标等100人2015年度"苏州市优秀共青团员"荣誉称号,授予殷立华等50人2015年度"苏州市优秀共青团干部"荣誉称号,授予张海军等200名青年2016年"苏州好青年"荣誉称号。

5日—6日,全省少先队名优辅导员工作室课题申报研讨会暨工作室工作交流会在苏州召开。中国少先队工作学会副会长华耀国、共青团江苏省委少年部部长张志方、共青团苏州市委副书记李兆玮等出席会议。江苏省名优辅导员工作室导师、各省名优辅导员工作室主持人及苏州市级名优辅导员工作室成员80余人参加活动。

苏州市少先队"一课三队碰"观摩研讨活动

10日,2016年苏州市少先队"一课三队碰"观摩研讨活动在相城区澄阳小学举行。全市150余名大、中队辅导员参加活动。

12日,在第8个全国"防灾减灾日",由共青团苏州市委牵头的苏州青年应急救援志愿服务总队在苏州市职业大学正式成立。苏州市副市长李京生出席活动并启动应急救援志愿服务标准制定工作。共青团苏州市委书记李朝阳、苏州市职业大学校长曹毓民先后致辞。苏州青年应急救援志愿服务总队是全国首支在民政部门注册登记的青年应急救援志愿服务队伍,计划在高校招募首批队员500人,由12名资深教练进行深入培训。

同日,共青团林周县委副书记顿珠卓嘎带领林周县青年代表团一行来苏参观访问。

13日,共青团苏州市委专题召开"两学一做"学习教育工作座谈会暨苏州各市区团委书记联合团支部第十一次会议。

19日，在共青团吴江区委的支持下，2016年苏州市"轻松备考·'12355'与你同行"中高考减压行动走进苏州市吴江区桃源中学，为在校120余名中考学生举办中考考前心理辅导讲座。苏州市"12355"青少年服务台心理咨询师团队的国家二级心理咨询师王海侠担任主讲老师。

23日，共青团苏州市委、共青团姑苏区委携手百步街社区、第十中学举办首届姑苏状元文化节活动，共有600余名应届毕业班学生参与。本次活动主题为"'做自己的状元郎'——轻松备考·'12355'与你同行"，通过对毕业班学生进行考前心理辅导，引导他们正确对待高考，启发、帮助学生运用科学的心理方法更好地调节身心，有效缓解考前的心理压力。

本月，共青团苏州市委、市文明办、市教育局、市学生联合会联合举办的第十届"快乐成长节"启动，至10月结束。活动包括"魅力团支书·活力团支部"和"星社团·社团星"展评、"好青年"进校园、"青春五月"主题团月等，通过共青团组织帮助青少年坚定理想信念、激活自我个性、掌握科学知识、提高综合素质，展示苏州素质教育成果和苏州青少年的青春风采。

6月1日，"感受苏州美 创造新生活"苏州市六一国际儿童节庆祝活动在市青少年活动中心举行。

4日—7日，应苏州市青年联合会的邀请，由李演玟会长率领的韩国西全州青年会议所代表团一行来苏进行为期4天的友好访问。双方就两地青少年交流、人文历史等领域的合作进行磋商。

7日，在共青团吴中区委的支持下，2016年苏州市"轻松备考·'12355'与你同行"中高考减压行动走进吴中区甪直甫里中学，为在校500余名中考学生（13个班级）及30余名家长代表做题为《做最好的自己》的中考减压讲座。

12日—14日，第二届"郑和杯"中德青年创新创业大赛决赛暨颁奖典礼顺利举行。3个德资项目达成落户意向。

16日，根据共青团中央《关于推进团干部直接联系青年工作举办团的领导机关专题开放日及相关活动的通知》精神和共青团江苏省委启动全省团干部直接联系青年的相关工作部署，共青团苏州市委举办机关专题开放日活动。

同日，由苏州市少工委主办的红领巾广播小主持人大赛暨优秀红领巾广播节目评比活动在市青少年活动中心举行。经各校、各市（区）层层选拔推荐，来自10个市（区）的56名中小学少先队员选手、39个红领巾广播节目参加角逐。

17日，苏州市少先队第二季度"一课三队碰"观摩研讨活动在昆山市培本实验小学举行。昆山市培本实验小学三(4)中队、昆山市西塘实验小学文轩中队、昆山市第一中心小学四(6)中队的60余名少先队员和全市150余名大、中队辅导员参加活动。

20日，在共青团姑苏区委的支持下，2016年苏州市"轻松备考·'12355'与你同行"中高考减压行动走进姑苏区彩香实验中学，为35名中学生代表做"放飞心灵，扬帆起航"中考学生考后减压讲座。

24日—25日，第八届"创业姑苏"青年精英创业大赛终审会在苏州太湖金谷会议中心举行。经过前期层层选拔，共有31个优秀青年创业项目从报名参赛的468个项目中脱颖而出，参加终审答辩。由专业技术学者、创业导师、风险投资专家、青年企业家等组成的终审答辩评委团从项目意义、知识产权、技术水平、市场前景、实施模式、管理能力、资金筹措及项目目标8个方面对入围终审的项目进行综合评审。

26日—28日，由铃木规秀理事长率领的日本金泽市青年会议所代表团一行14人来苏进行为期两天的友好访问。双方就经济、文化等领域的合作交流进行磋商。

本月，共青团苏州市委组织开展"紧跟党走、向党看齐——学党团规章、学系列讲话，做优秀团员"纪念中国共产党建党95周年主题演讲大赛，收到主题征文近500篇，主题演讲复赛报名125人。

7月1日，纪念中国共产党建党95周年主题演讲大赛决赛在苏州市青少年活动中心举行。苏州工业园区仁爱学校徐宏飞《爱，在追"梦"的路上》、苏州市职业大学吴隽《一个"70后"青团子的记忆故事》分别获演讲、征文大赛的一等奖。

5日，黑龙江省农垦共青管委会来苏交流座谈会在苏州召开。共青团黑龙江省委副书记陈苏、共青团江苏省委副书记蒋敏出席座谈会，参加座谈的还有两地共青团省委青农部负责人、共青农场相关领导，以及来自苏州市农村青年创业致富带头人协会、苏州市青年商会、苏州市青年创业者协会的优秀创业青年代表。

10日，共青团苏州市委、市青年联合会、市青年商会、市青年创业者协会授予卢智民等10人"苏州市十大青年创业先锋"称号。

16日—17日,江苏省人大常委会委员、省人大内务司法委员会副主任委员顾汉萍,共青团江苏省委副书记蒋敏带领《江苏省预防未成年人犯罪条例》立法调研组来苏开展省内立法调研。

25日,由共青团常熟市委、常熟市人才办、常熟市经信委联合组织的常熟市百名青年企业家领航工程正式启动。列入领航工程名单的100名青年企业家均来自规模以上企业,平均年龄为34.9周岁。

25日—26日,共青团镇江市委副书记张永意率镇江市青商会一行12人来苏考察交流。同时召开苏州、镇江两地青年企业家座谈会,共话合作发展。

26日,共青团苏州市委举行"两学一做"学习教育心得交流会暨党总支第五次专题党课活动,学习研讨"新时期共产党员思想行为规范"和习近平总书记"七一"重要讲话。

30日,共青团苏州市委组织全体党员举行"两学一做"学习教育、强化"四个意识"专题交流研讨会暨党总支第六次专题党课活动。共青团苏州市委副书记、党组成员李兆玮上党课。

9月29日,2016年度苏州市青年联合会交流分享会在独墅湖会议酒店举行。本次分享会以"科技改变生活,创新引领未来"为主题,旨在以青年联合会组织的影响力和感召力,通过生动及富有意义的形式,弘扬科技创新精神,在全市范围内推动形成科技创新的良好生态环境。在苏全国青年联合会委员、江苏省青年联合会委员及苏州市青年联合会委员等近200人参加活动。苏州市青年联合会向苏州市全体青年发出《科技创新倡议书》。

10月19日,2016年苏州市新上岗团干部培训班在市委党校开班。来自各级机关、学校、企业、乡镇、街道的共计125名新上岗团干部参加培训。

同日,按照《关于开展领导干部访贫问苦调研活动的通知》要求,共青团苏州市委副书记万利一行走访调研相城区北桥街道鹅东村。

22日,中国-英联邦(亚洲)青年企业家"一带一路"主题经贸交流暨中国青年企业家协会走进昆山专场活动举行。此次活动由中国青年企业家协会主办。

11月1日,共青团苏州市金融工作委员会成立大会在市会议中心举行。共青团苏州市金融工作委员会覆盖苏州市金融行业从业青年3.5万余人,内部设立6个专业委员会,分别负责专业技能与素质培养、金融知识宣传教育、志愿公益与维权工作等。首批50家成员单位的220多名代表参加会议。

14日,共青团中央、教育部联合召开全国中学共青团工作改革电视电话会议。苏州设1个市级分会场、4个县级分会场,市、县两级团委主要负责人、分管学校共青团工作的负责人和中学共青团战线全体同志,同级教育行政部门及相关部门负责人,部分普通高中、初中、中职学校校长(书记)和团委书记共计350余人参加视频会议。

17日,共青团苏州市委召开学习党的十八届六中全会交流会和"三联系、三服务、三密切"团干部大走访活动总结会。全体党员就党的十八届六中全会学习心得进行交流,并集中观看纪录片《永远在路上》。

25日,由共青团江苏省委、共青团苏州市委主办,共青团吴中区委、苏州市职业大学团委承办的"诵大美吴韵 传中华文明——江苏省'诵读学传'活动走进苏州"在苏州市职业大学图书馆大剧院举行启动仪式。活动分为"诵读经典,传承文明""读书明理,崇德向善""笃学慎思,弘毅励行""薪火相传,不忘初心"4个阶段。共青团苏州市委成立"诵读学传"宣讲团,在全市举办100场"诵读学传"进基层活动。

本月,共青团苏州市委、苏州市青年志愿者协会启动全市青年志愿者评选表彰活动。系列活动包含一个主会场活动和两个分会场活动,分别是"责任照亮未来"2016年度国际志愿者日主题活动、"关爱之星"2016年苏州市关爱行动阵地志愿服务项目大赛及大型赛会青年志愿者分享会。活动现场聘请8位大

"诵大美吴韵 传中华文明——江苏省'诵读学传'活动走进苏州"

型赛会青年志愿者成立导师团,作为大型赛会志愿服务的智库和大型赛会志愿者能力提升的专业后盾。

12月5日,为纪念第31个国际志愿者日,共青团苏州市委、市文明办等市志愿者行动协调委员会成员单位联合在市青少年活动中心举办"责任照亮未来"2016年度国际志愿者日主题活动。

8日—10日,为提升"青年之家"建设力度、管理水平和活跃程度,实现"青年之家"线上线下融合发展,由共青团中央基层组织建设部主办、共青团江苏省委承办、共青团苏州市委具体承接的全国"青年之家"云平台推广工作培训班成功举办。共青团中央基层组织建设部副部长曾锐等相关负责人,全国各省(自治区、直辖市)团委基层组织条线负责人和重点市(区)团委负责"青年之家"工作的相关人员共130余人参加。培训班对"青年之家"云平台系统使用操作进行专题培训,并组织学员赴相城区"笑果"1号店"青年之家"和姑苏区"青年之家"进行实地考察。

12日,学习贯彻党的十八届六中全会精神共青团专场宣讲会在苏州市会议中心举行。由中共苏州市委宣讲团成员、中共苏州市委宣传部副部长陈雪嵘主讲。

22日,共青团江苏省委副书记司勇一行来苏调研青年创新创业工作,并召开江苏省青年企业家(苏州)座谈会。

本月,万利任共青团苏州市委书记、党组书记。

本月,常熟市公安局韩国、昆山怡家居有限公司张维道被评为第十一届中国青年志愿者优秀个人;苏州市姑苏区"同城珍珠"青少年成长服务中心"珍珠"孕育计划——13—15岁外来务工人员子女学业帮扶及素质提升项目被评为第十一届中国青年志愿者优秀项目。

本年,苏州市觅渡中学团总支、姑苏区沧浪街道桂花社区团支部被评为"全国五四红旗团支部(团总支)"称号;太仓市绿阳蔬果专业合作社理事长王建宏荣获"江苏青年五四奖章"。

2017

1月10日，共青团苏州市委、市人社局授予殷维等10人"苏州市杰出青年岗位能手"称号，授予张秋蓉等70人"苏州市青年岗位能手"称号。

13日，为推动广大团干部广泛开展直接联系、服务、引导青年工作，为青年送去关心和温暖，进一步提升青年在改革中的获得感，共青团苏州市委联系各爱心单位开展的2017年苏州共青团暖冬行动暨"1+100"团干部集中服务月活动在市青少年活动中心举行。

同日，"送温暖、迎新春"活动成功举办。共青团苏州市委书记万利等出席。该项活动向对口帮扶贵州铜仁地区的孩子、苏州本地新市民子女、残障青少年、贫困大学生、拥军优属对象、春运一线青年志愿者等发放700份"青春福袋"，引导激励青年投身于公益事业，加入志愿服务者行列。

同日，共青团苏州市委、市青年志愿者协会联合市体彩中心开展"心愿六选一与'体彩'送温暖——共青团关爱留校大学生暖冬行动"。

同日，共青团苏州市委、吴中区人民政府、市青年商会共同举办"对话青商、走进吴中"活动。

2月24日，共青团苏州市委召开党组中心组（扩大）学习会。与会人员观看学习《创新之路》专题纪录片，围绕"回答'创新四问'，争做'四创青年'，构建青年创新创业生态圈"主题交流讨论下阶段工作。

3月13日，共青团苏州市委开展各市、区全年工作第一轮督查。由各部门负责人带队对张家港市等10个市、区团（工）委贯彻落实共青团苏州市委全委会精神、年度工作计划和部署等情况进行专项督查。

14日，为践行社会主义核心价值观，广泛传播"学习雷锋 奉献他人 提升自己"的志愿服务理念，共青团苏州市

"七彩大篷车 青年社区领袖志愿行"集中主题日活

委在桂花公园开展"七彩大篷车　青年社区领袖志愿行"集中主题日活动。20多支来自高校、机关、企事业单位的志愿服务团队，青年社区领袖代表，姑苏区社区代表参加活动。

22日，60多位国家级高新区团组织负责人齐聚苏州，以"凝聚青年、服务大局、当好桥梁、从严治团"为主题，对苏州高新区（虎丘区）团工作开展主题调研，并召开全国高新区团指委一届三次会议，共话高新区发展。

27日，苏州市综治委预防青少年违法犯罪工作领导小组（扩大）会议召开。会议回顾总结此前全市预防青少年违法犯罪工作取得的成绩，对下一步全面推进预防青少年违法犯罪工作做出部署。

本月，苏州工业园区中小企业服务中心等2个集体荣获2015—2016年度"全国青年文明号"称号。

4月1日，苏州市青年联合会十四届三次常委会会议在独墅湖会议中心召开。万利、沈丹当选为市青年联合会第十四届委员会主席、副主席。

19日，"回答'创新四问'，争做'四创青年'"苏州青商大讨论活动在独墅湖会议中心举行。

本月，苏州被共青团中央评为实施新兴青年群体"筑梦计划"重点联系城市。

5月2日，"聚力创新促发展　青春献礼十九大"相城区纪念五四运动98周年表彰大会暨"四创"好青年分享会在相城区会议中心召开。

4日，"青春献给祖国　创新引领时代"——苏州市纪念五四运动98周年暨建团95周年大会召开。共青团江苏省委副书记司勇、苏州市人大常委会副主任叶兆伟、中科院遗传与发育生物学研究所党委书记胥伟华等出席大会。会议表彰2016年度"苏州市五四红旗团委""苏州市五四红旗团支部（团总支）""苏州市优秀共青团员""苏州市优秀共青团干部"。同时，苏州市青年创新工作室、苏州市"苏青C空间联盟"、苏州市青年创新创业咨询服务中心、苏州市青年创新创业机关创效服务团、中科院青年创新促进会苏州创新创业基地挂牌。中科院青年创新促进会与共青团苏州市委签订战略合作协议。

16日，共青团苏州市委召开苏州共青团"两学一做"教育实践暨从严治团专题学习会。共青团苏州市委委员，各市、区、局（公司）、直属单位、大专院校团组织主要负责人，各乡镇、街道团（工）委书记，共青团苏州市委机关全体干部及下属单位负责人共约200人参加会议。

同日,"人保杯"苏州市第四届"看我72辩"中学生辩论赛暨苏州市离队入团示范仪式观摩活动在苏州市立达中学总校胥江实验部落幕。400余名师生参加活动。

24日,中国少先队苏州市第七次代表大会召开。大会审议并通过第六届市少工委工作报告,选举产生少先队苏州市第七届工作委员会。会上表彰获得"苏州市少先队辅导员五年贡献奖""苏州市少先队工作五年成就奖""苏州市星星火炬奖""苏州市优秀少先队员标兵"等奖项和荣誉称号的一批先进集体和优秀个人。中共江苏省委常委、中共苏州市委书记周乃翔,共青团江苏省委书记王伟出席并讲话。

6月2日—3日,共青团苏州市委积极开展"六个一"基层走访调研工作。在围绕中心、服务大局中充分发挥桥梁纽带作用,进一步密切团青关系,常态化联系群众,引领全市各级党团员青年和团干部为青年群体、企业、基层服务,办实事,解难题。共青团苏州市委机关全体党员集中走访相城区黄桥街道大庄村、春嘉社区、荷馨苑社区。通过走访调研,把群众困难带回机关,统筹解决基层实际问题,当好社情"调研员";把工作资源和具体服务项目送到基层,当好群众"服务员"。

9日,共青团中央社联部部长刘爱平一行来苏调研,先后走访苏州市"12355"青少年服务台、市青年公益组织孵化园、桂花公益坊、"巷未来"姑苏青年文化创意体验馆、苏大天宫孵化器和苏州工业园区社会创新服务中心等,与团干部、社会组织和新兴青年代表们进行交流,倾听他们的心声。

同日,共青团苏州市委、市青年志愿者协会联合市地税局、市新媒体联盟开展"益青春·筑梦想——水韵沧浪杯第四届苏州市青年创益大赛",在苏州工业园区社创中心正式启动大赛新媒体推介会暨新媒体公益营筹备沙龙。

19日—20日,共青团相城区委联合中铁四局二公司团委开展"旗扬苏城 谱青春 共青团员争先锋"团建主题活动。

26日,共青团苏州市委召开党组中心组(扩大)学习会。会议集中学习5月3日习近平总书记考察中国政法大学时的重要讲话精神和5月4日李源潮在"不忘初心跟党走"青年座谈会上的讲话。

7月14日，共青团中央书记处书记尹冬梅、共青团中央维护青少年权益部部长王锋一行来苏调研苏州维护青少年权益工作。

27日，共青团江苏省委书记王伟一行来苏调研新生代企业家成长发展情况，在吴江考察调研亨通集团有限公司、苏州绿控传动科技股份有限公司、江苏国望高科纤维有限公司等单位，对每个调研企业的发展历程、生产流程、产品特色都进行细致深入的了解，并与亨鑫科技有限公司董事长崔巍、苏州绿控传动科技股份有限公司董事长李磊及他的博士创业团队、盛虹印染常务副总唐俊松进行面对面的座谈交流，听取关于企业经营情况和个人成长情况的介绍，并围绕新生代企业家在代际传承和自主创新方面的问题与需求进行深入探讨。

8月2日，按照2017年全团"走进青年、转变作风、改进工作"的要求，共青团中央书记处书记徐晓一行来苏开展大调研活动，重点考察苏州共青团在改革攻坚、从严治团、网上共青团建设、青年创新创业、社会组织等方面的特色工作。

2日—6日，由共青团苏州市委书记万利，副书记沈丹、查焱，市青年商会会长顾建芳带队，40名青年企业家赴"红色摇篮"井冈山，参加为期5天的苏州青年企业家培训班。江西干部学院副院长黄书华出席培训班开班式并动员大家学习井冈山斗争史、井冈山精神，结合实践做好创新传承。

3日，"创青春"2017江苏青年创新创业大赛颁奖典礼在张家港举行。获奖项目负责人、评委、创投机构代表、创业青年代表等共300余人参加活动。共青团中央书记处书记徐晓，共青团江苏省委书记王伟、副书记司勇，中共张家港市委书记朱立凡，共青团苏州市委书记万利等出席颁奖典礼。

17日，共青团苏州市委、吴中高新区管委会、市青年商会共同举办"对话青商·走进吴中高新区"暨苏州市青年商会新老会员交流座谈会。

30日，苏州市青年商会组织会员家庭走进苏州外国语学校、工业园区海归人才子女学校，开展会员家庭"走进校园"活动。共青团苏州市委书记万利、副书记沈丹应邀出席活动。

9月1日，为深入学习习近平总书记对党的群团工作的重要指示和群团改革工作座谈会精神，共青团苏州市委机关党总支召开专题学习会，进一步统一思想、提高认识,确保把党中央对群团工作和群团改革的各项要求落到实处。

同日,中国人民财产保险股份有限公司苏州市分公司、共青团苏州市委、市青年商会共同举办"对话青商·走进人保"活动。

7日—8日,第六期江苏省"建设身边的共青团"主题轮训班暨2017年苏州市乡镇(街道)团(工)委书记培训班在苏州开放大学举办。苏州各市(区)团委班子成员,组织条线负责人,乡镇、街道团(工)委书记,"青年之家"负责人,以及部分学校和企业团组织负责人共257人参加培训。

8日—10日,应苏州市青年联合会的邀请,由冢本泰央理事长率领的日本金泽市青年会议所代表团一行在苏州进行为期3天的友好访问。双方就两地青少年交流、人文历史等领域的合作进行磋商。

2017青年企业家创新发展国际合作周

24日—29日,由中国青年企业家协会、江苏省青年商会主办,共青团苏州市委、市青年商会承办的2017青年企业家创新发展国际合作周在苏州举办。来自澳大利亚、新加坡、巴基斯坦等16个国家的80余名外方青年企业家及近100名中方青年企业家汇聚一堂,共商"一带一路"建设,共谋企业合作发展。英国上议院议员、前大学与科学国务大臣戴维·威利茨,中国青年企业家协会副会长、秘书长许华平,中国青年企业家协会副秘书长张华,共青团江苏省委副书记、江苏省青年商会会长司勇,苏州市政府外事办公室主任徐华东,共青团苏州市委书记、市青年联合会主席万利出席开幕式。中共苏州市委副书记、代市长李亚平出席开幕式并致辞。

29日,"旗帜鲜明讲政治,青春喜迎十九大"——2017年度苏州市青年联合会交流分享会、"旗帜鲜明讲政治"专题讲座、"火红的青春献给党"主题朗诵会等活动举办。通过系列活动,引导广大青年统一思想、提高认识,以坚决维护以习近平同志为核心的党中央权威的思想自觉和理论自觉迎接党的十九大胜利召开。

10月27日，为深入学习贯彻落实党的十九大精神，根据共青团苏州市委"六个一"基层走访调研转入"集中开展安全稳定隐患深入排查"阶段的工作安排，共青团苏州市委书记万利带领共青团苏州市委第一工作组前往相城区黄桥街道部分企业和社区开展安全隐患排查走访。

同日，共青团苏州市委召开"传达贯彻十九大精神，引领青年成长奋斗"专题党总支会议。会议结合工作实际就组织机关党员和广大青年认真学习贯彻党的十九大精神做出部署。

11月18日，共青团苏州市委机关召开党的十九大精神专题学习会。机关全体人员及下属单位负责人参会。

28日，东吴证券股份有限公司、共青团苏州市委、市青年商会共同举办"对话青商——走进东吴证券"活动。

12月5日，"大美昆曲"首届海峡两岸（昆山）青年文化创意设计大赛举行。海峡两岸青年文创人才昆山行活动同时开展，推进海峡两岸青年交流合作。

11日上午，共青团苏州市第十九次代表大会在苏州市会议中心召开。万利受共青团苏州市第十八届委员会委托，做了题为《深入学习贯彻习近平新时代中国特色社会主义思想，为苏州高水平全面建成小康社会贡献青春力量》的工作报告。会议选举产生共青团苏州市第十九届委员会，万利当选为书记，沈丹、查焱、惠艳烂、汤宁当选为副书记。中共江苏省委常委、中共苏州市委书记周乃翔到会并讲话，要求广大团员、青年在争当建设"强富美高"新江苏先行军排头兵的新征程中，书写无愧于时代、无愧于历史的精彩篇章。共青团江苏省委书记王伟到会祝贺。

13日，为深入学习宣传贯彻党的十九大精神，引导共青团苏州市委新一届委员把思想统一到中央的决策部署上来，把力量凝聚到团代会确定的各项目标任务上来，共青团苏州市第十九届委员会组织党的十九大精神第一次集体学习。

28日，苏州市青年商会15周年大会暨"新时代新青商"主题分享会举行。会上共同回顾市青年商会15年来取得的丰硕成果，畅想在党的十九大精神引领下建功新时代的新篇章。

本年，太仓市"青年之家"（总站）入选第二批全国示范性"青年之家"综合服务平台；姑苏区沧浪街道桂花社区团支部、苏州市觅渡中学团总支荣获"全国五四红旗团委（团支部）"称号；昆山维信诺科技有限公司总经理高裕弟、江苏华东造纸机械有限公司和江苏华东风能科技有限公司职员赵晒晒荣获"江苏青年五四奖章"。

2018

1月17日，由共青团苏州市委、市青年联合会、市青年商会、市青少年发展基金会主办，苏州市体育彩票管理中心、苏州苇叶公益服务中心、苏州摩天轮乐园协办的"幸福摩天轮 暖冬伴你行——2018年苏州共青团暖冬行动"启动。苏州多家爱心企业共同为对口帮扶的贵州铜仁的孩子、苏州本地新市民子女、残障青少年、外来务工人员子弟学校学生、经济困难家庭青少年、爱立方公益大学志愿者、春运一线青年志愿者购置1 000份"青春福袋"。

同日，共青团苏州市委联合市体育彩票管理中心开展"心愿六选一与'体彩'送温暖——共青团关爱留校大学生暖冬行动"。100名留校大学生欢聚一堂，共迎新春。

22日，共青团苏州市委表彰一批苏州共青团系统宣传思想文化工作先进集体和先进个人。共青团吴江区委等10家团青组织获先进集体称号，卜晓莉等14人获先进个人称号。

本月，苏州市青年公益组织孵化园被共青团中央评为首批全国青少年事务社工专业人才实训基地。

2月2日，为进一步推动全市企业片共青团组织建设、活跃企业团工作，共青团苏州市委在创元集团召开全市企业片共青团工作交流座谈会。

8日，共青团苏州市委书记室研究决定授予共青团张家港市委等10家团组织2017年度"苏州共青团工作先进单位标兵"荣誉称号，授予共青团太仓市委等15家团组织2017年度"苏州共青团工作先进单位"荣誉称号,授予王苏嘉等10人2017年度"苏州共青团工作先进个人"荣誉称号,授予共青团张家港市委"'四位一体'构建特色创新创业生态圈"等15个项目2017年度"苏州共青团工作创新奖"。

3月4日,为迎接第55个全国"学雷锋纪念日"及第19个"中国青年志愿者服务日",共青团苏州市委、市青年志愿者协会在苏州中心开展"学习雷锋,情暖苏州"暨"青春建功新时代,七彩志愿社区行"活动,并启动2018年度苏州青年志愿公益"3927工程"("三大计划""九大行动""27个项目"),倡导文明新风尚。

4月,太仓万方国际码头有限公司维修电工班获评2017年度全国青年安全生产示范岗。

5月4日,"敢于创新,敢于斗争,敢于胜利;勇立一线,勇创一流,勇当标杆"——苏州市纪念五四运动99周年暨建团96周年大会召开。

同日,共青团苏州市委命名张家港市常阴沙现代农业示范园区团工委等30家团组织为2017年度"苏州市五四红旗团委",沙钢集团有限公司钢板总厂团总支等50家团组织为2017年度"苏州市五四红旗团支部(团总支)",陈佳钰等100人为2017年度"苏州市优秀共青团员",王彦婷等50人为2017年度"苏州市优秀共青团干部"。

14日,为深入学习宣传贯彻习近平新时代中国特色社会主义思想和党的十九大精神,纵深推进全市高校共青团、学生联合会、学生会改革,共青团苏州市委、市学生联合会组织开展"青春相约2035"——苏州市高校团委书记联合团支部会议暨"三敢三勇"新时代苏州共青团奋斗精神主题大讨论活动。全市23所大专院校的团组织负责人参加。

15日,"实干兴邦 实业兴市"——苏州市青年商会2018年度会员大会暨苏州市青年企业家助力高质量发展推进会在独墅湖会议中心举行。

7月,中国航空工业集团苏州长风航空电子有限公司工程师王瑞球荣获2016—2017年度"全国青年岗位能手"。

8月3日—8日,共青团苏州市委、市青年商会、市青年发展基金会相关人员一行13人赴贵州铜仁、新疆克孜勒苏柯尔克孜自治州(阿图什)开展助力脱贫攻坚考察。分别召开苏州·铜仁共青团助力脱贫攻坚对口帮扶工作座谈会、对口援助阿图什团委工作座谈会，两地企业家就企业交流合作机制和青少年助困帮扶等方面进行详细交流，苏州方面捐赠"苏州·铜仁爱立方希望行"春晖爱心助学金10万元、阿图什爱心助学金5万元。

本月，苏州轨道交通集团史凌云获第二届"中国青年好网民"优秀故事奖。

9月20日，由两岸企业家峰会主办，以"成功从这里起步"为主题的2018两岸青年就业创业研讨会在昆山举行。中共中央台办、国务院台办主任刘结一及省、市领导，两岸青年就业创业基地和示范点负责人，两岸青年企业家，台湾青年学生代表等共百余人出席研讨会。两岸青年企业家就创新与创业、实习与就业展开讨论。研讨会结束后，刘结一还看望在昆山就业创业的台商台胞，实地考察昆山两岸青年创业园等地。两岸青年还举行环保骑行等活动。

10月11日，"苏高新杯"第五届"创青春"中国青年创新创业大赛全国赛在苏州高新区（虎丘区）举行。共青团中央书记处第一书记贺军科，中共江苏省委常委、中共苏州市委书记周乃翔，中共江苏省委常委、组织部部长郭文

"苏高新杯"第五届"创青春"中国青年创新创业大赛全国赛

奇,各主办单位、承办单位相关负责人共同启动全国赛。贺军科要求青年创客们肩负时代责任展现担当、矢志前行,在推动经济高质量发展中抓住机遇、积极作为,面对充满挑战的道路拿出勇气、毅力与智慧;要求各级共青团组织深入研究青年创业"痛点"和"难点",大胆创新工作理念、方式和载体,团结凝聚广大青年建功新时代、展现新作为,为实现中华民族伟大复兴中国梦贡献青春力量。各省级团委相关负责人,310个参赛项目代表及创投机构、创业导师、青年"创客"代表共3 000余人参加。

11月13日,苏州市青年联合会第十五届委员会第一次全体会议、市学生联合会第十二次代表大会举行。500余名苏州青年和学生参加会议,苏州市四套班子和共青团江苏省委领导出席大会开幕式。市青年联合会第十五届委员会委员有300人,来自12个界别,平均年龄为33岁。会议审议并通过《苏州市青年联合会工作条例(修正案)》,选举产生市青年联合会第十五届领导机构,共青团苏州市委书记万利当选为苏州市青年联合会主席。199名正式代表参加市学生联合会第十二次代表大会,市学生联合会第十一届委员会向大会做题为《不忘初心跟党走,青春建功新时代——为苏州高水平全面建成小康社会注入磅礴青春力量》的工作报告。大会审议并通过《苏州市学生联合会第十一届委员会工作报告》和《苏州市学生联合会章程(修正案)》,选举产生市学生联合会第十二届领导机构,苏州大学学生会等16个团体当选主席团成员。开幕式上发布"携行筑梦工程"项目。

本年,苏州高新区第五初级中学校梦之翼中队获2018年度"全国优秀少先队集体"荣誉称号,常熟市少先队志愿辅导员曹映红获2018年度"全国优秀少先队辅导员"荣誉称号,"苏州·铜仁爱立方希望行"(苏州市青少年发展基金会)获评2018年度全国青年社会组织"伙伴计划"五星项目;一种高活性植物生长调节剂的创意设计(苏州太仓中等专业技术学校)、塔吊自平衡装置(苏州工业园区工业技术学校)、一种划粉磨削器(苏州高等职业技术学校)分别获得2018年"挑战杯——彩虹人生"全国职业学校创新创效创业大赛一等奖、二等奖、三等奖;"公益税援团"志愿服务项目获第四届中国青年志愿服务项目大赛银奖;苏州市"12355"青少年服务台被评为全国首批委托建设"12355"未成年人保护专线重点单位;吴江区震泽中学团委、苏州市吴江地方税务局团总支、张家港市东渡志愿者协会团支部荣获"全国五四红旗团委（团支部）"称号。

本年，《共青团扶持引导青年社会组织健康有序发展调研分析报告》获评共青团中央"共青团与人大代表、政协委员面对面"主题调研活动"全国地市级一类调研报告"。

至年底，苏州市共有共青团员47万余人、少先队员近80万人、少先队辅导员近1.9万人。全市建有基层团委和团工委863个、团总支734个、团支部16 234个、少先队组织569个，总体数量保持平稳。全市有各级专职团干部697人、挂职团干部26人、兼职团干部42 073人。

2019

1月7日，共青团苏州市委机关党支部召开集中学习会。与会人员学习习近平总书记2019年新年贺词和他在《告台湾同胞书》发表40周年纪念会上的讲话，深刻领会习近平总书记对祖国统一、民族团结的期盼和实现中华民族伟大复兴的坚定信心。

11日，由共青团苏州市委、市青年联合会、市青少年发展基金会、市青年商会联合主办的2019年苏州共青团"暖冬行动"暨苏州青基会慈善捐赠及希望工程爱心集体、个人授牌仪式在吴中区青少年活动中心举行。"青春福袋"认捐活动在全市发起，社会各界爱心认捐185 229.62元，为家境困难青少年、新市民子女、"事实孤儿"、残障青少年等社会弱势、重点、特殊青少年群体发放"青春福袋"1 000份。同时，认定苏州市体育彩票管理中心等20家单位为2018年苏州市希望工程"爱心集体"，王琛等18人为2018年苏州市希望工程"爱心个人"。

16日，共青团苏州市委、市人社局授予肖军宝等10人"苏州市杰出青年岗位能手"称号，授予李冰等84人"苏州市青年岗位能手"称号。

17日，为了进一步提高团干部政治意识与"办文办会办事"能力，强化秘书人才队伍建设，提高团干部的参助能力和服务水平，由共青团苏州市委主办的2019年苏州市团干部文秘工作能力培训班在山东大学苏州研究院开班。

21日，"青春志愿行，奉献新时代"江苏省暨苏州市青年志愿者服务春运"暖冬行动"启动仪式在苏州火车站南广场举行。

3月3日，由共青团苏州市委、中共苏州市委宣传部、市文明办主办的"学习雷锋，情暖苏城"2019学雷锋志愿服务主题活动暨苏州工业园区新时代文明实践点授牌仪式在苏州中心

"青春志愿行，奉献新时代"江苏省暨苏州市青年志愿者服务春运"暖冬行动"启动仪式

广场举行。活动现场启动"益青春·助环保——2019年苏州青年志愿公益垃圾分类专项行动"，建立三位一体工作推进机制：打造一支新时代环保主力军，开展一场专项公益大赛，运营一个垃圾分类绿色助学项目，形成多个环保宣讲阵地。同时启动"苏州市新时代文明实践中心志愿服务资源库"，发布2019年苏州市百个重点志愿服务项目，成立苏州市慈善志愿服务专项基金，向苏州工业园区的10家单位颁发首批新时代文明实践点证书。

19日，年仅22岁的吴江"95后"消防员刘磊为了营救轻生女子不幸牺牲。刘磊被应急管理部政治部批准为烈士，被应急管理部消防救援局追记一等功并追认为中共党员，被共青团江苏省委追授为"江苏省优秀共青团员"，被苏州市人民政府追授为"苏州市十大杰出青年""苏州市优秀共青团员"。刘磊的英雄事迹在吴江产生巨大反响，群众自发在其追思会、追悼会上和骨灰还乡途中进行悼念。中国文明网将刘磊的事迹形容为"用生命诠释担当"，刘磊入选"中国好人榜"，入选类别为"敬业奉献"。同时，吴江各单位也积极开展学习烈士精神相关主题教育活动，在社会上掀起"学烈士、扬正气、明责任、敢担当"的学习热潮。

4月15日，苏州市市级机关团工委、青工委授予苏州市司法局团支部等10

家团青组织"2017—2018年度苏州市市级机关先进团青组织"荣誉称号,授予唐诗等10人"2017—2018年度苏州市市级机关优秀团青干部"荣誉称号,授予赵苏等10人"2017—2018年度苏州市市级机关优秀团员"荣誉称号,授予张一伟等10人"2017年度苏州市市级机关优秀青年"荣誉称号。

29日,共青团苏州市委开展践行新时代苏州共青团奋斗精神系列活动。确定张家港经济技术开发区(杨舍镇)团委等91家团组织为2019年苏州市"三敢三勇"团组织,黄奇等101名团干部为2019年苏州市"一心五同"团干部,李一青等141名青年为2019年苏州市"三新四创"好青年。

30日,"青春心向党·建功新时代"苏州市纪念五四运动100周年暨建团97周年主题活动在苏州市会议中心举行。苏州基层团组织整顿规范"百日攻坚"行动、"我成长的共和国"系列主题活动、"青春心向党·建功新时代"新媒体线上宣传教育实践活动、"苏州快递小哥青春接力站"活动纷纷启动。当日为获评苏州市2018年度"全国优秀共青团员""全国优秀共青团干部""全国五四红旗团委(团支部)"的代表和获评2016—2018年度全国"青少年维权岗"的单位代表颁发证书或授牌;命名并表彰2018年度苏州市"十佳青年文明号"。国家税务总局张家港市税务局团委等30家团组织被评为2018年度"苏州市五四红旗团委",张家港市锦丰镇悦来社区团支部等50家团组织被评为2018年度"苏州市五四红旗团支部(团总支)",高豪天等100人被评为"苏州市优秀共青团员",许玲霞等50人被评为2018年度"苏州市优秀共青团干部",胡凯琳等50人被评为2018年度"苏州市优秀团支部书记"。

本月,尤苑获评"全国向上向善好青年"。苏州系统医学研究所研究员马瑜婷、苏州市疾病预防控制中心传染病防治科分别荣获"江苏青年五四奖章"个人、集体荣誉。

5月,江苏永钢集团有限公司钢轧事业部炼钢三厂连铸甲班等2个集体荣获2018年度全国青年安全生产示范岗。

6月,苏州农村商业银行盛泽支行等2个集体荣获2017—2018年度"全国青年文明号"称号。

7月14日,共青团苏州市委、中共苏州市委组织部、市人社局等联合举办知名高校大学生来苏暑期实习启动会。上海交通大学、浙江大学、南京大学、东

知名高校大学生来苏暑期实习启动会

南大学的团委和各实习接收单位相关负责人,以及实习大学生共120余人参加会议。活动旨在引导知名高校大学生在基层实践中受教育、长才干、做贡献,进一步拓宽专业化青年人才储备来源。

8月5日—16日,2019年全国"青马工程"农村班(江苏线)走进苏州。学习期间,来自全国各地的学员们分别前往张家港市永联村金手指广场、永钢集团、现代农业示范区、农耕文化园,吴中区灵湖村,常熟市职教中心、沙家浜红色教育基地,相城区冯梦龙村、望亭运河历史文化街区、"红色驿站·稻香人家"党群服务站等地参观学习。通过互动教学、现场教学等方式,学员深入了解苏州贯彻乡村振兴战略的探索与实践。

9月12日,共青团苏州市委召开书记办公会学习全市"不忘初心、牢记使命"主题教育动员大会精神。

16日,共青团苏州市委牵头苏州市青少年发展基金会开展苏州市2019年全国扶贫日协作帮扶活动。帮扶项目为"苏州·铜仁爱立方希望行"。

23日,为更好地贯彻落实中共苏州市委"六个一"基层走访调研工作要求,共青团苏州市委书记万利带队赴相城区黄桥街道开展"六个一"走访调研。

同日,苏州市"我与祖国共奋进——国旗下的演讲"特别主题团日

苏州市"我与祖国共奋进——国旗下的演讲"特别主题团日活动

活动在常熟体育中心举行。活动由共青团苏州市委主办,旨在在中华人民共和国成立70周年之际,唱响奋进新时代、服务高质量青春主旋律,弘扬以爱国主义为核心的伟大民族精神。

24日,为庆祝中华人民共和国成立70周年,共青团苏州市委在市青少年活动中心开展"不忘初心、牢记使命""四重四亮"主题党日活动。

25日,为庆祝中华人民共和国成立70周年,共青团苏州市委、市教育局、市学生联合会在苏州经贸职业技术学院联合举办"用青春歌颂 请祖国检阅"——苏州市大学生庆祝新中国成

"用青春歌颂 请祖国检阅"——苏州市大学生庆祝新中国成立70周年主题活动暨市级示范"信仰公开课"

立70周年主题活动暨市级示范"信仰公开课"。共青团江苏省委副书记林小异、共青团江苏省委高校工作部副部长柏茂林、共青团苏州市委书记万利、苏州经贸职业技术学院党委书记苏益南等出席活动。苏州各大专院校团委书记、团干部代表、学生会主席、"信仰公开课"市级导师团代表、2019年度"苏州市最美职校生"代表、青年大学生代表等共约800人参与活动。

26日,共青团苏州市委机关党总支组织全体党员参加"不忘初心、牢记使命"——2019年苏州市青年联合会"庆中秋·迎国庆"主题活动暨苏州市各界青年庆祝中华人民共和国成立70周年青春奋斗事迹分享会,聆听优秀青年代表的先进事迹。

27日,由共青团苏州市委、苏州市青年商会主办,共青团吴江区委、吴江区青年商会承办的"助推长三角一体化——对话青商,走进吴江"暨高端制造产业联盟活动在亨通集团举行。

同日,共青团苏州市委机关党支部召开"每周一学"专题学习会,开展党员警示教育,组织观看由市纪委监委制作的廉政警示教育片《不可缺失的敬畏》。

同日,共青团苏州市委机关党总支全体党员走进吴江民营企业,开展党员服务高质量发展先锋行活动,推动"党员亮身份、服务亮承诺、工作亮标准、担当亮作为",为服务苏州高质量发展贡献力量。

本月,"苏州青年说"大型融媒活动获评第四届全国"五个一百"网络正能量精品项目。

10月10日,共青团苏州市委举办读书班活动,围绕"理想信念"和"宗旨意识"主题开展集中学习研讨。

13日,共青团苏州市委组织全体党员赴吴江区同里镇北联村参加"不忘初心、牢记使命"苏州市青年"手绘乡村"志愿服务活动。

15日,共青团苏州市委召开党组理论学习中心组集体扩大学习研讨会,围绕"政治纪律和政治规矩""担当作为"等专题开展集中学习研讨。

22日,共青团苏州市委机关党支部开展"每周一学"。党支部成员通过观看影片《赵亚夫》、电教片《孤岛32年》,学习优秀共产党员赵亚夫、王继才的先进事迹。

28日,共青团苏州市委党组召开"不忘初心、牢记使命"主题教育调研成果交流会。

本月,为庆祝中华人民共和国成立70周年、中国少年先锋队建队70周年,共青团苏州市委、市少工委联合主办"我为祖国呼号"苏州市少先队鼓号"快闪"展演活动。共青团苏州市委、市少工委以"红领巾相约2035,争做新时代好队员"为主题,在全市组织开展纪念少先队建队70周年系列活动。全市少先队员们通过自己的方式,表达少年儿童热爱党、热爱祖国、热爱人民的朴素感情,展示新时代少年儿童与时俱进的社会责任感和使命感。

11月20日,由共青团苏州市委、市税务局和市青年志愿者协会共同举办的"益青春·筑梦想"——"水韵沧浪杯"第六届苏州市青年创益大赛决赛举行。自开赛以来,共计收到垃圾分类专项赛项目18个、青年创意项目19个、志愿公益项目46个,分别有10个项目进入决赛,并分别产生一等奖1名、二等奖2名、三等奖3名。"垃圾分类专项志愿行动""乐融梦想秀""减税降费,我们在行动"项目获得一等奖。

28日—29日,"菁菁杯"第四届江苏省中学中职学校微团课大赛现场决赛在苏州举办。决赛由共青团江苏省委主办,共青团苏州市委承办,共青团苏州高新区(虎丘区)委、苏州高新区实验初级中学协办。苏州共有7名选手参赛,3人获得特等奖,2人获得一等奖,2人获得二等奖。共青团苏州市委获得团体一等奖。

30日,"益青春·筑梦想"——首届苏州市社区青年领袖PK赛在景城民众联络所二楼报告厅举行,10名选手晋级决赛。比赛有"社区青年说"和"知识挑战"两个环节,最终产生一等奖1名、二等奖2名、三等奖3名。姑苏区白洋湾街道张越琦获得一等奖。

本月,为进一步树牢干事创业"风向标",吹响干事创业"冲锋号",共青团苏州市委坚持"求实、务实、落实",通过举办青春宣讲会、开展主题大讨论、落实工作项目等方式方法,将"三大法宝"的时代内涵和"两个标杆"的坐标要求深入各类青年群体。发扬"三敢三勇"新时代苏州共青团奋斗精神,汇聚火红年代的青春共识,践行激情燃烧的青春使命,扛起干事创业的青春担当。全市各级团组织围绕"三大法宝青年传承、两个标杆青年冲锋"主题实践活动,共举办青春宣讲会64场,开展主题大讨论171场,制定8个方面291条工作项目并形成清单,累计覆盖青年逾10万人次。

12月1日,"不忘初心·青年志愿者再出发"苏州共青团2019年度12月5日国际志愿者日活动暨苏州市志愿者行动指导中心10周年活动在市青少年活动中心举行。共青团苏州市委、市青年志愿者协会授予高要鑫等10人2019年度苏州市"十佳青年志愿者"称号,授予唐嘉蔚等10人2019年度苏州市"优秀青年志愿者"称号,授予张家港市步行街青年志愿服务站团队等10个组织2019年度苏州市"优秀青年志愿服务组织"称号,授予侯晓云等10人2019年度苏州市"十佳新兴青年"称号。

"不忘初心·青年志愿者再出发"苏州共青团2019年度12月5日国际志愿者日活动暨苏州市志愿者行动指导中心10周年活动

10日,苏州市青年工作联席会议第一次全体会议召开。会议深入学习贯彻党的十九届四中全会和习近平总书记关于青年工作的重要讲话指示精神,传达学习省青年工作联席会议第一次全体会议精神,贯彻落实中央、省《中长期青年发展规划》,努力推动新时代苏州青年工作再上新台阶。

13日,共青团苏州市委、市农业局授予苏宏鼎等100人2019年度"苏州市农村青年致富带头人"称号。

23日,共青团苏州市委在全市范围内开展"在国旗下成长"主题征文比赛,评选出一等奖1名、二等奖5名、三等奖12名、优秀奖30名。

25日,全国国家高新技术产业开发区共青团工作指导和推进委员会换届大会在苏州高新区(虎丘区)召开,选举产生新一届全国高新区团指委。来自全国98家高新区的委员代表、苏州高新区(虎丘区)的青年干部代表等参加会议。

26日,共青团苏州市委命名张家港"城西青年说"青年学习社等66个集体为2019年度"苏州市青年学习社"。

同日,"小蜜蜂"垃圾分类专项志愿者培育工作的第二阶段"蜂巢计划"启动仪式在苏州市相城第三实验中学举行。

27日,共青团苏州市委、市人社局、市学生联合会在苏州市职业大学联合举办"青春留苏"苏州市大学生就业帮扶行动暨"送岗位进校园"活动。活动共募集171家企业的3 000余个就业岗位,招聘企业代表及苏州高校2020届毕业生共约1 300人参加现场活动。81家企业现场提供1 400余个就业岗位,收到学生应聘简历2 100余份,达成签约意向的有412人。

28日,共青团苏州市委党组理论学习中心组召开集体学习研讨会。会议专题学习上级部门关于农村工作、安全生产工作、经济工作等相关文件及市委主要工作精神。

29日,"创新驱动·协同发展"嘉(定)温(州)昆(山)太(仓)四地青商论坛在太仓成功举办。嘉(定)温(州)昆(山)太(仓)青年企业家创新创业联盟同时成立。

30日,"三大法宝青年传承、两个标杆青年冲锋"——"昆山之路"青春宣讲会在昆山政务服务中心(东区)举行。

31日,共青团苏州市委、市教育局、市少工委在苏州市青少年活动中心联合举办2019年苏州市中小学校共青团、少先队工作评优答辩会。

本月,常熟市蓝天青年应急救援队徐静霞荣获第十二届中国青年志愿者优秀个人奖。

本年，共青团昆山市委打造昆山市青年科创学院，认定第一批青年科创学院分院7个、服务站点6个，打造6个青年服务品牌；组建昆山市产业科创青年突击队，帮助青年企业家在攻克技术难关、破解发展瓶颈、掌握核心技术上持续用功用力。

本年，《"快递/外卖小哥"发展权益调查研究报告》获评共青团中央"共青团与人大代表、政协委员面对面"主题调研活动"全国地市级一类调研报告"。

本年，苏州市中级人民法院团委、常熟理工学院团委荣获"全国五四红旗团委"称号；苏州工业园区星海实验中学学生团支部、苏州经贸职业技术学院会计与国贸学院会计专业2016级（32）班团支部、苏州大学体育学院运动康复专业2015级团支部荣获"全国五四红旗团支部（团总支）"称号；共青团吴中区委书记李臻荣获"全国优秀共青团干部"称号；苏州第一中学圣陶书院初三（1）班学生张文瑄荣获"全国优秀共青团员"称号。

至年底，苏州市共有共青团员51万余人、少先队员81.51万人、少先队辅导员1.52万人。全市建有基层团委和团工委1 111个、团总支1 283个、团支部20 190个、少先队组织652个，总体数量保持平稳。

2020

1月6日，共青团苏州市委、市学生联合会联合举办苏州市高校团委书记联合团支部会议。全市21所大专院校的团组织负责人参加，共青团苏州市委书记万利出席会议并讲话。

9日，嘉定、温州、昆山、太仓四地青年企业家协会（商会）签订青年企业家创新创业交流合作备忘录，启动长三角一体化圆桌会议。

14日，苏州火车站青年志愿服务站揭牌仪式暨2020年苏州市青年志愿者服务春运"暖冬行动"在苏州站北广场举行。来自高校、青年志愿服务组织等单位的10支志愿服务团队的50余名青年志愿者参加活动。

2月14日,共青团苏州市委、市文明办、市教育局、市少工委联合开展"致敬先锋 共战疫情"主题系列活动。

3月5日,"做战'疫'中的青春螺丝钉——3月5日学雷锋青春战'疫'交流会暨'青社学堂'线上主题活动"在苏报融媒指挥中心举行。

4月,共青团苏州市委发布"爱心献血,众志成城"倡议书。号召全市各级团组织、市青年联合会、市青年商会、市学生联合会、市青年志愿者协会和广大团干部、团员在做好防控措施的前提下,积极开展无偿献血,为抗击疫情、延续生命贡献火热的青春力量。全市294支青年突击队的8 000余名团员、青年请战,6万人次青年志愿者参加医疗救助、联防联控、复工复产、春耕春种志愿服务,近24万名少先队员开展"红领巾送温暖,战'疫'手拉手"主题活动786次。全市青年商会、青少年基金会筹措捐款960.63万元、防疫物资80余万件,向海外青年学子及日本金泽市、韩国全州市等友城青年团体捐赠口罩6.1万个。共青团苏州市委开展"最美逆行者"青春守护行动,结对服务345户支援湖北医务人员家庭。通过直播带货、企业农户对接等方式帮助特色农产品销售,联合中国工商银行苏州分行设立5亿元低利率纯信用"惠青贷",帮助青年商会企业、青年创业者复工复产。青春战"疫"的典型事迹和经验做法被主流媒体报道451次。

29日,"开放再出发 青春建新功"苏州市纪念五四运动101周年暨建团98周年大会召开。中共江苏省委常委、中共苏州市委书记蓝绍敏出席会议并讲话,号召广大青年高举习近平新时代中国特色社会主义思想伟大旗帜,始终不忘初心,砥砺前行,肩负起历史赋予的光荣使命,融入时代进步的强大洪流中,为推动苏州高质量发展走在最前列贡献磅礴的青春力量。"苏青惠"青年服务云平台启动。

本月,太仓市公安局浏河派出所三级警长位洪明、苏州阿美咔叽文化传播有限公司总经理、苏州蓝天救援队队员兼江苏机动队队长许鹏被追授"中国青年五四奖章";昆山高新技术产业开发区团工委、苏州经贸职业技术学院团委、国家电网江苏省电力有限公司苏州供电分公司团委、苏州大学附属第一医院团委荣获"全国五四红旗团委"称号;国家税务总局太仓市税务局团总支荣获"全国五四红旗团支部（团总支）"称号；共青团张家港市委书记王苏嘉、盛虹控股集团有限公司团委书记高苏健荣获"全国优秀共青团干部"称号；相城区渭湖街道钱舒婷、苏州科技城医院医务工作人员陈峰荣获"全国优秀共青团员"称号。郭秦、马瑜婷获评"全国向上向善好青年"。

5月4日，由中共苏州市委党史工办、共青团苏州市委联合主办，苏州国际发展集团有限公司协办的"今天，我们该做怎样的青年"抖音短视频大赛正式启动。

同日，昆山高新区团工委被共青团中央授予"全国五四红旗团委（团工委）"荣誉称号，成为昆山市唯一获此殊荣的基层团委。

6日，共青团苏州市委联合市文广旅局开展"姑苏八点半 青春不散场"——苏式文化体验周活动。

9日，共青团苏州市委、江苏有线苏州分公司联手推出"青春频道"电视栏目。"青春频道"电视栏目是共青团苏州市委与江苏有线的一次创新探索，利用有线电视载体有效扩大共青团服务联系青少年的覆盖面，并将围绕党政中心工作、"十四五"青年发展规划、青少年权益维护等方面进一步丰富内容，真正打通服务青少年的"最后一米路"。

本月，江苏申港锅炉有限公司电焊班班长泮延镇等6人荣获第20届"全国青年岗位能手"称号。

6月1日，中共江苏省委常委、中共苏州市委书记蓝绍敏，中共苏州市委副书记、市长李亚平一行走访部分未成年人社会实践体验站和学校，看望少年儿童，观摩少先队主题微队课，并启动"成长苏州筑梦未来"——"童"字系列未成年人主题教育活动。

5日，苏州市青年商会2020年度会员大会暨"强信心聚合力"苏州青商助力长三角一体化发展大会在吴江汾湖高新区举行。

10日，"绽放战疫青春·坚定制度自信"宣讲暨青年讲师团全市行活动举办。共青团苏州市委副书记汤宁、共青团姑苏区委书记章云丽、江苏有线苏州分公司团委书记周毓鸿，以及姑苏区各直属团组织负责人、青年代表共100余人到场参加。

12日，共青团苏州市委联合中共苏州市委组织部、市财政局、市人社局、市国资委开展2020年度知名高校大学生来苏暑期实习活动。

25日,2020年第十六届苏州端午民俗文化节"同舟共济端午民俗文化交流活动"在盘门景区举行。共青团苏州市委联合市文明办、市文广旅局开展"姑苏八点半·青春不散场"青匠BOX盘门吴地端午专场活动。

本月,江苏苏净集团有限公司轮转分公司折弯班组等2个集体荣获2019年度"全国青年安全生产示范岗"称号。

7月6日,由共青团苏州市委、市农业农村局、市农村人居环境整治工作联席会议办公室联合主办的苏州青年"手绘乡村"阶段性总结展示活动暨"手绘乡村·画说小康"启动仪式在吴江区黎里镇东联村举行。

13日,2020海峡两岸(昆山)人才交流合作大会举行。会上发布昆山两岸青创园3.0版和昆山市两岸青年创新创业政策包,启动线上昆山全球引才平台。两岸创业青年代表等170余人参加活动。

2020海峡两岸(昆山)人才交流合作大会

27日,共青团苏州市委、市青基会正式启动2020年苏州市希望工程"圆梦行动"暨第五届"爱立方"公益大学活动。同时依托江苏省希望办推出"苏青益筹"公益平台,推出2020年苏州市"圆梦行动"募捐活动。

本月,共青团苏州市委副书记方芳主持工作。

8月4日,知名高校大学生来苏暑期实习"寻迹姑苏"文化微旅行活动开展。市级机关的38名实习学生参观苏州博物馆、园林博物馆和昆曲博物馆。

13日,"苏青合伙人"环省行·苏州站活动在苏州高新科技金融广场成功举办。共青团江苏省委青年发展部部长陶莉、共青团苏州市委副书记王超、各团市(县)区委分管副书记、青发条线负责人、全市"苏青C空间"负责人共50余人参加活动。

13日—15日,共青团苏州市委副书记蒋妍、副书记汤宁,市青年商会会长金向华一行赴拉萨市林周县就当地青年创业就业工作进行考察交流。

18日,苏通青商共融发展(金鸡湖)交流会暨苏通青年人才协作联盟成立大会在苏州工业园区会议中心召开。共青团南通市委书记吴冰冰、共青团苏州市委副书记（主持工作）方芳、苏州市青年商会会长金向华、南通市青年商会会长石磊等60余人参加活动。

21日，中共苏州市委宣传部、中共苏州市委统战部、市文明办、共青团苏州市委、市青年联合会共同举办"青觅·团聚"计划点亮仪式暨"青志贷"发布仪式。

25日—29日，苏州市文明办、共青团苏州市委联合开展青匠BOX——苏式文化体验周活动。

31日，2020年度苏州市青年商会总裁知识产权高级研修班在国家中小微企业知识产权培训（苏州）基地举办。苏州市市场监督管理局（知识产权局）副局长施卫兵出席开班仪式。来自苏州市青年商会，各市、区青年商会，青年企业家协会，青年创业促进会的80余名青年企业家参加培训。

9月7日—11日，共青团中央维护青少年权益部主办的2020年中长期青年发展规划工作专题培训班在苏州举办。

16日，苏州市少工委七届四次全会暨苏州市少先队工作学会2019年年会召开。会议对张家港市锦丰中心小学等5个"2019年度苏州市少先队工作示范学校"、张家港市港区小学等10个"2019年度苏州市少先队工作先进学校"进行表彰，为"匡慧娟名辅导员工作室"等4个第二批"苏州市少先队名辅导员工作室"和"李静琴优秀辅导员工作室"等6个"苏州市优秀辅导员工作室"进行授牌。

22日，由中共中央宣传部、共青团中央、中央军委政治工作部联合主办的"青春在战疫中绽放"全国宣讲团首站来苏，在张家港市沙钢集团、沙洲职业工学院与一线产业工人和高校学生开展面对面分享活动。共青团中央宣传部部长景临出席

"青春在战疫中绽放"全国巡回宣

宣讲活动。

23日，"绽放战疫青春·坚定制度自信"宣讲暨青年讲师团全市行走进相城活动在江苏省相城中等专业学校举办。共青团苏州市委副书记汤宁，共青团相城区委书记李婧祎、副书记徐秋出席活动。

27日，由共青团苏州市委、市总工会、市文广旅局、市农业农村局联合主办的青筑梦——苏州市青年苏作工艺展在市第二工人文化宫开幕，展出苏州36名、省内兄弟城市15名青年手工匠人近百件代表作品，涵盖刺绣、核雕等16个工艺门类。

10月2日，"青聚团圆夜 联颂家国情"2020年苏州市青年联合会"度中秋·庆国庆"主题活动举行。

9日—10日，共青团苏州市委、市教育局、市少工委在苏州市教师发展学院联合举办2020年苏州市少先队骨干辅导员培训班。共青团江苏省委中少部部长、省少工委副主任张志方，共青团苏州市委副书记方芳（主持工作），中共苏州市委教育工委副书记、市少工委主任徐卫出席开班仪式。

10日，由苏州工业园区海关、共青团苏州市委、市青年商会共同主办的"对话青商 走进海关"活动举办。

11日，"寻访吴地文化，传承苏式手作"青年匠心课堂活动在独墅湖畔开幕。

24日，长江商学院接力班对话苏州青商交流座谈会活动成功举办。共青团苏州市委副书记汤宁，接力长江：新生代商业领袖营8期班班主任岳琦，苏州市青年商会副会长、海锋集团有限公司董事长吴伟锋出席活动。苏州市青年商会新生代企业家代表，接力长江：新生代商业领袖营8期班的学员等共70余人参加活动。

27日，"星艺联——青年手工艺人与设计师"面对面暨苏州共青团第四期"青社学堂"成功举办。苏州市新兴青年联盟联席会成员，联盟小组组长，秘书长代表和各市、区的青年手艺人代表，文化创意工作者代表近30人参加活动。

本月，苏州市吴中区"零点行动"志愿服务队被评为全国抗击新冠肺炎疫情青年志愿服务先进集体。

11月2日，"融入长三角 聚力高质量"苏州铜陵青年企业家共融发展交流座谈会在苏州召开。共青团铜陵市委书记方小雄、副书记王之莉，共青团苏州市委副书记汤宁,苏州市青年商会会长、苏州金宏气体股份有限公司董事长兼总经理金向华,铜陵市青年企业家协会会长、铜化集团副董事长、副总经理姚程及苏州铜陵两地青年企业家代表等30余人参加活动。

12日,共青团苏州市委、市教育局、市学生联合会联合开展苏州市第二届中学中职学校微团课大赛。

13日,由共青团苏州市委、市教育局、市少工委联合举办的苏州市少先队辅导员少先队活动辅导技能展示活动在市青少年活动中心举办。

23—24日,共青团苏州市委工作人员一行赴上海、杭州两地开展长三角团青工作学习调研暨"融入长三角 聚力高质量"2020沪苏杭青年企业家共融发展交流活动。

27日,"融入长三角 聚力高质量"苏州—泰州青年企业家共融发展交流座谈会在苏州召开。共青团泰州市委书记翟文周,共青团苏州市委副书记汤宁,泰州市青年商会会长、泰州经济开发区经济开发有限公司董事长史金诚,苏州市青年商会会长金向华及苏州泰州两地青年企业家代表等近30人参加活动。

同日,"青春留苏"——"百校千企万岗"大学生就业帮扶"送岗直通车"直播荐岗活动(苏州专场)在苏州经贸职业技术学院举办。

首届长三角青年社会组织高峰论坛

12月3日,首届长三角青年社会组织高峰论坛在昆山举行。来自长三角主要城市的团干部、专家导师、青年社会组织代表等近200名嘉宾集聚一堂,围绕"突发公共事件背景下青年社会组织的推动与发展"主题,深入探讨如何做好长三角一体化背景下青年社会组织发展的大文章。

7日—11日,共青团苏州市委联合中共苏州市委组织部、中共苏州市委党校赴改革开放"起锚地"深圳举办2020年苏州市优秀团干部和青年人才培训班。来自全市各级团组织的70余名共青团干部和青年人才参训。

12日,2020苏作文创峰会在吴中博物馆举行。共青团江苏省委社联部

（志工部）部长汤江林，共青团苏州市委副书记（主持工作）方芳、副书记王超，以及来自长三角主要城市和"苏青S+"江苏省新兴青年群体联盟非遗小组的青年手艺人代表参加活动。

16日，苏州共青团"四史"学习教育动员部署会召开。共青团苏州市委副书记（主持工作）方芳出席会议并讲话。

17日—18日，共青团江苏省委书记司勇一行来苏调研，深入了解苏州共青团助力就业创业、乡村振兴及青少年思想引领工作情况。共青团苏州市委副书记（主持工作）方芳等陪同调研。

18日，"青春四进[1] 建功乡村"苏州共青团助力农业农村现代化工作推进会召开。共青团江苏省委书记司勇、中共苏州市委副书记朱民、苏州市农业农村局局长吴文祥、共青团苏州市委副书记（主持工作）方芳等相关领导，以及各市（区）团（工）委副书记、青发部负责人、苏州市农村青年创新创业联合会会员、部分农村青年代表共计150余人参加活动。

"青春四进 建功乡村"青商企业村企联建项目签约

同日，2020亚布力青年论坛第六届创新年会在昆山举行。该论坛致力于汇聚时代先锋青年，共同探讨新时代下的机遇与挑战，推动国家和社会的发展。

24日，苏州市青年联合会—金泽市青年会议所第二十七次工作会议在苏州御窑金砖博物馆召开。苏州市青年联合会副主席蒋妍，苏州市人民政府外事办公室副主任洪军，金泽市青年会议所理事长鹤山雄一、下一年度理事长中岛雄一郎及双方青年企业家代表等参加会议。

28日，共青团苏州市委、市市场监督管理局、市青年商会共同举办"对话青商 走进市场监督管理局"活动。共青团苏州市委副书记（主持工作）方芳，市市场监督管理局局长、党组书记虞伟，副局长施卫兵，市青年商会会长金向华等出席活动。

---

[1] 青春四进：青商企业进乡村，青年人才进乡村，青融资本进乡村，青年风尚进乡村。

本月,张家港市第二中学少先队员陆奕帆、苏州高新区秦馀小学少先队员张南北等2人荣获"全国优秀少先队员"称号。苏州工业园区星湾学校大队辅导员郭含霁荣获"全国优秀少先队辅导员"称号。苏州市相城区黄桥实验小学少先大队、昆山市玉峰实验学校六(6)钧钧中队等2个集体荣获"全国优秀少先队集体"称号。苏州大学"行之有声"志愿服务团队"i辉印筑梦计划"荣获第五届中国青年志愿服务项目大赛金奖。

本年,共青团苏州市委建设"一网三库N项目"的青少年"立体关护"服务体系,包含构造一张"组织网"(部门横向联动、网格纵向贯通、阵地多维服务),建设三个"支持库"(专门信息库、专业力量库、专项资金库),开展N个"项目群"("成长护航工程"、特色主题活动、个案帮扶项目),建设青少年"立体关护"信息服务平台,录入重点青少年服务信息11万余条,打造"青春维权港湾"实体阵地,推动市域社会治理现代化。"一网三库N项目"的青少年"立体关护"服务体系在全省推广,并被纳入苏州市域社会治理现代化"八心"工程。

本年,共青团苏州市委建设"小蜜蜂""河小青"等青年志愿服务品牌。培育市级志愿讲师75人,招募市级志愿者500人,开展垃圾分类宣讲互动557场次、直播10场,线下服务1.5万余人次,线上服务超过15万人次。"小蜜蜂"成为苏州市助力环境保护、社会治理的青年志愿品牌。

本年,共青团苏州市委实施"梦想改造+"计划。聚焦全市"事实孤儿"、农村困境留守儿童等重点困境青少年群体,完善全市"事实孤儿"数据库,建设"梦想小屋",由1名团干部、1名少先队辅导员、1个社会组织结对联系1名"事实孤儿",每

"梦想改造+"项目前后对比

年定期组织"暖冬计划""悦读计划"等6项关爱活动,构建"1+3+6"关爱服务体系,探索物质帮助和精神关爱有机结合的帮扶模式,改善困境青少年成长环境。全年完成10户"事实孤儿"试点家庭"梦想小屋"改造。

本年，共青团苏州市委实施"信仰公开课"计划，组织全市高校开展"信仰公开课——战'疫'云讲演"线上活动，将疫情"危机"转化为思想政治引领"契机"。全市25所大专院校开展"信仰公开课"2149场，覆盖23万人次。

本年，全市有1 312个个人和集体获评共青团中央、共青团江苏省委荣誉，其中125个个人和集体获评2019年度全国、全省"两红两优"［五四红旗团委、五四红旗团支部（团总支），优秀共青团员、优秀共青团干部］。江苏永钢集团有限公司党委书记、总裁吴毅获第15届"江苏青年五四奖章"，亨通葡萄牙海上风力输电项目团队获"江苏青年五四奖章（集体）"，苏州大学附属儿童医院支援湖北黄石青年突击队等15个青年集体、周琴等9名团员被共青团江苏省委通报表扬。共青团苏州市委开展践行"新时代苏州共青团奋斗精神"线上系列活动，全市选树366个个人和集体典型代表，相关事迹线上访问总量超过560万人次。

2021

1月15日，共青团苏州市委开展暖冬走访慰问活动，为困境青少年家庭送上"青春福袋"和新春祝福。

22日，共青团苏州市委积极响应共青团江苏省委的动员部署，聚焦以"事实孤儿"为重点的困境青少年群体，发布《关于实施苏州市"梦想改造+"关爱计划的通知》。

23日，苏韵·缤纷——青年手工艺者联展在苏州博物馆拉开帷幕。苏派鸟笼、玉石雕刻、铜炉铸造3类工艺精品联袂展出。

26日，共青团苏州市委、市学生联合会联合举办苏州市高校团委书记联合团支部第四次会议，在全市大专院校团组织中全面推进思想大解放、改革再出发、工作大落实，努力推动全市高校共青团和学生联合会、学生会工作取得新发展。18所在苏大专院校团组织负责人参会，共青团苏州市委副书记（主持工作）方芳、副书记蒋妍出席会议并讲话。

28日，苏州市人大常委会副主任缪红梅一行调研苏州共青团工作，进一步了解共青团基层团组织建设、青少年权益维护和服务青少年发展工作情况。姑苏区副区长李忠、姑苏区人大常委会副主任张友民、共青团苏州市委副书记（主持工作）方芳等陪同调研。

2月1日，共青团苏州市委开启"青享'家'节、快乐留苏"团团陪你过大年新媒体主题活动，在微信、微博、抖音平台同步上线。

3日，苏州市禁毒办会同市教育局、市司法局、市人社局、市城管局、市文广旅局、市工会、市团委、市妇联等共同开展"苏州禁毒社工形象创意设计大赛"暨全民禁毒宣传系列活动。

19日，中共苏州市委副书记朱民一行赴共青团苏州市委调研座谈，听取共青团苏州市委2021年度重点工作及"爱心暑托班"实事项目等相关情况的汇报。

3月1日，"一线有我 号队出列"青春建功行动助力全省重大项目建设动员会苏州分会场活动在南京大学苏州校区项目部召开。

4日，"对话青商"数字经济赋能两化生根伙伴计划首场专题活动举办。

5日，共青团苏州市委主办的"江南文化·青志护河"——苏州大运河保护青年志愿服务主题活动在水陆盘门正式启动。20日，共青团苏州市委开展"江南文化·青志护河"集中服务日活动，推动运河文化带"最精彩一段"建设，共同为"江南文化"赋能添彩。

12日，共青团苏州市委十九届九次全体（扩大）会议召开。大会传达学习中共苏州市委十二届十一次全会、共青团十八届五中全会和共青团江苏省委十五届六次全会精神，共青团苏州市委副书记（主持工作）方芳做了题为《新阶段新征程新作为 奋力扛起打造"最美窗口"的青春使命 为苏州建设社会主义现代化强市不懈努力奋斗》的工作报告。

17日，共青团苏州市委召开党史学习教育动员会议，引导党员干部深入学习贯彻习近平总书记在党史学习教育动员大会上的重要讲话精神，认真落实共青团江苏省委和中共苏州市委工作部署，高质量开展好机关党史学习教育，不断开创苏州市共青团工作新局面，奋力扛起打造"最美窗口"的青春使命，为苏州建设社会主义现代化强市贡献青春力量。

27日,苏州市"梦想改造+"关爱计划暨青匠BOX爱心公益专场活动在苏州中心举行。

4月21日,共青团苏州市委、市文明办、市教育局、市少工委联合举办第九届苏州市少先队员形象大使"苏苏""州州"选拔活动决赛。小选手们通过演讲等才艺展示自我,用精彩的表演展现出当代苏州少先队员们朝气蓬勃的精神面貌和出众的艺术才华。

22日—23日,共青团江苏省委在苏州举办2021年省级新兴青年群体联盟第一期"青社学堂"暨"苏青S+"江苏省新兴青年群体联盟第一届理事会第三次会议。共青团江苏省委社会联络部(志工部)部长汤江林,共青团苏州市委副书记王超、翟维佳,"苏青S+"江苏省新兴青年群体联盟会员代表及各设区市新兴青年工作负责人共60余人参加现场活动。

苏州市青年科技人才协会成立仪式

27日,苏州市青年科技人才协会成立仪式在市科技服务中心举行。协会由共青团苏州市委主管,旨在凝聚全市青年科技人才,团结和动员广大青年科技人才为苏州建设社会主义现代化强市贡献青春力量。共青团苏州市委副书记(主持工作)方芳主持仪式。

29日,苏州市举办"学党史、强信念、跟党走"主题团日活动。中共江苏省委常委、中共苏州市委书记许昆林出席活动并讲话。启动"百年征程 青学党史"主题活动、青年科技创新"攀峰行动"和助力营商环境"团建助企"专项行动,发布"江南文化苏作青春"系列活动和《苏州市"十四五"青年发展规划》。举办党史学习教育中共苏州市委宣讲团宣讲报告会(共青团和青联专场),中共苏州市委宣讲团成员、苏州科技大学马克思主义学院党委副书记、副院长肖建做了宣讲报告。

本月,"创艺家"空间、长三角青年手工匠人发展基地入选共青团中央第一批江苏省新兴青年群体"筑梦空间"活动阵地。

5月20日，共青团苏州市委、市青年商会走进市人社局，举行"对话青商走进人社"优化营商环境恳谈会。

21日，苏州青年话剧社团联盟成立暨第四届"东方慧湖杯"大学生话剧节开幕式活动在独墅湖影剧院举行。此联盟旨在推动本土青年戏剧发展和苏州文化演艺事业繁荣。

22日，苏州各级团组织集中开展"青年议事会——我听青年说诉求"实践活动，有序推进"联青解忧——我为群众办实事"主题实践活动。

30日，中共苏州市委网信办、共青团苏州市委举行"E心向党别样红"网络主题宣传思享汇暨"红五卅"红色街区沉浸式剧本游首发式。

本月，苏州大学医学部放射医学与防护学院副院长、教授、博士生导师王殳凹荣获"中国青年五四奖章"；江苏恒力集团有限公司团委、苏州市住房和城乡建设局团委荣获"全国五四红旗团委"称号；苏州工业园区斜塘街道人力资源和社会保障服务所团支部荣获"全国五四红旗团支部（团总支）"称号；苏州农业职业技术学院团委书记吴春花，苏州大学附属第一医院团委书记、新疆生产建设兵团石河子市人民医院党委委员及副院长田一星荣获"全国优秀共青团干部"称号；普美航空制造（苏州）有限公司编程工程师唐铖、苏州中学2018级学生阎润荣获"全国优秀共青团员"称号；苏州蛟视智能科技有限公司董事长、总经理黄帆，苏州市王森国际咖啡西点西餐学院教师蔡叶昭荣获"江苏青年五四奖章"。

6月2日，"永远跟党走 奋进新时代——'江苏青年五四奖章'获奖者（集体）事迹分享会（苏州）"举办。第十五届"江苏青年五四奖章"获奖集体亨通葡萄牙海上风力输电项目团队成员代表、第十六届"江苏青年五四奖章"获奖者王森国际咖啡西点西餐学院教师蔡叶昭和苏州蛟视智能科技有限公司董事长、总经理黄帆做分享报告。

3日，共青团苏州市委在市青少年活动中心召开学习座谈会。会议学习贯彻习近平总书记给淮安市新安小学五（8）中队少先队员的回信精神。

9日，"进百家青企 讲百年党史"党史学习教育宣讲活动暨共青团服务青企青创"百家行"活动启动仪式在苏州金宏气体股份有限公司举办。

10日—11日，国家中长期青年发展规划专家委员、对外经济贸易大学教授廉思,共青团中央权益部研究协调处处长张豪,共青团中央宣传部传播处副处长钟亚楠一行来苏进行青年群体调研并开展座谈。

11日,2021年苏州市爱心公益暑托班新闻通气会召开。为帮助青少年度过快乐又有意义的温馨假期,以在苏务工青年双职工家庭子女为主,兼顾困境青少年群体(主要包括事实无人抚养儿童、生活困难的未成年人等),一般为7—12周岁的小学在校生服务的苏州市爱心公益暑托班于6月15日开启线上报名。

19日,"智汇太仓 科创未来"首届全球高校创新创业大赛开幕式在太仓成功举办。此次大赛进一步深化青年创新创业工作。

21日,共青团苏州市委、中共苏州市委党校联合举办苏州市"红色青年讲师团"选拔赛决赛。

23日,"我们该做怎样的青年"信仰公开课巡讲暨苏州市"红色青年讲师团"正式启动。

28日,苏州市政协共青团、市青年联合会界别组就高新区(虎丘区)青年创新创业工作开展专题调研。共青团苏州市委副书记(主持工作)方芳,市政协副主席、党组副书记俞杏楠等应邀出席活动。

30日,首届"苏州青年艺术节"开幕式暨"美丽七月"交响音乐会在李公堤文创街区中心广场举办。

7月2日,第一期长三角港澳青年国情研习班在苏州干部学院开班。39名在沪、苏工作学习的港澳青年参加本期研习班。香港特区政府驻上海经济贸易办事处主任蔡亮,中共苏州市委统战部副部长、市侨联党组书记金国强,苏州市港澳办党组副书记、副主任魏书杰,共青团苏州市委副书记(主持工作)、市青年联合会副主席方芳等出席开班仪式。

9日,以"四海英才汇江苏 科技报国创未来"为主题的海外学人回国创业周暨"青年科技成果直通车"(苏州站)活动在苏州举办。活动现场启动2021海外学人回国创业周活动和江苏海归青年创业大赛,为中国青年科技产业创新(苏州)基地揭牌,并为"江苏青年科创服务团"(苏州站)专班组成员颁发聘书。共青团中央统战部部长、全国青年联合会秘书长刘爱平,共青团江苏省委副书记、省青年联合会主席张迎春,中共苏州市委副书记朱民,共青团苏州市委副书记(主持工作)、市青年联合会副主席方芳等领导及省、市青年

海外学人回国创业周暨"青年科技成果直通车"（苏州站）活动

联合会委员，市青年科技人才协会会员，青年科技工作者，创新创业青年代表共计170余人出席活动。

11日，"赢在苏州 创赢未来"第十三届苏州青年精英创业大赛决赛暨颁奖仪式举行。苏州市副市长杨知评出席活动并讲话，共青团江苏省委副书记潘文卿为一等奖项目颁奖。

14日—16日，共青团苏州市委联合市委党校举办苏州市2021年度新上岗团干部暨非公企业团组织书记培训班。来自全市机关、非公企业、学校、乡镇（街道）等各基层团组织的近90名新上岗团干部参训，全市200名非公企业团组织书记在各地分会场参训。

22日，苏州市青年工作联席会议联络员会议暨青年发展工作座谈会召开。共青团苏州市委副书记王超，国家中长期青年发展规划专家委员、对外经济贸易大学教授廉思，苏州市青年工作联席会议全体成员单位联络员，以及青年发展型城市调研课题组成员参加会议。

8月25日，苏州市"小蜜蜂"专项志愿服务队开展"低碳节能·小蜜蜂在行动"主题活动。该项活动同时也是苏州市2021年节能宣传周和低碳日活动之一。

同日，共青团苏州市委、市青年商会举行"对话青商走进双创中心"暨苏州市领军人才联合会与苏州市青年商会协同创新交流会。

30日，中共苏州市委宣传部（文明办）、中共苏州市委网信办、共青团苏州市委、市青年联合会共同启动2021年度"苏州好青年"评选活动。活动共收到来自全市各行各业的331名青年的组织推荐和个人自荐申请，经过集中审核和筛选，158名事迹突出者作为候选人参与网络展示，最终李玲玲等100人获评2021年度"苏州好青年"。上线活动总浏览量达141.15万人次，39.54万人次参与活动。

本月,张家港农村商业银行小微金融事业部等2个集体荣获第20届全国"青年文明号"称号。

9月6日,共青团苏州市委副书记王超、翟维佳,市青年商会特友会成员包晓健,市青年商会副会长沈中明、季华勇、朱夕枫一行16人赴拉萨市林周县考察交流,并召开座谈会。

7日,十二届苏州市委第211次常委会研究决定,方芳任共青团苏州市委书记。

16日,"对话青商 助力发展"长三角青年企业家座谈会召开。中共相城区委书记季晶,中共相城区委常委、宣传部部长管傲新,共青团苏州市委副书记翟维佳出席活动。

17日,共青团苏州市委举办《苏州共青团与青年运动史事编年》（出版时名为《青春永燃——苏州共青团史事编年》）编撰启动仪式。中共苏州市委副秘书长、市档案局局长、市档案馆馆长祁立春,共青团苏州市委书记方芳,中共苏州市委党史学习教育第八巡回指导组、中共苏州市委党史工办、市档案馆、市地方志办、苏州大学图书馆等单位领导和专家出席活动。编撰小组全体成员,市大专院校团组织,各市级行业团工委负责人参加活动。

29日,苏州市青少年"立体关护"服务体系推进会暨"共青团+网格化"项目对接会召开,加快苏州市青少年"立体关护"服务体系建设。

10月14日,以"智汇长三角 科创新未来"为主题的2021中国长三角青商高峰论坛在苏州开幕。共青团中央书记处书记傅振邦出席开幕式并讲话,中共江苏省委常委、中共苏州市委书记许昆林出席活动并致辞。在论坛开幕式上,集成电路、生物医药、新能

2021中国长三角青商高峰论坛

源汽车、人工智能四大长三角青商产业创新联合体正式成立,共汇聚88家长三角青商企业,将通过产业链整合、上下游互动、产学研合作等方式,推进关键技术联合攻关和成果转化,用科技创新赋能长三角地区绿色发展。现场共有18个合作项目签约,项目预计投资总额近60亿元,涵盖高端制造、生物医疗、大数据、物联网等多个领域。三省一市团委、青年商会(青年企业家协会)共同发起的长三角青商"市县行"活动正式启动。首站活动于15日走进张家港。位于苏州的"长三角青商会客厅"也正式启动建设,建成后将成为长三角青年企业家开展项目路演、投融资对接、科创交流等活动的专属阵地。

16日,中共苏州市委宣传部、市委网信办、共青团苏州市委联合主办的苏州市青年新媒体联盟暨互联网行业团工委成立仪式在苏纶场举行,强化宣传工作的创新发展,提升新媒体资源对全市青年的传播力、影响力、服务力。

20日,共青团苏州市委举办苏州共青团"团建助企"专项行动工作推进会暨"聚力同心 普惠万家"服务活动。共青团江苏省委组织部部长夏威,中共苏州市委组织部副部长、党建办主任周春良,共青团苏州市委书记方芳等出席活动。全市非公企业代表、"团建助企"服务团代表、各直属团组织负责人等共150余人参加。

26日,昆台"科创青年说"主题活动暨"青春赋能智造 引领数字未来"主题青年研习会举办。此次研习会吸引昆台青年创业者代表近100人参加,有利于推动昆山数字经济的发展。

11月1日,苏州"手绘乡村"青年志愿服务助力乡村振兴工作在昆山市张浦镇金华村启动。苏州各市、区团(工)委负责人参观示范村金华村。

11日下午,共青团苏州市委召开各市区团委书记联合团支部第二十三次会议。会议进一步深入贯彻落实苏州市第十三次党代会精神,推进本年度苏州共青团和青年工作。

19日,共青团苏州市委举办专题理论学习中心组(扩大)学习研讨会暨主题党日活动,学习领会《中共中央关于党的百年奋斗重大成就和历史经验的决议》(简称《决议》),习近平总书记关于《决议》的说明,以及共青团中央、共青团江苏省委、共青团苏州市委关于学习贯彻党的十九届六中全会精神相关要求。

本月，昆山市青年志愿者协会荣获第十三届中国青年志愿者优秀组织奖。

12月2日下午，共青团苏州市委召开全市共青团系统学习贯彻江苏省第十四次党代会精神专题会议，进一步传达学习贯彻江苏省第十四次党代会精神，以及中共苏州市委学习贯彻江苏省第十四次党代会精神的相关要求。

10日下午，共青团苏州市委举行学习贯彻党的十九届六中全会精神中共苏州市委宣讲团报告会（共青团和青联专场）。

17日上午，共青团苏州市委召开理论学习中心组（扩大）12月学习研讨会。

31日，"请党放心 强国有我"——苏州市青少年党史学习教育主题分享会在苏州保利大剧院举办。全市100多所学校的学生代表及青年代表，通过线上线下互动的方式，大声地向党和祖国宣誓，争当社会主义建设者和接班人，争做担当民族复兴重任的时代新人。

本月，共青团苏州市委"江南文化·青志护河"——苏州大运河保护青年志愿服务主题行动项目荣获全国第十届"母亲河奖"绿色项目奖。

本年，《新时代背景下苏州新职业青年社会参与的路径研究》获评共青团中央"共青团与人大代表、政协委员面对面"主题调研活动"全国地市级一类调研报告"。

2022

1月10日，苏州市青年新媒体联盟承办的苏州市青年新媒体联盟第一次全体会议暨"青春苏州e起购"启动仪式成功举办。共青团江苏省委副书记张迎春，共青团江苏省委新媒体中心主任卜路，中共苏州市委副秘书长祁立春，中共苏州市委网信办副主任李天德，市商务局副局长张皓，共青团苏州市委副书记翟维佳，苏州大学传媒学院党委副书记、副院长宋海英，苏州大学传媒学院教授陈一出席本次活动。

17日，共青团苏州市委召开2021年度苏州市"立体关护·成长护航"工程示范项目评审会。

18日，由共青团苏州市委、市青年联合会、市青年商会、市青少年发展基金会联合主办的2022年苏州共青团"暖冬行动"启动仪式暨"梦想改造+"关爱计划公益分享会在苏州市燃气大厦举行。

团旗飘扬在疫情防控一线

3月10日，共青团苏州市委十九届十次全体（扩大）会议顺利召开。中共苏州市委副书记、政法委书记黄爱军出席会议并讲话。大会传达学习中共苏州市委十三届二次全会、共青团十八届六中全会和共青团江苏省委十五届七次全会精神，共青团苏州市委书记方芳做题为《扛起新使命 谱写新篇章 在苏州建设社会主义现代化强市新征程上贡献青春力量》的工作报告。

本月，共青团苏州市委获评"全国青少年普法教育先进集体"。

3月—5月，苏州积极发挥团组织在疫情防控中的生力军作用，广泛动员青年志愿者投身疫情防控一线。

4月，苏州系统医学研究所所长助理、免疫平台主任、研究员、博士生导师马瑜婷，苏州蛟视智能科技有限公司董事长、总经理、正高级工程师黄帆荣获"中国青年五四奖章"。江苏永钢集团有限公司团委、苏州工业园区独墅湖科教创新区团工委荣获"全国五四红旗团委"称号。昆山市张浦镇金华村团支部、苏州工业园区菁华社区团支部、苏州大学苏州医学院2017级临床儿科团支部荣获"全国五四红旗团支部（团总支）"称号。昆山市千灯镇招商服务中心团支部书记、千灯镇团委委员周波，苏州市公安局姑苏分局团委组织委员王君，苏州高新技术创业服务中心团委书记沈思含荣获"全国优秀共青团干部"称号。吴中区城南街道办事处工作人员蒋晓龙，国家知识产权局专利局专利审查协作江苏中心审查员孟阳，苏州震纶生物质纤维有限公司副厂长张东升荣获"全国优秀共青团员"称号。苏州市青年新媒体联盟执行会长、苏州翰云科灵网络信息服务有限公司总经理纪文翰，追觅科技（苏州）有限公司首席执行官俞浩，亨通集团有限公司副总裁崔巍，苏州能讯高能半导体有限公司技术副总裁裴轶荣获"江苏青年五四奖章"个人荣誉。国网苏州供电公司"电博士·动态防雷"青年集体，苏州市消防救援支队特勤大队三站荣获"江苏青年五四奖章"集体荣誉。

4月—5月，共青团苏州市委、市"12355"青少年服务中心、市广电总台新闻广播、市广电总台生活广播共同打造——"健康守护 伴你成长" 苏州"12355"青少年"立体关护"云课堂共3期。

5月4日，共青团苏州市委举办"喜迎二十大 永远跟党走 奋进新征程"主题云团课。

5日，由共青团苏州市委出品的建团百年主题曲《青春永燃》火热上线。

10日，共青团苏州市委组织市各级团组织收看庆祝中国共产主义青年团成立100周年大会。

15日，苏州市举行学习贯彻习近平总书记在庆祝中国共产主义青年团成立100周年大会上的重要讲话精神座谈会。中共苏州市委书记曹路宝出席座谈会并讲话，中共苏州市委常委、秘书长潘国强，市人大常委会党组成员杨知评，市政协副主席程华国，市有关部门负责人、各界青年代表参加座谈会。会前，市领导与"中国青年五四奖章"、"江苏青年五四奖章"、全国"两红两优"荣誉苏州获得者代表合影。会上，共青团苏州市委负责同志和青年代表做交流发言。

苏州市学习贯彻习近平总书记在庆祝中国共产主义青年团成立100周年大会上的重要讲话精神座谈会

18日，共青团苏州市委召开全市各界青年座谈会。共青团苏州市委书记方芳出席会议并讲话，共青团苏州市委副书记蒋妍、王超、翟维佳，以及全市共青团、青年联合会、学生联合会等各界青年代表参加会议。

19日，苏州市少工委七届六次全会顺利召开。会议以视频会议形式进行，苏州市少工委设主会场，各市（区）少工委设分会场。共青团苏州市委书记方芳、市委教育工委副书记徐卫出席会议并讲话。

30日，由共青团中央、全国青年联合会指导，共青团江苏省委、江苏省青年联合会、共青团苏州市委、苏州市青年联合会主办，国网苏州供电公司团委承办的"喜迎二十大 永远跟党走 奋进新征程"青年五四奖章分享会（苏州）成功举办。共青团苏州市委书记方芳、副书记王超，国网苏州供电公司党委书记李瑶虹、纪委书记和工会主席施晨出席活动。

苏州人才招引系列活动暨"校园苏州日"启动仪式

6月10日，苏州人才招引系列活动暨"校园苏州日"启动仪式举行。仪式上发布一揽子"青春大礼包"，并向海内外青年人才发出诚挚邀约。中共苏州市委常委、组织部部长祁松，副市长查颖冬，市政协副主席张东驰出席活动。活动还特别邀请上海市教育委员会副主任倪闽景线上出席并致辞，并通过新华日报交汇点、引力播和看苏州等平台面向海内外高校同步直播，直播累计观看超40万人次。

14日，共青团苏州市委和市工商联围绕新时代加强年轻一代企业家教育培养工作主题召开座谈会。市政协副主席、市工商联主席周俊出席并讲话，共青团苏州市委书记方芳做工作汇报。市工商联副主席吕瑾，市工商联党组成员、秘书长申霖参加座谈。

23日，共青团苏州市委、市青年联合会、市青年商会、市青年科技人才协会走进市中级人民法院开展"'青'心聚力 护航发展"——苏州青年法官、青年企业家互动分享会。市中级人民法院党组书记、院长蔡绍刚，共青团苏州市委书记方芳出席活动并致辞。市中级人民法院政治部主任徐海、共青团苏州市委副书记蒋妍出席活动。

28日，中国少年先锋队苏州市第八次代表大会开幕。中共江苏省委常委、中共苏州市委书记曹路宝致贺信。中共苏州市委副书记、政法委书记、市少工委名誉主任黄爱军在

中国少年先锋队苏州市第八次代表大会开

会上宣读贺信并讲话。共青团江苏省委副书记、省少工委主任熊俊在开幕会上致词。中共苏州市委常委、宣传部部长金洁，市人大常委会党组成员杨知评，副市长季晶，市政协副主席程华国出席会议，并为江苏省优秀少先队员、少先队辅导员和苏州市优秀少先队员、少先队辅导员标兵代表颁奖。会议审议并通过市第七届少工委工作报告，选举产生市第八届少工委。大会结束后，召开市少工委八届一次全会，选举共青团苏州市委书记方芳、中共苏州市委教育工委副书记徐卫为新一届市少工委主任。

29日，共青团苏州市委、苏州大学领导等一行赴黔看望苏州大学第23届"惠寒"研究生支教团贵州分队成员。

6月29日—7月1日，2022年度苏州市新上岗团干部暨市"青马工程"企业班学员、非公企业团组织书记培训班顺利开班。

本月，苏州、张家港分别入选全国青年发展型城市建设试点名单和全国青年发展型县域试点名单。

本月，《苏州市青年群体租房现状及压力缓解路径研究调研报告》获评共青团中央"共青团与人大代表、政协委员面对面"主题调研活动"全国地市级一类报告"。

7月1日，共青团苏州市委机关党总支召开全体党员大会，按照组织程序进行机关党总支换届选举，选举产生新一届党总支委员会。

5日，苏州市政协共青团、青联界别组赴张家港调研青年志愿服务助力全国文明典范城市创建工作。苏州市政协副主席程华国、社法委主任蒋亚亭、社法委副主任桑梅琴，共青团苏州市委书记方芳、副书记蒋妍参加活动。张家港市政协党组副书记、副主席陈世海，共青团张家港市委书记季晓阳等陪同调研。

6日，以"苏州新兴青年文化创艺集合首店"为核心定位打造的苏州青匠BOX体验店正式启用。

6日—8日，共青团中央权益部研究协调处处长张豪、政策法规处副处长肖磊一行，来苏州专题调研青年发展型城市建设试点工作。共青团江苏省委权益部部长韦雷军、副部长钱辰和共青团苏州市委书记方芳、副书记王超等陪同调研。

8日，"益青春·筑梦想"——苏州市垃圾分类创益项目大赛决赛在市青少年活动中心举行。相城区小青团社工服务中心带来的苏州市"小蜜蜂"垃圾分类宣讲志愿服务项目夺得一等奖。

2022年度苏州市青少年暑托班——中建四局园区新扬产业园项目部办班点

11日,苏州市民生实事项目——2022年度苏州市青少年暑托班正式开班。

同日,"赢在苏州 创赢未来"第十四届苏州青年精英创业大赛决赛暨颁奖仪式顺利举行。共青团江苏省委副书记熊俊,苏州市副市长季晶,共青团苏州市委书记方芳,中共苏州市委党建办副主任郭静,市人社局二级调研员孙伟,市科技局副局长张婷秀,苏州银保监分局党委委员、副局长常帅,共青团苏州市委副书记蒋妍,《苏州日报》报业集团党委委员、副总编辑张波,市农业农村局产业化处二级主任科员李建明参加活动。大赛还邀请行业专家评委,各县(市)、区团委和"苏青C空间"负责人,参赛团队和各大媒体代表等100余人参加。

14日,2022年名校优生来苏暑期实习活动启动会在相城区相融大厦路演大厅顺利举办。

18日,共青团苏州市委副书记王超带领市青年商会企业家赴山东济南考察学习。共青团济南市委书记张熙、副书记孙华陪同考察。

19日,苏州市人大常委会党组成员杨知评、市人大社会建设委员会主任委员吴菊铮、市人大教科文卫工委科教工作处处长唐诗一行,专题调研苏州市青少年暑托班工作。

19日—20日,共青团苏州市委书记方芳率苏州市青年企业家代表赴宿迁考察交流。共青团苏州市委书记方芳、共青团宿迁市委书记何川出席活动并讲话,苏州市青年商会会长、苏州金宏气体股份有限公司董事长金向华介绍苏州市青年商会相关情况,苏宿园区党工委委员、管委会副主任余成林做招商政策推介,两地青年企业家共计40余人参加活动。

20日,由中共苏州市委宣传部、中共苏州市委教育工委、共青团苏州市委、苏州广电总台主办，共青团苏州高新区（虎丘区）委承办的"青春礼赞新时代、青年追梦复兴路"主题宣讲暨"青春苏州说"选拔赛启动仪式在苏州创业园举行。

22日，苏州市青年工作联席会议第四次全体会议暨青年发展型城市建设试点工作部署动员会议召开。会议深入学习贯彻习近平总书记关于青年工作的重要论述精神，学习传达中长期青年发展规划实施工作部际联席会议第四次全体会议精神，部署开展全国青年发展型城市建设试点工作，专题讨论《苏州市青年发展型城市建设试点实施方案（讨论稿）》，助力新时代苏州青年工作再上新台阶。

26日，苏州市城市管理局、共青团苏州市委、《苏州日报》报业集团联合举行苏州市垃圾分类系列盲盒首发暨苏州市"小蜜蜂"垃圾分类志愿服务联盟成立仪式。

29日—30日，江苏省第二期青年马克思主义培养工程企业班来苏研学交流。共青团江苏省委组织部部长夏威、副部长王菲一行来苏州工业园区和高新区（虎丘区）参与研学，共青团苏州市委副书记王超等陪同。

8月2日，"助力产业创新集群建设，青春在行动"——苏州市青年联合会、市青年科技人才协会产学研对接暨科技成果直通车专场活动在高新区（虎丘区）举办。

3日，苏州市青农创会"会员企业走访日"暨"青禾"科技志愿队宣讲活动在苏州市迎湖农业科技发展有限公司顺利举办。

9日，共青团苏州市委召开各县级市（区）团委书记联合团支部第二十五次会议。会议传达学习省委工作会议、市委工作会议部署要求，围绕苏州共青团年度目标任务，研究下阶段全市共青团系统贯彻落实举措及工作重点。共青团苏州市委书记方芳主持会议并讲话，副书记蒋妍、王超、翟维佳，机关各部门及下属单位负责同志、各县级市（区）团委书记参加会议。

16日—18日，由共青团江苏省委主办、共青团苏州市委承办的2022年江苏省县级青年志愿者协会和骨干志愿者培训班在苏州市职业大学成功举办。

18日，2022年苏州市大学生志愿服务乡村振兴计划出征仪式在张家港市杨舍镇善港农村干部学院举行。

19日—22日，为深入了解苏州青年发展型城市建设试点工作情况，全国青联常委、国家中长期青年发展规划专家委员、中国青少年研究会副会长、中国青年志愿者协会副会长、对外经济贸易大学特聘教授廉思一行来苏州调研。共青团苏州市委书记方芳，副书记蒋妍、王超、翟维佳等陪同调研。

29日—31日，为深入了解苏州青年发展型城市建设试点工作情况，《中国青年报》社党委委员、编委兼共青团新闻中心主任黄勇一行来苏州调研。共青团苏州市委书记方芳，副书记蒋妍、王超、翟维佳等陪同调研。

30日，中共苏州市委宣传部、中共苏州市委教育工委、共青团苏州市委、市广电总台共同举办苏州市理论宣讲"青苗"培育行动计划启动仪式暨"青春苏州说"选拔赛决赛。共青团江苏省委宣传部部长董悦，中共苏州市委常委、宣传部部长金洁，中共苏州市委宣传部副部长、市新闻出版局局长黄锡明，共青团苏州市委书记方芳出席活动并启动苏州市理论宣讲"青苗"培育行动计划。

9月1日，由共青团苏州市委、市农业农村局、东吴证券股份有限公司、市青少年发展基金主办，共青团吴江区委承办的2022年苏州"手绘乡村"青年志愿服务助力乡村振兴行动暨"美好家园"慈善项目启动仪式举行。

1日—4日，在中国青年企业家协会、清华大学经济管理学院等单位共同发起下，由共青团苏州市委、吴中区政府主办，共青团吴中区委、苏州市青年商会等单位共同承办的2022年首期中国青年企业家创新训练营在太湖之畔苏州吴中成功举办。

5日，苏州市青年企业家"先锋接力"计划启动仪式暨苏州市青年商会成立20周年、苏州市青少年发展基金会成立10周年活动成功举办。共青团江苏省委副书记熊俊，共青团江苏省委希望工程办公室主任柏茂林，中共苏州市委副书

苏州市青年企业家"先锋接力"计划启动仪式暨苏州市青年商会成立20周年、苏州市青少年发展基金会成立10周年活动

记、政法委书记黄爱军，中共苏州市委常委、市委统战部部长王飏，苏州市副市长季晶，中共苏州市委副秘书长徐本，中共苏州市委组织部副部长、市公务员局局长沈玉明，市文联党组书记、副主席季珉，市贸易促进会会长、市商务局副局长徐联全，市金融局副局长孙晓江，江苏省青年商会综合部部长牛一鸣，共青团苏州市委书记室成员，市青商会历任会长、会员代表，市青基会理事代表，以及长三角地区青商会（青企协）代表等共100余人参加。

7日—9日，2022年新兴领域青年助力新经济大展暨第二届苏州青年艺术节在苏州抢抓数字经济发展的战略机遇期如期开幕。以"展"为媒，引领、凝聚活跃在

新兴领域青年助力新经济大展暨第二届苏州青年艺术节开幕

新经济新业态的新兴领域青年，助力点燃数字文化产业创新集群的高质量发展引擎。

17日，苏州市青年科技人才协会联合牛津剑桥苏浙校友会、牛津大学高等研究院（苏州）共同举办"汇聚青年科技力量 促进经济社会发展"主题交流活动。

23日，为进一步做好共青团苏州市第二十次代表大会的筹备工作，共青团苏州市委召开十九届十一次全体会议。共青团苏州市委书记室及共青团苏州市委第十九届委员会全体委员参会，会议由共青团苏州市委书记方芳主持。会议审议通过《共青团苏州市第二十次代表大会建议方案》，明确共青团苏州市第二十次代表大会的时间议程、代表名额构成和产生办法、委员会和常务委员会的组成及产生办法等事宜。

26日，共青团苏州市委以视频会议形式召开县域共青团基层组织改革工作动员部署会。会议传达学习全国、全省县域共青团基层组织改革工作动员部署会精神，研究部署苏州市县域共青团基层组织改革工作。共青团苏州市

委班子成员、机关各部门及下属事业单位负责人在主会场参会。各县（市）、区团委书记、组织条线工作负责人，各乡镇、街道团组织负责人在分会场参会。共青团苏州市委书记方芳出席会议并做动员讲话。

27日，苏州市少先队骨干辅导员培训班开班仪式暨少先队社会化工作推进会举行。会议深入学习习近平总书记关于少年儿童和少先队工作的重要论述，学习贯彻全国少工委八届三次全会会议精神，专题研究推进少先队社会化工作。共青团江苏省委中少部部长、省少工委副主任卜路出席会议并讲话。共青团苏州市委书记、市少工委主任方芳，中共苏州市委教育工委副书记、市少工委主任徐卫出席会议。

27日—29日，由共青团苏州市委、市教育局、市少工委联合主办的2022年苏州市少先队辅导员培训班开班。为期3天的培训全面提升基层少先队辅导员的政治素养和能力水平，激励少先队辅导员立足岗位建新功的干劲和信心，推动新时代苏州少先队工作不断创新发展。

29日，"青少年事务社工说"——2022年苏州青少年事务社工培训班结业展示活动在姑苏区党群服务中心开展。30余名青少年事务社工培训班学员代表参加。

本月，江苏省昆山第一中等专业学校学生周子涵荣获第21届"全国青年岗位能手"称号。

10月12日—14日，苏州市理论宣讲"青苗"培育行动计划青年宣讲员培训班顺利举办。苏州市理论宣讲"青苗"培育行动计划培育对象、市区两级青年宣讲员、市（区）团委宣传部负责人齐聚苏州市委党校，集中封闭学习、"充电赋能"。

20日，苏州市青年联合会—西全州青年会议所第三十五次工作会议在张家港江苏现代威亚有限公司成功举办。苏州市青年联合会主席方芳、副主席蒋妍，西全州青年会议所会长郑锡镇及双方代表20余人通过线上视频连线的方式参加会议。

27日，共青团苏州市委召开党的二十大精神专题学习会。会议认真传达学习党的二十大精神，研究部署全市共青团系统学习宣传贯彻党的二十大精神工作。

11月2日,中共苏州市委副书记、政法委书记黄爱军,中共苏州市委副秘书长徐本,中共苏州市委办公室副主任郭玙一行赴高新区(虎丘区)、姑苏区调研苏州市新业态新就业青年群体工作。苏州市新业态新就业青年群体学习贯彻党的二十大精神座谈会同时召开。共青团苏州市委书记方芳,姑苏区、高新区(虎丘区)相关领导陪同调研。

3日,"当好预备队 向往共青团 永远跟党走"苏州市少先队献词大赛在市青少年活动中心举行。苏州市各县级市、区和直属学校代表队的少先队员和辅导员汇聚一堂,迎接中国共产主义青年团苏州市第二十次代表大会胜利召开。

8日,苏州市青年联合会召开"学习二十大 永远跟党走 奋进新征程"苏州共青团学习宣传贯彻党的二十大精神会议(青联专场)。共青团苏州市委书记、市青年联合会主席方芳出席会议并讲话。共青团苏州市委副书记、市青年联合会副主席蒋妍主持会议并对全市各级青年联合会组织学习宣传贯彻相关工作做出初步部署。

9日,"学习二十大 永远跟党走 奋进新征程"苏州共青团学习宣传贯彻党的二十大精神会议(青年志愿者专场)顺利召开。共青团苏州市委副书记王超、市志愿者行动指导中心相关负责同志、市青年志愿者协会理事会全体成员、各市(区)青年志愿者协会负责人、各领域品牌青年志愿服务队代表及其他青年志愿者骨干代表参加会议。

同日,"学习二十大 永远跟党走 奋进新征程"苏州共青团学习宣传贯彻党的二十大精神会议(青年讲师团专场)顺利召开。共青团苏州市委副书记翟维佳出席会议并讲话,20名省、市、县三级青年宣讲员代表参加会议。

10日,"消防安全 青年当先"苏州市青商企业消防演练活动启动仪式暨青年安全微视频大赛颁奖仪式在亨通集团有限公司成功举办。

同日,"学习二十大 永远跟党走 奋进新征程"苏州共青团学习宣传贯彻党的二十大精神会议(新兴青年和团属青年社会组织专场)顺利召开。共青团苏州市委副书记王超出席会议并讲话,苏州市新兴青年联盟会长、副会长,类别组群骨干,市级团属青年社会组织代表等参加会议。

12日—19日,2022年苏州高校青年志愿者骨干培训班在江苏省青年志愿服务培训基地(苏州)成功举办。

13日，苏州市第七届中小学生自我保护情景剧决赛暨青少年生命健康主题教育活动在太仓市高新区第四小学成功举办。共青团江苏省委维护青少年权益部部长韦雷军、共青团苏州市委副书记王超等出席活动。

15日，苏州服务新业态新就业青年群体"青新聚力"行动在苏骑总驿站成功举办。

16日—17日，共青团苏州市委、市教育局、市少工委联合举办2022年苏州市少先队辅导员少先队活动辅导技能展示活动。为面向少先队员宣传解读党的二十大精神，讲好领袖故事、寻访伟大成就、畅想美好未来、争做时代新人集思广益，共同谋划推进新时代少先队工作。

17日，"学习二十大 永远跟党走 奋进新征程"苏州共青团学习宣传贯彻党的二十大精神会议（少先队专场）顺利召开。中共苏州市委教育工委副书记、市少工委主任徐卫出席会议并讲话，对各级少工委学习宣传贯彻党的二十大精神做出部署。

18日，由共青团苏州市委、市青年商会、东吴证券股份有限公司共同主办的"对话青商 走进东吴证券"活动成功举办。共青团苏州市委书记方芳、副书记蒋妍，东吴证券股份有限公司党委书记、董事长范力，东吴证券股份有限公司党委副书记、总裁薛臻，市青年商会会长、亨通集团有限公司副总裁崔巍出席活动。东吴证券股份有限公司各有关部门负责人、市青年商会会员代表等50余人参加活动。

同日，第53期苏州圆桌思享汇"青年发展型城市·苏州听你说"邀请各路嘉宾，就"苏州为何要建设青年发展型城市？""怎样建设？""着力点在哪里？""应具备哪些城市特色？""青年人有何感悟？"等话题展开讨论。

22日—24日，在共青团苏州市委指导下，市志愿者行动指导中心联合苏州市职业大学，依托江苏省青年志愿服务培训基地（苏州），成功举办2022年苏州市大学生志愿服务乡村振兴计划志愿者培训班。

25日，学习宣传贯彻党的二十大精神江苏青年讲师团示范宣讲活动走进苏州。在张家港港务集团活动现场，党的二十大代表、省市县三级青年讲师团成员、各类青年代表结合自身经历与工作实际，分享学习体会，掀起学习贯彻党的二十大精神热潮。

学习宣传贯彻党的二十大精神江苏青年讲师团示范宣讲活动走进苏州

26日,苏州市青年志愿者协会第九届会员代表大会暨九届一次理事会议在市青少年活动中心召开。

27日,苏州市青年工作联席会议办公室联合市科技、人社、商务、文广旅、体育等部门及吴中、姑苏、工业园区等县级市(区)发布全市首批青年发展型城市主题空间。

12月10日—11日,共青团苏州市第二十次代表大会在苏州市会议中心开幕。中共江苏省委常委、中共苏州市委书记曹路宝在开幕大会上讲话,强调全市各级团组织和广大青年要深入学习贯彻党的二十大精神和习近平总书记关于青年工作的重要思想,自信自强、守正创新,埋头苦干、奋勇前进,为在新征程上全面推进中国式现代化苏州新实践,努力在"扛起新使命、谱写新篇章"中争当排头兵贡献青春力量。共青团江苏省委书记司勇到会祝贺。中共苏州市委副书记、市长吴庆文,市人大常委会主任李亚平,市政协主席朱民等领导出席会议。会议通过了《中国共产主义青年团苏州市第二十次代表大会关于共青团苏州市十九届委员会工作报告的决议》,选举产生共青团苏州市第二十届委员会委员、候补委员和出席共青团江苏省第十六次代表大会代表。11日下午,举行共青团苏州市第二十届委员会第一次全体会议,选举产生共青团苏州市委新一届领导班子。方芳当选为书记，蒋妍、王超、翟维佳当选为副书记。中共苏州市委副书记、政法委书记黄爱军出席会议并讲话。中共苏州市委副秘书长徐本出席会议。

12日，结合第三届"双12苏州购物节"，共青团苏州市委首场联动共青团姑苏区委推出"青匠BOX·姑苏有料"——苏州老字号青春探店寻味行动。持续深化团建助企实效，传承与焕新姑苏老字号，服务新兴青年成长发展，实现青春联动、品牌联动、产业联动、消费联动，提升"江南文化"品牌影响力，打造"古城与青年双向奔赴"的青年发展型城区。

15日，由共青团苏州市委、市青少年发展基金会联合主办，苏州市慈善总会、苏州银行合作支持的苏州外来务工人员子女"蒲公英计划"启动仪式暨"幸福生活在苏州"分享会在苏州银行大厦举行。苏州市慈善总会会长徐国强，共青团苏州市委书记方

"蒲公英计划"3月5日学雷锋主题集中服务日

芳，苏州银行党委书记、董事长王兰凤，苏州市青少年发展基金会副理事长史佩杰，与苏州外来务工人员子女代表共同启动苏州外来务工人员子女"蒲公英计划"。

同日，首场"献给为城市奔跑的你"第十七届司机文化节——苏州服务新业态新就业青年群体"青新聚力"活动在工业园区娄葑街道"青丰驿站"举行。快递员、货运司机100余名青年参与活动。

"献给为城市奔跑的你"第十七届司机文化节——苏州服务新业态新就业青年群体"青新聚力"活动

19日,苏州市青年联合会—金泽市青年会议所第二十八次工作会议在苏州御窑金砖博物馆成功举办。苏州市青年联合会主席方芳、副主席蒋妍,金泽市青年会议所理事长林泰三及双方代表通过线上视频连线的方式参加会议。

26日,苏州市青年联合会十五届五次常委会以线上视频会议形式成功召开。共青团苏州市委书记、市青年联合会主席方芳出席会议并做青年联合会工作报告,共青团苏州市委副书记、市青年联合会副主席蒋妍主持会议,市青年联合会常委40余人参加会议。

29日,"献给为城市奔跑的你"网约车司机专场活动在苏州高新区(虎丘区)网约车司机加油站1号店举行。100余名网约车司机参加本次活动。共青团苏州市委副书记王超出席活动。

2000—2022年,苏州共获评国家级"青少年维权岗"35家。

参考文献

[1] 苏州市地方志编纂委员会.苏州市志[M].南京:江苏人民出版社,1995.

[2] 苏州市地方志编纂委员会.苏州市志:1986—2005[M].南京:江苏凤凰科学技术出版社,2014.

[3] 中共苏州市委组织部,中共苏州市委党史工作委员会,苏州市档案馆.中国共产党江苏省苏州市组织史资料:1925—1987[M].北京:中共党史出版社,1991.

[4] 中共苏州市委组织部,中共苏州市委党史工作委员会,苏州市档案馆.中国共产党江苏省苏州市组织史资料:1987.10—1994.12[M].北京:中共党史出版社,1995.

[5] 中共苏州市委组织部,中共苏州市委党史工作委员会,苏州市档案馆.中国共产党江苏省苏州市组织史资料:1994.12—2001.12[M].北京:中共党史出版社,2003.

[6] 中共苏州市委组织部,中共苏州市委党史工作委员会,苏州市档案馆.中国共产党江苏省苏州市组织史资料:2001.12—2011.10[M].北京:中共党史出版社,2013.

[7] 苏州市档案局,《苏州年鉴》编辑部.苏州年鉴:1990[M].南京:江苏古籍出版社,1992.

[8] 中共苏州市委党史工作办公室.中国共产党苏州历史大事记:1921—2016[M].北京:中共党史出版社,2016.

[9] 苏州市教育局《苏州教育志》编纂组.苏州教育志[M].上海:生活·读书·新知三联书店上海分店,1991.

[10] 金德门,苏州中学校史编委会.苏州中学校史:1035—1949[M].苏

州:苏州大学出版社,1999.

[11] 章开沅,刘望龄,叶万忠.苏州商会档案丛编:第一辑[M].武汉:华中师范大学出版社,1991.

[12] 吴县地方志办公室,吴县档案馆.吴县大事记[M].苏州:古吴轩出版社,1994.

[13] 中共吴江市委党史工作办公室.中共吴江地方历史:1921—1949[M].北京:中共党史出版社,2006.

[14] 中共吴江市委党史工作办公室.中共吴江地方历史:1949—1978[M].北京:中共党史出版社,2011.

[15] 中共吴江县委党史工作委员会.吴江人民革命斗争史:1919—1949[M].北京:中共党史出版社,1991.

[16] 《江苏人民革命斗争群英谱吴江分卷》编辑委员会.江苏人民革命斗争群英谱:吴江分卷[M].南京:江苏人民出版社,1999.

[17] 中共太仓县委党史工作委员会.太仓人民革命斗争史[M].南京:南京大学出版社,1991.

[18] 太仓市史志办公室.中共太仓地方史:1919—1949[M].北京:中共党史出版社,2006.

[19] 太仓市史志办公室.中共太仓地方史:1949—1978[M].北京:中共党史出版社,2012.

[20] 太仓县县志编纂委员会.太仓县志[M].南京:江苏人民出版社,1991.

[21] 太仓市地方志编纂委员会.太仓市志:1986—2005[M].北京:方志出版社,2014.

[22] 《太仓市共青团志》编纂委员会.太仓市共青团志[M].上海:文汇出版社,2016.

[23] 中共昆山市委党史研究室.中共昆山地方史:1919—1949[M].北京:中共党史出版社,2008.

[24] 昆山市地方志编纂委员会.昆山年鉴:1988—1993[M].上海:上海科学技术文献出版社,1995.

[25] 中共常熟市委组织部,中共常熟市委党史工作委员会,常熟市档案馆.中国共产党江苏省常熟市组织史资料:1926—1987[M].北京:中共党史出版社,1989.

[26] 常熟市地方志编纂委员会办公室.常熟年鉴:1991—1995[M].上海:上海科学技术出版社,1996.

[27] 张家港市委党史地方志办公室.张家港年鉴:2007[M].北京:方志出版社,2007.

[28] 东吴大学上海校友会,苏州大学上海校友会.东吴春秋:东吴大学建校百十周年纪念[M].苏州:苏州大学出版社,2010.

[29] 王国平.东吴大学简史[M].苏州:苏州大学出版社,2009.

后 记

  苏州是一座具有深厚文化底蕴的历史名城，也是一座充满青春激情的现代城市，古典与现代交相辉映，人文气质与创新活力并存。自20世纪20年代中国共产党和中国共产主义青年团相继成立以来，苏州青年为振兴中华民族、追求光明自由而热血奋斗，留下了可歌可泣的历史。为纪念中国共产主义青年团成立100周年，共青团苏州市委于2021年启动《青春永燃——苏州共青团史事编年》编纂工作，由共青团苏州市委书记室牵头，苏州大学教授王国平先生领衔，组织相关专家成立编纂小组，收集档案资料，开展编写工作，力求全面而真实地叙述苏州共青团的百年历程。

  《青春永燃——苏州共青团史事编年》素材主要以苏州市档案馆及区市档案馆馆藏档案为主，以公开出版与内部发行的图书及民国旧报刊为辅。由于1949年前共青团工作基本以地下为主，各级地方档案馆鲜有这方面的档案，故这部分内容主要依据当时各大报刊登载的学生运动及之后编写的党史大事记、校史、地方志和部分档案；中华人民共和国成立以后，各级档案馆保管的档案相对齐全完整，故编纂小组组织人力查阅档案，梳理70多年来共青团工作及其开展的重大活动，旁及相关党史书籍。《青春永燃——苏州共青团史事编年》采用编年体例，以时间为经、以事件为纬，客观真实地记录苏州共青团的百年史。由于1919年爆发的五四运动是载入史册的中国青年的一次伟大运动，故全书收录时间自五四运动至2022年12月，历时百余年，基本上全景式展示了共青团的百年风雨，从一个侧面反映了苏州百年的变迁与进步。"让历史说话，用史实发言。"全书以丰富而翔实的档案文献为依据，通过一个个事件、一位位人物、一场场活动，呈现苏州共青团百年的奋斗史与辉煌史，以此激励当下的团员、青年在新时代围绕中心、服务大局，奉献才智、燃烧激情，为中华民族的伟大复兴唱响青春的赞歌。

本书的编写得到苏州市委、市政府的高度重视，由共青团苏州市委组织策划，王国平先生统筹编纂成员执行，大家齐心协力，在较短的时间内完成材料收集及编写。苏州大学社会学院教授王芹女士负责档案资料的查阅、整理及编写，苏州职业大学副教授蔡斌先生负责相关公开出版的文献资料的收集整理，苏州名城保护集团的杜祯彬先生负责民国旧报刊上相关学生运动文献资料的收集整理，吴江区档案馆沈卫新先生、太仓市档案馆王敏红女士、昆山市档案馆苏晔女士和昆山市党史办成晓鹏先生分别负责辖区内共青团档案文献的整理及编写，常熟市党史办的刘品玉先生补充了常熟共青团部分条目。王国平先生根据东吴大学档案撰写了东吴大学学生参加活动的内容，并与沈慧瑛女士负责统稿与审稿；沈慧瑛女士另据苏州商会档案、《苏州市志》《苏州中学校史》、各区县年鉴等相关文献补充了相关内容；蔡斌先生参与了部分统稿工作。本书的编写得到苏州市档案馆、吴江区档案馆、太仓市档案馆、昆山市档案馆、常熟市档案馆及苏州市党史办、方志办等单位的大力支持；很多在苏州共青团战线上工作过的新老同志对本书的完善提出了许多有益的建议，在此一并表示感谢。

由于珍贵图片的匮乏，全书以文字为主，以图片为辅，虽然十分厚重，但并不能满足读图时代的需求。更因中华人民共和国成立之前文献资料不全，加之编纂时间较紧，又囿于编者的才识，故书中难免存在谬误之处，敬请方家批评指正。

编者

2024年3月